재건축과 상가, 이게 답이다
개정판

재건축과 상가, 이게 답이다 (개정판)

발 행 일 | 2022년 6월 20일
개 정 판 | 2023년 7월 20일
지 은 이 | 전연규 & 조이정
펴 낸 이 | 전연규
펴 낸 곳 | 도시개발신문(주)
출판등록 | 2006년 5월 17일 2006-000105호
디 자 인 | 공디자인퍼블리싱 Ⓚ
인   쇄 | 명지북프린팅
주   소 | 서울특별시 강남구 테헤란로 322, 동관 901호(역삼동, 한신인터밸리24)
전   화 | (02)2183-0517
팩   스 | (02)2183-0519

ISBN 979-11-969579-5-7   13320

* 잘못된 책은 바꾸어 드립니다.
* 책값은 뒤표지에 있습니다.

재건축과 상가, 이게 답이다
개정판

초판 후 1년이 지났다.

그동안 독자들의 개정 요청이 있었지만, 지난 5월 19일 "2023 재건축·재개발 실무기준"을 출간하느라 손도 대지 못했던 차에 돌발변수가 발생했다.

국토교통부의 "복리시설 소유자 주택공급 규정 운영방안"이란 공문서가 전국 시도에 보낸 것이 뒤늦게 알려지면서, 상가 소유자의 주택 공급에 변화가 생기면서 개정판을 서두르게 되었다.

공문시행일인 2022.8.16 이후에는 새로운 복리시설을 건설하지 않는 경우에 상가소유자에게 아파트 공급이 어려운 지경이 돼 버렸다. 그래서 복리시설의 설치규모를 어떻게 하여야 하는지에 대해 그 기준을 살펴 보았다.

상가 소유자의 주택 공급 문제는 재건축사업의 가장 큰 장애물 중 하나다. 이번 개정판에는 초판에서 아파트와 상가 소유자의 주택공급 기준을 추가했다.

부록으로 강남4구 재건축사업의 아파트와 상가 소유자의 협약서, 정관 변경에 의한 주택공급비율 등 대비표를 추가했으니 도움이 될 것이다.
이는 실제 총회책자에서 확인된 자료로, 양자의 투쟁사라고 해도 좋을 것이다.

독자 여러분들!
모두 부자 되시길 기원한다.

2023년 7월
대표저자 전 연 규

서문

    이 책은 실제 사례를 설명하면서, 규정이 바뀌면 찾아갈 수 있도록 하였다.
여기에 가능하면 재건축조합 등 관계자나 개인 투자자들이 경험해보지 못한 실전 사례, 국토부·서울시 유권해석도 담았다.

    제1부, 전반부 입문에서는 서초구 재건축 창립총회에서 아파트와 상가소유자의 합의서 의미를 찾는 것으로 시작하였다. 후반부는 이제 시작하는 분당신도시 재건축사업의 가능성을 알리고 그 곳 재건축관계자들의 질의에 답을 제시해 놓았다.

    제2부, 재건축 대상 아파트·상가에 대한 시행·투자와 관련, 전반부에는 사업이나 투자 전 행위허가·건축허가 제한, 토지거래허가구역 지정, 거래신고 등을 살펴보았다. 후반부는 재건축의 사업시행 방법으로 건축법, 도시정비법 및 전통시장법에 의한 시장정비사업으로 진행할 수 있음을 설명하였다.

    제3부, 아파트와 상가의 분양과 전매제한 등을 기술했다.

    제4부, 재건축부담금을 설명하면서 상가 재건축에 대한 국세와 지방세의 유권해석을 담았다.

    부록으로 독자들의 관심 사항인 신축주택 공급 관련, "권리산정기준일" 목록(2010.7.16~2022.4 초순)을 첨부했다.

    필자는 23년 넘게 아파트 재건축사업에 관련해 오면서, 동의방법·신축아파트 공급여부 등을 검토하면서 여러 가지 문제점과 해결방안을 수집해 이 책을 쓰게 되었다.
그러면서 재건축사업의 시작을 알리는 축제의 창립총회를 꿈꿔 왔으나, 이해관계가 달라 현실은 녹록치 않았다.

    아파트와 상가 재건축의 원활한 진행을 위해 관계 법령을 검토할 수 있도록 기록해 뒀다. 그 시작은 20여 년 전부터 수집해온 국토부와 서울시의 유권해석을 통해서였다. 또한 강남4구 재건축단지 내 상가의 실제 사례를 수집하면서 이론뿐만이 아닌 실무에 대한 체계적인 검토가 필요해서 여러 전문가들과 모임을 하게 되었다.

    실제 상가를 매입해 강남일대에서 아파트를 공급받은 전문투자자, CM 및 컨설팅 관계자, 감정평가사, 변호사, 법무사 등이 모여 '재건축과 상가문제연구모임'을 만들었다.
뜻을 같이하는 사람들과 새로운 시대를 함께 했으면 좋겠다.

2022년 6월

대표저자 전 연 규

- 개정 서문 • 4
- 서문 • 5

제1부 아파트·상가의 재건축사업 입문

I. 추진위원회에서 만든 창립총회 책자를 찾아라 • 12

1. 아파트와 상가 동의율 갖춰야 창립총회 개최 가능 • 12
1) 아파트와 상가 각 동(棟) 동의율(과반수) 산정방법 달라 • 13
2) 복리시설(대표적으로 상가)의 동의율 • 15
3) 조합설립동의율 • 16

2. 아파트·상가 관계, 합의서(협의서)로 알 수 있다 • 17
1) 서초구 ○○○재건축조합 • 17
2) 강남구 개포주공○○아파트 재건축조합 • 19

3. 공유자와 구분소유적 공유자는 하늘과 땅 차이 • 22

II. 재건축(시행/투자)하려면, 관할 시(구)청 홈페이지부터 살펴라 • 25

1. 정비기본계획상 정비예정구역 확인이 먼저다 • 25

2. 정비예정구역→정비구역 가는 데 여러 해 걸릴 수 있다 • 27
1) 정비구역으로 가는 길 • 27
2) 같은 정비예정구역에도 폭탄 있다 • 29
3) 지옥에도 천당 있다 • 29

3. 정비예정구역에 권리산정기준일 있다 • 31
1) 토지등소유자와 조합원의 관계 • 31
2) 권리산정기준일 고시문 사례 • 33

4. 분당 신도시 관련, 성남시 정비사업의 현황 • 37
1) 성남시장의 독립적 사무 • 37
2) 2022.4.1 현재 성남시 정비사업 현황 • 37

5. 1, 2기 신도시 개발기법, 무엇이 답인가 • 39
1) 1, 2기 신도시 개발 관련, 최근 입법 동향 • 39
2) 정비기본계획에 재건축이 답이라고 적혀 있다 • 41
3) 1기 신도시 재건축 문제 • 44

6. 노후계획도시특별법과 도시정비법의 관계 • 45
1) 도시재정비법(재개발특별법)의 등장 • 45
2) 도시정비법과 노후계획도시특별법(재건축특별법) 재회 • 46

제2부 재건축과 상가, 사업의 시행

Ⅰ. 장애물 건너뛰기 • 54

1. 행위허가·행위제한, 건축허가(착공)제한 • 54
1) 국토계획법상 지구단위계획구역과 행위허가 제한 • 54
2) 도시정비법상 정비(예정)구역의 행위제한 • 59
3) 건축법상 건축허가(착공)제한 • 63
4) 상가 지분쪼개기 금지법 등장 • 67

2. (아파트·상가) 토지거래허가구역 지정 등 • 75
1) 아무때나 지정 가능한, 부동산 거래 깡패 • 75
2) 서울시 토지거래허가구역 총 목록 • 76
3) 경기도 의왕시 재개발조합의 교회 매수와 토지거래허가 • 88
4) 외국인 토지거래허가 • 90
5) (아파트·상가) 부동산 거래신고, 자금계획서 작성 • 90

Ⅱ. 아파트·상가 수익성 검토 • 97

1. 대지권과 대지사용권(垈地使用權) • 97
2. 아파트 평형과 총 대지면적 구하기 • 99
3. 아파트·상가의 대지지분 산정방법 • 100
   1) 세대당 평균 대지지분 • 100
   2) 상가의 대지지분 산정 • 101
   3) 아파트 공급면적, 상가(오피스텔) 계약면적 • 104
4. 재건축·재개발 대지지분 배분 사례 • 107
5. 유권해석 및 판례 • 111

Ⅲ. 재건축과 상가, 어느 법으로 갈까 • 117

1. 집합건물법 적용(아파트 1동, 상가의 재건축) • 117
1) 관리단 구성·신고부터 해라 • 117
2) 관리단집회 소집, 진행 절차 • 120
3) 재건축결의 방법 및 매도청구 • 126
4) 건축법에 의한 "건축허가→착공→준공"으로 진행 • 131
5) 건축법상 상가 재건축사업 추진 • 134

2. 도시정비법 적용(주택단지 전체+상가 재건축) • 137
1) 조합설립동의와 재건축결의는 달라 • 137
2) (아파트·상가) 재건축조합 설립동의율 • 137
3) 준공일이 다른 주택단지의 통합과 상가 동의 • 143
4) 도시정비법상 토지분할, 재건축사업의 통합(분리) • 145

5) 투기과열지구 내 아파트, 상가 조합원 자격 승계 • 149
6) 신탁회사가 지정개발자(단독, 공동)인 경우 조합원 자격 승계 • 152

3. 윤석열정부에서 조합원 자격 승계 제한, 더 강화될 수 있다 • 155
1) 지위승계 제한 예외규정 • 156
2) 재건축·재개발조합원 지위양도 제한 조기화 Q&A • 158

4. 시장(市場)이나 인정시장이면, 시장정비사업으로 갈아타라 • 160
1) 사업주체 • 161
2) 시장정비사업의 진행절차도 • 161
3) 시장정비사업 특례 • 164

제3부 아파트·상가 분양 및 전매

1. 입주권, 분양권 • 170
1) 조합원입주권, 분양권 • 170
2) 주택 수 • 173
3) 「주택공급에 관한 규칙」에 의한 주택 수 판정 • 184

2. 분양신청 및 분양신청 제한 • 187
1) 2017.10.24. 분양신청 제한 신설 • 187
2) 도시정비법 제72조제6항 해설 • 191
3) 도시정비법 부칙 해설 • 194
4) 투기과열지구 내 정비사업 분양분 재당첨제한 해석 안내 • 196

3. 공동주택 재건축사업의 아파트 관리처분계획 기준 • 198
1) 과밀억제권역 아닌 투기과열지구·조정대상지역 • 198
2) 1+1 공급 • 199
3) 투기과열지구, 조정대상지역이 아닌 과밀억제권역의 재건축사업 • 200
4) 관련 유권해석 • 202

4. 복리시설 관리처분계획 기준 • 208
1) 재건축조합과 상가협의회 관계 • 208
　① (부분)독립정산제, 독립채산제 • 208
　② 혼합정산제 • 211
2) 재건축조합과 상가협의회와 협의서 강제 이행 여부 • 211
3) 관리처분계획 기준 및 합의서 • 212

5. 복리시설 소유자에게 주택공급 • 217
1) 복리시설은 기존 규모대로 설치해야 하나 • 217
　① 근린생활시설(상가 등)의 필수적 설치면적 기준 폐지 • 217
　② 유치원 • 219
2) 새로운 복리시설을 건설하지 않는 경우 • 219
3) 신축상가 분양가액 > 최소분양 단위규모 주택가액의 경우 • 220
4) 관련 유권해석 및 판례 • 221

6. 서울시「재건축사업 복리시설 소유자 주택공급규정 운영방안」• 228
　　1) 재건축 표준정관(국토부)에선 새로운 복리시설을 공급받지 않아도 가능 • 228
　　2) 국토부·서울시「재건축사업 복리시설 소유자 주택공급규정 운영방안」• 229
7. 상가→주택으로 공급받기 위한 정관 변경 등 • 232
　　1) 조합정관 변경 • 232
　　2) 추산액 비율 변경을 위한 정관 변경 • 234
　　3) 평형배정 사례 • 235
8. 복리시설 분양, 전매제한 등 • 237
　　1) 건축물분양법에 의한 상가 공급 및 전매제한 • 237
　　2) 주택법에 따른 상가(복리시설) 공급 • 240

제4부 재건축부담금과 세금 편

Ⅰ.「재건축초과이익 환수에 관한 법률」과 재건축부담금 • 244

1. 기초용어 해설 등 • 244
　　1) 재건축부담금은 '세금'이 아니다 • 244
　　2) 부담금 면제를 위한 임시 특례 규정 • 244
　　3) 부담금 기준시점 • 247
　　4) 부과율 • 248
　　5) 기타 개정의견 • 249
2. 상가 받으면 재건축부담금 대상 아니다 • 250
3. 상가→아파트로 받으면 재건축부담금 대상 • 251
　　1) 2022.8.4부터 개정 재건축부담금 적용 • 251
　　2) 상가 소유자의 재건축부담금 관련 유권해석 • 252
4. 공공재건축사업도 재건축부담금 대상 • 255
5. 재건축부담금 관련 유권해석 • 258

Ⅱ. 세금 • 261

1. 국세(부가가치세, 양도세, 종합소득세) • 261
　　1) 부가가치세 • 261
　　2) 양도소득세 • 262
　　3) 종합소득세 • 264
2. 지방세 관련 • 266

부록 권리산정기준일(주택 등 건축물의 분양받을 권리산정 기준일) • 270
　　　강남4구 상가합의서 주요 내용 대비표 • 306
　　　○○재건축사업 관리단 규약(2023.6월) • 307

1부

아파트·상가의 재건축사업 입문

I. 추진위원회에서 만든 창립총회 책자를 찾아라

1. 아파트와 상가 동의율 갖춰야 창립총회 개최 가능
아파트와 상가의 운명은 창립총회 때 시작

일반 개발사업의 경우에는 소유권을 확보해야 하지만, 도시정비법(§35③, ④)의 적용을 받게 되면 아파트와 상가 소유자의 동의만으로 사업시행이 가능하다.

따라서 정비사업의 시작은 어떻게 하면 빠른 시일 내에 아파트와 상가 소유자의 동의를 걷을 것인지가 핵심이다.

※ 도시정비법

제35조(조합설립인가 등) ③ 재건축사업의 추진위원회가 조합을 설립하려는 때에는 주택단지의 공동주택의 각 동(복리시설의 경우에는 주택단지의 복리시설 전체를 하나의 동으로 본다)별 구분소유자의 과반수 동의(공동주택의 각 동별 구분소유자가 5 이하인 경우는 제외한다)와 주택단지의 전체 구분소유자의 3/4 이상 및 토지면적의 3/4 이상의 토지소유자의 동의를 받아 제2항 각 호의 사항을 첨부하여 시장·군수등의 인가를 받아야 한다.

재건축조합 설립동의를 효율적으로 받기 위해선 다양한 기술(?)이 필요하다.

초창기 추진위원회 구성 때, 아파트만 동의를 많이 받아 토지등소유자 수의 과반수면 구청에서 승인을 받을 수 있다.

이때 상가 소유자들은 연합회를 구성해 창립총회를 위한 동의와 자신들이 얻어낼 이익과 맞바꾸자는 요청을 하게 된다.

대부분 이런 과정을 통해 조합설립은 아파트와 상가를 합한 3/4 이상 동의를 받게 된다.

1) 아파트와 상가 각 동(棟) 동의율(과반수), 산정방법 달라

아파트 각 동이란 1개 동의 단위를 말한다.

아파트가 10개 동으로 구성되어 있다면, 각 동마다 토지등소유자 수의 과반수 동의를 충족해야 한다.

단일 상가도 있지만, 대규모 단지에는 여러 개 상가로 구성되어 있는 게 보통이다. 이 경우 상가의 동의율 계산 시, 주상가·분상상가 등 서로 떨어진 상가를 하나의 동으로 간주하여 산정한다는 점에서 아파트와 다르다.

즉, 단일 단지에 여러 상가가 있는 경우, 동의 완화를 위해 합해서 상가소유자 수(상가 면적은 제외)의 과반수 동의면 족하다.

상가 면적에 대한 동의 없이 머리 수만 동의율을 산정하므로 상가 지분쪼개기가 성행하는 게 일반적이다. 상가 수가 늘어나면 동의 대상자가 증가해 동의받기도 어렵고 소형평형이지만 아파트 공급의 요구가 있기 마련이어서, 아파트 소유자들은 극렬하게 반대하는 이유가 그 때문이다.

예를 들어, 주택단지에 상가 3동이 있는 경우 합해서 구분소유자 수의 과반수 이상이면 동의율이 충족된다(면적은 계산되지 않음). 단, 아파트는 간주규정이 없으므로 1동마다 구분소유자 수의 과반수이상이어야 한다.

공유인 아파트나 상가는 대표하는 1인의 조합원 동의에 의하지만, 뒤에 설명하는 구분소유적 공유관계의 상가는 대표자 아닌 각자 1인의 동의를 받아야 한다.[1] 이는 각자 분양신청을 하는 권리를 갖게 되므로, 향후 각자 상가나 아파트 공급받을 수 있는 것을 의미하기도 한다.

---

1. 상가 공유자 조합원 자격(서울시 주거정비과 2020.11.2)
Q. 재개발구역 내 상가를 여러 사람이 지분으로 공유한 경우 조합원 산정방법은?
A. 「도시정비법」제39조제1항제1호에 "토지 또는 건축물의 소유권과 지상권이 여러 명의 공유에 속하는 때 여러 명을 대표하는 1명을 조합원"으로 보도록 규정하고 있음

― 현재 각 동 동의율 산정에 토지면적(대지지분) 동의, 필요 없다

원래 각 동은 "구분소유자 수의 2/3 이상 외에도 그 구분소유자가 소유하는 대지지분의 1/2 이상 동의(의결권. 현재는 토지면적이라 함)"가 필요했다.

그러나 큰 평형 아파트나 상가는 대체로 재건축을 반대하는 경향이 있어, 서초구·강남구 등 재건축조합 설립 시에 어려움을 겪은 바 있다.

이런 문제를 해소하기 위해 각 동 동의율은 구분소유자 수의 과반수 동의로 충분하도록 하면서, 구분소유자의 수(數) 아닌 토지면적에 대해선 동의대상에서 제외하도록 하는 개정 도시정비법이 2016.1.27부터 효력이 발생하게 되었다.

각 동의 아파트나 상가에 대해선 토지면적에 대한 동의가 삭제됨에 따라, 대형 평형의 아파트나 상가 소유자는 불리하게 되었다.

― 각 동별 구분소유자 수가 5 이하면 별도 동의 필요 없어

"공동주택의 각 동별 구분소유자가 5 이하"인 경우에는 각 동별 동의율 산정이 필요 없다. 다만 동별 구분소유자를 전체에 포함시켜 구분소유자 수 3/4 및 토지면적 3/4을 충족하면 된다.

그러나 전체 동의율에 충족돼도, 아파트 각 동별 동의율에 미달되면 조합설립이 불가능하다.

---

2. 주택법
제2조(정의) 이 법에서 사용하는 용어의 뜻은 다음과 같다. <개정 2015.1.6>
8. "부대시설"이란 주택에 딸린 다음 각 목의 시설 또는 설비를 말한다.
가. 주차장, 관리사무소, 담장 및 주택단지 안의 도로
나. 「건축법」 제2조제1항제4호에 따른 건축설비
다. 가목 및 나목의 시설·설비에 준하는 것으로서 대통령령으로 정하는 시설 또는 설비
9. "복리시설"이란 주택단지의 입주자 등의 생활복리를 위한 다음 각 목의 공동시설을 말한다.
가. 어린이놀이터, 근린생활시설, 유치원, 주민운동시설 및 경로당
나. 그밖에 입주자 등의 생활복리를 위하여 대통령령으로 정하는 공동시설
제2조제9호에서 위임한 내용을 주택법 시행령에서 별도 규정을 정하고 있지 않다.
※ 「주택건설기준 등에 관한 규정」 제5조 : 법 제2조제9호 나목에서 "대통령령으로 정하는 공동시설"이란 다음

한 동이 5세대 이하의 연립주택으로 이루어진 종전의 재건축사업에선 한 동의 구분소유자가 3인인 경우에 3×2/3=2명, 즉 2명이 동의하지 않으면 사업진행이 불가능하였다.

이 때문에 1동의 구분소유자의 수가 5인 이하면 그 동(棟)은 동의율을 산정하지 않도록 완화하되(단 상가에 적용하지 않음), 전체 동의율은 그대로 두었다.

즉 5인 이하인 동은 별도로 동의율 산정하지 않고 전체에 포함시켜 전체 동의율인 구분소유자의 3/4 이상 및 토지면적의 3/4 이상의 동의로 족하다.

2) 복리시설(대표적으로 상가)의 동의율

상가 동의율은 각 동(棟)과는 달리 "주택단지 안의 복리시설[2] 전체를 하나의 동으로 본다."는 간주 규정에 의해, 전체 상가 구분소유자 수의 과반수 동의로 족하다.

― "주택단지안의 복리시설 전체를 하나의 동으로 본다."는 의미

공동주택의 경우, 최소한 동별 토지등소유자 수의 과반수 동의율이 충족되어야 한다.

반면, 구분건물인 상가 등 복리시설은 단지 내에 여러 개의 복리시설이 있더라도 합하여 하나의 동으로 간주되므로, 복리시설 전체를 합해서 "복리시설 전체 토지등소유자 수의 과반수 동의율"에 충족하면 된다는 의미다.

각 호의 시설 및 그 부속용도로 이용하는 시설을 말한다.
1. 「건축법 시행령」별표1에 따른 제1종 근린생활시설 및 제2종 근린생활시설(장의사 · 총포판매소 · 단란주점 · 안마시술소 및 다중생활시설은 제외하며, 이하 "근린생활시설")
2. 「건축법 시행령」별표1에 따른 종교시설
3. 「건축법 시행령」별표1에 따른 판매시설 중 소매시장 · 상점
4. 「건축법 시행령」별표1에 따른 교육연구시설, 노유자시설 및 수련시설
5. 「건축법 시행령」별표1에 따른 업무시설 중 금융업소
6. 공동작업장 · 지식산업센터 · 사회복지관(종합사회복지관을 포함한다. 이하 같다)
7. 주민공동시설
8. 도시, 군계획시설인 시장
9. 그밖에 제1호부터 제7호까지의 시설과 비슷한 것으로서 국토부령으로 정하는 공동시설 또는 사업계획승인권자가 거주자의 생활복리 또는 편익을 위하여 필요하다고 인정하는 시설

토지등소유자의 수나 토지면적 동의율이 부족하면, 35조제3항의 조합설립인가 동의율에 미달된다. 복리시설 중 유치원은 단독주택의 형태가 많은데, 이는 구분소유권이 아니므로 100% 동의를 받아야 한다.

3) 조합설립동의율

아파트 각 동의 과반수, 상가 합하여 과반수 이상+(아파트·상가 포함한 전체 구분소유자 수의 3/4+토지면적의 3/4) 동의

위 1)과 2) 동의율을 충족하고, 상가·아파트를 포함한 전체 구분소유자 수의 3/4 이상 및 토지면적의 3/4 이상 동의를 얻어야 한다.

상가는 아파트와 같은 대지에 속해 있더라도 용적률이 낮아 3층 이하가 보통이다. 이 때문에 상가 대지를 포함한 아파트 용적률에 대한 대가를 요구하는 게 요즘 트렌드다.

따라서 상가 소유자들은 자신들의 권리를 찾기 위해 조합설립을 받지 못하도록 구분소유자 수의 과반수이상이 동의하지 않으므로, 창립총회에서 상호 간 합의하여 상가 측에 당근책을 내놓기 마련이다.

2. 아파트·상가 관계, 합의서(협의서)로 알 수 있다

아파트나 상가에 투자하려면, 창립총회 책자에서 상호 간 합의여부를 확인하는 것이 필수적이다. 다만, 조합 총회(추진위원회가 개최하는 창립총회도 포함)의 의결에 의하되 그 내용이 조합정관에 기재된 것이어야 효력을 주장할 수 있다.

아래 서초구, 강남구 재건축사업의 창립총회에서 첨부된 합의서는 아파트와 상가 소유자간 치열한 다툼 끝에 합의된 결과물이다. 이 창립총회는 조합 구성을 위한 전초전으로, 창립총회 없으면 조합 구성도 없고, 재건축사업 출발이 불가능하다.

이 합의서가 창립총회 책자에 없으면 양자의 다툼이 없다는 의미도 있지만, 상가의 의견이 정리되지 못한 채 동의한 것일 수 있다. 이 경우 향후 관리처분계획에서 분쟁의 확률이 높아 심각한 분쟁이 있게 마련이다.

상가만 조합설립을 반대하는 게 아니며, 큰 평형의 아파트도 마찬가지다.
큰 평형의 경우 그 수가 적으면 조합 구성 이후엔 인원수에 밀려 끌려가게 된다. 더구나 조합설립을 위한 창립총회 때만 토지면적에 대한 동의가 있으나, 인가 이후에는 인원수로 결정되기 때문이다. 같은 평형이 집중된 아파트가 사업진척이 빠른 이유가 여기에 있다.
원활한 시행이나 투자를 위해선 같은 평형이 있는 아파트단지가 더 유리하다.

합의서는 주로 상가의 요구로 아파트 쪽이 양보하게 되는데, 2가지 사례를 들면 다음과 같다.

1) 서초구 ○○○재건축조합
지난 2020년 창립총회를 마치고 재건축조합설립인가를 받은 모 재건축사업장의 아파트와 상가의 합의서다.

의안

제4호 안건 "상가합의서 승인의 건"을 상정합니다.

제안 사유

○○○재건축사업의 조합설립 등 원활한 사업을 진행하기 위하여 ○○○상가 재건축협의회와 합의서(안)을 작성, 체결하였으므로, 그에 따라 창립총회에서 승인을 받고자 의결을 구합니다.

의결근거

도시정비법 제45조(총회의 의결)
추진위원회 운영규정 제5조(추진업무 등)

의결내용

상기 제안 사유와 같이 "상가 합의서 승인의 건"에 대하여 의결합니다.

합의서

○○○재건축추진위원회와 ○○○상가재건축협의회는 아래 6개 항목에 합의하고 본 합의서를 ○○○재건축추진위원회 회의와 창립총회에 상정한 후 결의 결과를 조합정관에 반영하여 조합정관을 변경하기로 합의한다.
또한 상가재건축협의회는 상가 구분소유자 과반수이상이 참석하는 총회를 개최하여 상가협의회 결성 및 협의회 운영규정과 상가 측 이사와 대의원 후보 그리고 본 합의서를 결의해야 한다. 상가 재건축협의회 측 조합 이사 1인과 대의원 9인은 창립총회 시부터 활동한다.

아　래

1. 조합정관 제○○조제○항 제1호와 제2호 중 "최소분양단위규모 추산액에서 총회에서 정하는 비율"을 ○.○으로 명시한다.
2. 상가 종전, 종후 감정평가 시 상가에서 지정한 감정평가사 1인을 추가한다(단 비용은 상가에서 부담)
3. 조합정관에 상가 독립정산제를 명기한다.
4. 상가 재건축계획 단계에서 상가 재건축협의회와 조합 간 협의하여 진행한다. 상가 재건축협의회장은 조합 이사로 선출하고, 조합의 대의원은 상가 재건축협의회에서 추천한 9인을 선출한다.

> 5. 상가 재건축협의회의 재건축 관련 운영비는 조합에서 대여한다.
> 6. 추진위원회 변경승인일인 2023. . 이후 상가분할은 원칙적으로 금지한다.
>
> 2023. . .
> ○○○재건축조합 추진위원장
> ○○○상가 재건축협의회장

조합정관(안)에 아파트를 공급받을 수 있는 비율은 정하지 않아 1로 되어 있지만, 합의서에서는 "최소분양단위규모 추산액에서 총회에서 정하는 비율을 0.0으로 명시한다."고 하고 있다. 따라서 조합설립인가를 받은 이후 정관을 변경해서 0.0으로 산정하겠다는 것이다.

조합설립인가 동의를 받기 위해 창립총회에서 상가 소유자에게 아파트로 공급할 수 있다고 합의한 것이다. 상가의 동의율을 높이려는 조치로 보인다.

2) 강남구 개포주공○○아파트 재건축조합

> **강남구 개포주공 ○○아파트 재건축 상가 합의서**
>
> 강남구 ○○재건축추진위원회와 상가소유자는 원활한 조합설립과 재건축사업의 가치향상을 위하여 아래와 같이 합의하고 성실히 이행한다.
>
> 아 래
>
> **제1조**(분양신청 시 권리가액)
> ① 상가 소유자 ○○○는 신축아파트 분양을 원할 경우 추진위원회는 신축아파트를 공급받을 수 있도록 도시정비법 제76조(관리처분 수립계획)제1항제7호 다목에 의하여 관리처분계획을 수립한다.
> ② 기존 상가 1층 소유자의 대지면적 권리가액은 기존 아파트의 비례율이 감안된 대지면적 평균 평당 권리가액의 3배로 하며, 상가 2층 소유자는 1층 상가 권리가액의 55%를 적용한다.
> ③ 상가의 신축아파트로 공급받기를 원할 경우 도시정비법 시행령 제63조(관리처분의 방법) 제2항에 의하여 상가 평당 분양가액은 신축아파트 39평형의 평당 분양가격으로 한다.
> ④ 제1조제2항의 기존아파트 감정평가는 제3조에 의해 선정된 감정평가기관이 수행하며 2곳의 감정평가기관의 산술평균가격을 권리가격으로 한다.

> **제2조**(현금청산 시 권리가액) 상가소유자가 현금청산을 원하는 경우 제1조제4항에서 결정된 권리가액으로 한다.
> **제3조**(감정평가기관) 감정평가기관은 조합설립 후 조합원 총회에서 선정된 감정평가기관과 강남구청에서 선정한 감정평기기관 2곳의 감정평기기관을 선정한다.
> **제4조**(창립총회 의결) 본 합의서를 창립총회에서 의결 시 효력을 갖는다.
> **제5조**(제출 등) 본 합의서는 조합설립동의서 제출 시 함께 제출하며, 제출 후 조합설립동의서는 조합설립인가 승인을 받을 때까지 취하하지 않는다.
> **제6조**(기타) 조합설립 후 명의가 변경되어도 매수자에게 이 합의사항은 자동승계된다. 명의변경 시 매도인은 매수인에게 위 합의사항의 승계 사실을 고지하여야 한다.
>
> 2020. . .
> 강남구 개포주공 ○○아파트재건축추진위원장
> 강남구 개포주공 ○○아파트상가재건축협의회장

강남구 개포주공○○아파트의 경우도 서초구 재건축과 비슷한 시기에 작성된 것으로 영향을 받았다고 보여 진다.

그런데 서초구 ○○○재건축사업과는 달리, 평당 권리가액을 특정하여 요구하고 있다.

제1조제2항에서 "기존 상가 1층 소유자의 대지면적 권리가액은 기존아파트의 비례율이 감안된 대지면적 평균 평당 권리가액의 3배로 하며, 상가 2층 소유자는 1층 상가 권리가액의 55%를 적용한다.", 제3항에서 "상가의 신축아파트로 공급받기를 원할 경우 도시정비법 시행령 제63조(관리처분의 방법) 제2항에 의하여 상가 평당 분양가액은 신축아파트 39평형의 평당 분양가격으로 한다."는 등 권리를 강화한 것이 눈에 띈다.

> **<뉴스1 코리아 2022.4.6>**
>
> **'재건축 초기' 상계주공6단지 상가 고가 낙찰‥새 집 기대에 몸값↑**
> **재건축 늘고 규제 피한 목돈도 몰려 '과열'‥"정관 개정되면 수포"**
>
> 재건축 활성화 기대와 함께 이른바 '썩상'(썩은 상가) 투자가 다시 주목받고 있다. 최근에는 노원구 재건축 단지에서 나온 한 물건은 감정가의 2배에 낙찰됐다. 노후 상가를 새집으로 바꿀 수 있다는 가능성에 투자에 나서는 이들이 늘고 있는 가운데, 전문가들은 과열된 상가 투자에 섣부르게 진입했다간 손해를 볼 수 있다고 우려했다.(중략)

> 재건축 아파트단지 상가의 몸값이 높아진 가장 큰 이유는 새 아파트를 가질 수 있다는 기대감 때문이다. 이전에는 재건축을 추진하더라도 상가를 제외하는 경우가 많았는데, 상가 조합원 반발로 사업이 지연되는 일이 많아지자 다수 조합이 신축 상가 대신 주택을 선택할 수 있도록 협의에 나선 바 있다. 서울 서초구 신반포2차조합은 지난 2020년 산정비율을 1/10로 낮춰 상가 조합원들도 새집을 받을 수 있도록 정관을 개정했다. 인기가 크게 오르면서 매물도 사라졌다. 신반포2차 내 상가인 잠원쇼핑센터는 지난해 3월 면적 20.47㎡ 상가가 4억9000만원에 팔린 뒤 아직까지도 손바뀜 사례가 없다. 한 업계 전문가는 "당장 산정 비율을 확인해 상가 대신 주택을 받을 수 있다는 점을 확인했다고 하더라도 추후 조합이 정관을 개정하면 계획이 수포로 돌아갈 수 있다. 상가 조합원에 대한 제도도 미비하다"며 "이미 가격도 많이 올라 과열된 시장에 섣부르게 진입했다간 큰 손해를 볼 수 있다"고 말했다.

위 기사 후반부에는 "산정 비율을 확인해 상가 대신 주택을 받을 수 있다는 점을 확인했어도 추후 조합이 정관을 개정하면 계획이 수포로 돌아갈 수 있다."고 강조하고 있다.

상호 간 합의 후에 공증한 상태에서 이를 임의로 바꾸면, 관리처분계획 취소소송 등에 휘말릴 수 있다.

3. 공유자와 구분소유적 공유자는 하늘과 땅 차이

　재건축사업의 조합설립을 위한 토지등소유자의 동의자 수 산정은 다음의 기준에 의한다(도시정비법 시행령 §33).
- 소유권 또는 구분소유권을 여럿이 공유하는 경우에는 그 여럿을 대표하는 1인을 토지등소유자로 산정할 것
- 1인이 둘 이상의 소유권 또는 구분소유권을 소유하고 있는 경우에는 소유권 또는 구분소유권의 수에 관계없이 토지등소유자를 1인으로 산정할 것
- 둘 이상의 소유권 또는 구분소유권을 소유한 공유자가 동일한 경우에는 그 공유자 여럿을 대표하는 1인을 토지등소유자로 할 것

　즉 소유권(구분소유권)을 여럿에서 공유 시, 선정된 대표자 1인만이 조합원으로서 의결권 등을 행사하게 되며 분양신청도 그 사람이 하게 된다.

　유사한 공유 형태이지만 대표하는 1인이 아닌, 각자가 토지등소유자(또는 조합원)로서 의결권을 행사하는 구분소유적 공유관계("상호명의신탁"이라고도 함)도 있다.
　이런 차이점을 간과해서 동의자 수를 선정하여 조합설립인가를 받아도 동의율 부족으로 취소되는 사례가 종종 있다.

　주로 상가에서 발생하는데, 그 대표적 사례로 신반포○○차 조합설립 취소소송이다.
　재건축단지 내 상가 신사쇼핑센터 소유주 31명 중에서 대표하는 1인을 토지등소유자로 뽑아서 조합설립 동의율로 산정한 것이 정당하냐는 것이었다.

　당연히 도시정비법 시행령 제33조를 근거로 한 것이었지만, 법원의 판단은 이러한 경우를 구분소유적 공유관계로 봐서 대표자 1인이 아닌 소유자 각자의 동의를 받아야 한다고 판단했다.

즉 도시정비법 시행령 제33조를 근거로 조합설립동의율을 산정한 것은 잘못이라는 것이다. 결국 소유주 전원 각자의 동의를 받도록 하였으며, 이들 각자가 조합원이 되어 향후 분양신청권도 부여될 것으로 보인다.

<머니투데이 2018.5.21>
신사쇼핑센터 소유주 31명이 서초구 상대로 제기한 행정소송서 승소

서초구 잠원동 신반포12차아파트의 재건축조합 설립인가를 취소하는 판결이 나왔다. 조합이 상가 소유주들의 조합원 지위를 무시했다는 이유에서다.

지난 18일 서울행정법원은 신반포12차 단지 내 상가 신사쇼핑센터 소유주 31명이 서초구를 상대로 제기한 조합설립인가처분 취소 행정소송에서 원고의 손을 들어줬다.

이날부터 조합설립인가처분의 집행과 효력은 항소심 선고까지 정지되며 조합 업무도 중단된다. 서초구가 항소를 포기하면 취소가 확정된다.

조합 설립 당시 재건축추진위원회는 신사쇼핑센터를 연면적 5025.54㎡의 건물 지분을 48명이 나눠 가진 '공유건물'로 봤다. 도시정비법 시행령에 따르면 공유건물은 건물 각 호실이 구분등기 된 '구분건물'과 달리 대표자 1명만 조합원으로 인정된다. 상가에 적용될 경우 상가 전체가 아파트 1채와 같은 취급을 받는 셈이다.

…(중략)…

서울 서초구 잠원동 신반포12차 아파트 단지 상가 벽면에 재건축 조합을 규탄하는 현수막이 붙어 있다. 그러나 대법원 전원합의체는 2013년 건물이 지분공유 형태로 등기됐더라도 집합건물법이 제시하는 구분소유 조건만 충족하면 추가 등기 없이도 구분소유권이 인정됐다고 판시했다. 서울행정법원도 이를 따랐다.

(이하 생략)

판례

대법원 2013.1.17선고 2010다71578 전원합의체 판결[대지권지분이전등기등]
【판시사항】
구분소유의 성립을 인정하기 위하여 반드시 집합건축물대장의 등록이나 구분건물의 표시에 관한 등기가 필요한지(소극)
【판결요지】
[다수의견]

1동의 건물에 대하여 구분소유가 성립하기 위해서는 객관적·물리적인 측면에서 1동의 건물이 존재하고, 구분된 건물부분이 구조상·이용상 독립성을 갖추어야 할 뿐 아니라, 1동의 건물 중 물리적으로 구획된 건물부분을 각각 구분소유권의 객체로 하려는 구분행위가 있어야 한다.

여기서 구분행위는 건물의 물리적 형질에 변경을 가함이 없이 법률관념 상 건물의 특정 부분을 구분하여 별개의 소유권의 객체로 하려는 일종의 법률행위로서, 그 시기나 방식에 특별한 제한이 있는 것은 아니고 처분권자의 구분의사가 객관적으로 외부에 표시되면 인정된다.

따라서 구분건물이 물리적으로 완성되기 전에도 건축허가신청이나 분양계약 등을 통하여 장래 신축되는 건물을 구분건물로 하겠다는 구분의사가 객관적으로 표시되면 구분행위의 존재를 인정할 수 있고, 이후 1동의 건물 및 그 구분행위에 상응하는 구분건물이 객관적·물리적으로 완성되면 아직 그 건물이 집합건축물대장에 등록되거나 구분건물로서 등기부에 등기되지 않았더라도 그 시점에서 구분소유가 성립한다.

II. 재건축(시행/투자)하려면, 관할 시(구)청 홈페이지부터 살펴라

최근 1기신도시 중 대표적으로 성남시 분당구의 경우, 재건축대상 아파트나 상가에 대한 투자자가 늘고 있다. (속칭)신도시특별법의 영향이 크다.

부동산 고수라는 사람의 얘기를 듣는 것도 좋지만, 1기 신도시 해당 시청 홈페이지를 살펴야 정확한 정보를 알 수 있다.

홈페이지(분야별정보) 정비사업에 성남시 수정구와 중원구의 정비사업(재개발, 재건축사업)파트가 있지만, 분당구에는 아무런 진행사항이 없다.

1. 정비기본계획상 정비예정구역 확인이 먼저다

위와 같이 분당구에 아무런 진행사항이 없다는 것은 정비예정구역 지정 자체가 설정되지 않았다는 것을 말한다. 자세한 사항은 정비사업의 마스터플랜인 성남시 2030 정비기본계획을 살펴보아야 한다.

1기 신도시 대표적 사례로 분당을 살펴보자.
대도시인 성남시는 경기도의 감독 없이 독자적으로 2030 정비기본계획을 수립했으며, 재건축, 재개발 정비예정구역이 명기되어 있다.
정비예정구역이란 재건축, 재개발사업이 예정되어 있다는 표시며, 이에 포함되지 않으면 정비기본계획을 변경해 정비계획 수립(변경)절차를 통해 정비구역 고시로 사업 진행이 가능하다.

정비구역 지정고시로 사업면적과 토지등소유자 수가 정해진다.
이렇게 확정된 토지등소유자 수의 과반수 동의를 얻어 추진위원회를 구성하고 이후 조합설립인가를 받아 사업이 진행된다.

참고로, 같은 1기 신도시로서 대도시인 고양시 일산신도시, 안양시 평촌신도시, 부천시 중동신도시는 대도시로 각자 정비기본계획이 수립돼 있으나, 대도시가 아닌 군포시 산본신도시의 경우는 현재 정비기본계획을 입안 중에 있다.

• 성남시 2030 정비기본계획 상 재건축정비예정구역
성남시 홈페이지에 있는 2030 정비기본계획의 '04. 정비예정구역 선정'에서 재건축정비예정구역의 확인이 가능하다.

구분	위치	단지명	사용검사일	면적(㎡)	최고층수	분양세대수	재건축해당연도	비고
1	신흥동 2463-1	한신	1990-09-03	22,374	15	585	2020년	도시주거환경 정비기본계획 재검토(5년) 기간을 고려하여 금회 정비예정구역지정
2	단대동 6	선경논골	1991-12-14	8,533	13	426	2021년	
3	금광동 3950	삼익금광	1991-12-14	12,251	12	498	2021년	
4	상대원 152-3	삼익상대원	1991-12-14	6,067	12	264	2021년	
5	성남동 3120	성남동현대	1992-10-10	9,741	15	375	2022년	
6	신흥동 2024	두산	1993-04-29	21,590	15	570	2023년	
7	금광동 2450-1	시영 (황송마을)	1993-10-10	34,220	15	990	2023년	
8	상대원동 178-6	일성	1993-10-12	8,024	15	270	2023년	
9	신흥동 2464-1	청구	1994-12-15	17,942	15	493	2024년	
10	상대원 279-1	선경상대원 2차	1994-04-10	83,823	15	2,510	2024년	
11	하대원동 190	하대원현대	1995-03-18	11,452	14	314	2025년	도시주거환경 정비기본계획 재검토(5년)시 구역지정여부 재검토
12	은행동 1932-6	은행동현대	1995-06-30	63,922	15	1,258	2025년	
13	하대원동 190	성원초원	1995-12-30	12,157	12	281	2025년	
14	수진동 4663	삼부	1996-10-30	36,322	15	834	2026년	
15	상대원동 174	산성	1997-09-20	13,930	21	360	2027년	
16	단대동 124	진로	1998-12-16	19,672	15	499	2028년	

현재 재건축, 재개발정비예정구역은 수정구와 중원구에만 있다. 정비예정구역에서 '예정'을 떼어낸 정비구역으로 지정·고시 되어야 본격적인 정비사업이 진행하게 된다.

2. 정비예정구역→정비구역 가는 데 여러 해 걸릴 수 있다

1) 정비구역으로 가는 길

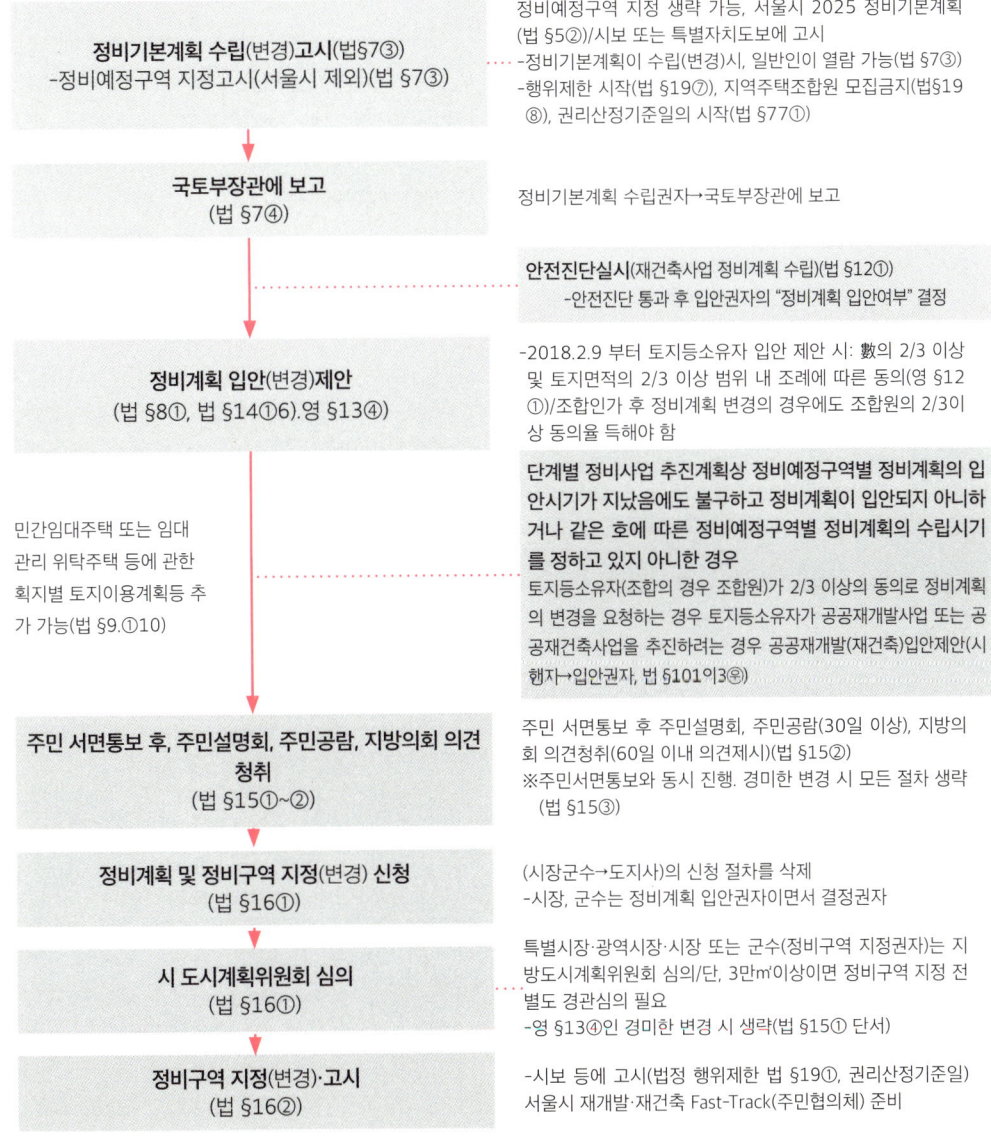

정비기본계획이 수립(변경)고시되면 정비예정구역이 된다.

그러나 정비예정구역이라도 바로 정비사업이 진행되는 건 아니다. 1기 신도시의 경우 정비예정구역에 포함되어 있어야 재건축으로 출발을 할 수 있다는 뜻이다.

이를 기초로 하여 정비계획 및 정비구역으로 고시돼야 재건축사업이라고 부르게 되는데, 이 과정이 10여 년 이상 걸리는 경우도 종종 있다.

강남구 은마아파트 재건축사업이 대표적 사례다. 정비구역 지정 전인 2003년도 추진위원회가 승인되었지만, 2023.2.16에 와서야 정비구역 지정이 고시되었다.

다음의 경우도 정비예정구역에서 정비구역으로 가는데, 10년 이상 소요되었다.

2011년 재건축 정비예정구역으로 지정되었지만, 서초구 공람을 거쳐 서울시로 제안된 이후 2022년에서야 서울시 도시계획위원회에서 재상정되었다.

2022년 3월 서초구는 OO재건축 정비계획 결정 및 정비구역 지정(안)을 위해 재공람 공고를 한 바 있다.

사례

서초구 OO재건축 정비계획 결정 및 정비구역지정(안) 재공람 공고

서울시고시 제2011-00호(2011.00.00)로 결정 고시된 주택재건축정비예정구역(OO동 OOO번지 일대)에 대하여,0 2022년 제O차 도시계획위원회 심의(2022.00.00)결과 수정가결 되어, 서울시 서초구공고 제2016-454호(2016.00.00)호로 주민공람한 사항에 대하여 변경사항이 발생한바, 「도시정비법」 제15조 및 시행령 제13조에 따라 변경(안)을 주민 등 이해관계인에게 재공람 공고함.

2022년 3월 OO일
서울시 서초구청장

가. 공람기간: 2022.00.00 ~ 2022.00.00
나. 공람장소: 서초구청 주거개선과, OOO동 주민센터
다. 공람사유: OOO주택재건축 정비계획 결정 및 정비구역 지정(안)을 위한 재공람공고
(이하 생략)

2) 같은 정비예정구역에도 폭탄 있다.

서울시는 2010.7.15 도시정비조례 개정 이후부터 권리산정기준일을 적용하여 투기예방을 꾀하고 있다(이 경우는 재개발, 단독주택 재건축사업이 주로 적용됨).

이 디테일을 모르는 독자들은 자칫하면 현금청산(손실보상) 당할 수 있음에 유의해야 한다.

예를 들면, 이런 것이다.

부록 서울시 권리산정기준일 고시일(2010.10.21)을 보면, 단독주택 재건축정비예정구역으로 종로구 신영동 214번지 일대가 신규 지정되었다.

동시에 주택등 건축물의 분양받을 권리산정기준일이 2010.10.22 정해지면서 그 지정사유를 달았다.

― 기존 세대수가 증가될 경우 지역주민들의 사업비 부담 증가에 대한 피해 최소화 및 투기억제를 위하여 토지의 분할 다가구주택의 다세대주택으로 전환 다세대주택 또는 공동주택의 신축 등의 행위가 발생하는 경우 주택등 건축물의 분양받을 권리를 제한하기 위함

또한, 건축물의 분양받을 권리의 산정 기준은 서울시 도시정비조례 제28조제2항(지금의 §38②을 말함)에 따른다고 명기하고 있다.

이곳은 현재 해제되어 재건축사업이 불가능하게 되었지만, 재건축되는 줄 알고 다세대로 전환된 주택을 매입하였다면 당연히 신축아파트를 공급받지 못하고 현금청산된다.

3) 지옥에도 천당 있다.

성북구 장위15구역 재개발사업장, 송파구 마천3구역 재개발사업장, 서초구 방배15구역 단독주택 재건축사업장이 지옥과 천당을 오간 대표적 사례다.

앞의 2곳은 재정비촉진구역이 해제되었다가 부활된 곳이고, 방배15구역정비예정구역은 십여 년 만에 정비구역 지정이 된 곳이다.

장위15구역은 장위재정비촉진구역 내 재개발사업장이다.

2010.4.22 존치구역이었다가 재정비촉진구역으로 변경되었고 추진위원회가 구성, 승인되었지만 2018.5.24 직권해제 되었다. 이후 재정비촉진구역에서 제척(제척이란 아예 재정비촉진구역 범위에서 배제된 것을 말함)되어 재개발사업이 불가능해 가로주택조합인가까지 받은 곳이다.

이곳에 정비구역 지정 직권해제처분에 대한 무효확인소송에서 서울시의 패소로, 확정되었다(대법원 2020두50256).

기적적 부활의 과정을 기록으로 남기는 등, 소송백서의 편찬에 필자가 참여한 바 있다.[3]

송파구 마천3구역도 거여·마천 재정비촉진구역 내 재개발사업장이다.

2011.4.21 재정비촉진계획 변경→마천3구역 재정비촉진구역으로 지정되었지만, 2013.6.13 대법원 판결로 재정비촉진구역에서 취소되었다.

이후 촉진구역 요건에 맞춰 2017.3.14 도시재정비위원회 심의를 거쳐, 그해 6월 1일 재정비촉진구역으로 결정 고시되면서 다시 진행되었다.

위 2곳의 재정비촉진구역 변경결정은 도시정비법상 정비기본계획 수립으로 간주(의제)[4]되므로, 정비기본계획 상 정비예정구역이란 점에서 조명해 보았다.

정비기본계획 상 방배15구역 단독주택 재건축사업장도 그 험한 이력이 만만치 않다.

---

3. 장위15구역 소송백서(서울행정법원 2018구합50024, 서울고등법원 2020누31479, 대법원 2020두50256판결), 2021.12 장위15구역 재개발추진위원회
4. 도시재정비 촉진을 위한 특별법(이하 "도시재정비법"이라 함) [시행 2022.1.13] [법률 제17893호, 2021.1.12, 타법개정]제13조(재정비촉진계획 결정의 효력) ① 제12조에 따라 재정비촉진계획이 결정·고시되었을 때에는 그 고시일에 다음 각 호에 해당하는 승인·결정 등이 있은 것으로 본다. <개정 2011.4.14, 2017.2.8> 1. 「도시정비법」 제4조에 따른 정비기본계획의 수립 또는 변경, 같은 법 제8조에 따른 정비구역의 지정 또는 변경 및 같은 조에 따른 정비계획의 수립 또는 변경 2~3 생략

정비예정구역 신규지정은 2011.10.20이었으나 2012.7.31부터는 도시정비법 시행령을 개정되어 단독주택 재건축 정비계획 입안자체를 할 수 없었으나, 부칙으로 정비기본계획이 수립된 경우(즉 정비예정구역으로 지정된 경우)엔 가능하였다[5]

이 사업장이 이제 정비구역 지정 후 사업을 서두르고 있다.

3. 정비예정구역엔 권리산정기준일 있다

시도지사는 정비구역 지정고시 전에 정비예정구역 내 무분별한 토지의 분할, 다가구주택의 다세대주택으로의 전환, 다세대주택 또는 공동주택의 신축 등 투기행위를 억제하고, 주택 등 건축물의 분양받을 기준인 권리산정기준일(이하 "기준일"이라 함)을 정하게 된다.

서울시는 이 기준일을 정해서 재개발사업에선 도시정비조례 제36조제2항, 단독주택재건축사업은 제37조제2항에 적용하여, 다수의 분양신청자 중 적격의 1인을 구별해 내는 기능을 한다. 늘어난 분양신청자 중 1인만 분양신청할 수 있도록 역할을 하게 되지만, 기능상 공동주택 재건축사업에는 적용하기 어렵다. (이와 관련, 상가 지분 쪼개기의 경우에 대해선 후술하기로 함.)

1) 토지등소유자와 조합원의 관계
기준일 적용은 정비구역 지정 전의 소유자가 그 대상이다.

이 소유자는 정비구역이 지정되면 "토지등소유자"가 되며, 조합설립인가를 받은 후에는 조합원으로 지위가 달라진다.

---

5. 도시정비법 시행령 부 칙 <대통령령 제24007호, 2012.7.31> 제1조(시행일) 이 영은 2012년 8월 2일부터 시행한다. 다만, 제27조의2의 개정규정은 2013년 2월 2일부터 시행하고, 제52조제2항제1호 및 별표 1 제3호의 개정규정은 2014년 8월 3일부터 시행한다. 제6조(단독주택재건축사업에 관한 경과조치) ① 이 영 시행 당시 정비기본계획이 수립된 경우 정비계획의 수립에 대해서는 제52조제2항제1호 및 별표1 제3호의 개정규정에도 불구하고 종전의 규정에 따른다.* ② 생략

재건축·재개발사업은 대상 건축물이 달라, 토지등소유자가 되는 요건도 다르다.[6] 재개발사업의 경우, 이 요건이 맞지 않아 기준일 전에 그 형태를 분리하거나, 달리하는 행위가 있게 되는 것이다.

재건축사업(단독주택 재건축은 폐지되어 공동주택이 대상임)은 집합건물인 공동주택을 대상이어서 '건축물 및 그 부속토지 소유자'가 된다. 이 건축물이란 주택의 범위보다 넓은 개념이어서 단독주택이나 공동주택, 연립주택 등을 포괄하는 개념이다.

정비예정구역에서 정비구역 진입단계로 들어가면 본격적 시행으로 인식해, 토지등소유자가 증가하여 그만큼 수익률이 떨어지게 된다.

이런 과정에서 소유자들은 정비구역 지정 이후 토지등소유자로 전환되는데, 이 단계에서 위법한 행태를 거르지 못하는 경우가 대부분이다. 이 과정에서 조합원 지위확인 등 부동산거래 분쟁이 다수 발생하게 된다.

투기예방을 위해 정비예정구역에는 반드시 기준일을 정하게 되지만, 이 기준일을 고시한다고 해서 끝나는 것이 아니고 행위제한이란 별도의 행정행위가 필요하다. 기준일 고시문에 대부분 행위제한의 기능이 없다는 단서가 달려있고, 행위제한은 별도로 뒤따르게 된다.

앞서 설명한 바와 같이 조합설립인가 단계에서 늘어난 조합원 수가 걸러져야 하지만, 실무적으로 어려워 대부분 분양신청 단계에서 걸러지게 된다(이것이 도시정비법 §73①4인 관리처분계획에 따라 분양대상에서 제외된 자로 손실보상 대상자임).

---

6. 도시정비법 제2조(정의) 이 법에서 사용하는 용어의 뜻은 다음과 같다.
  9. "토지등소유자"란 다음 각 목의 어느 하나에 해당하는 자를 말한다. 다만, 제27조제1항에 따라 「자본시장과 금융투자업에 관한 법률」 제8조제7항에 따른 신탁업자(이하 "신탁업자")가 사업시행자로 지정된 경우 토지등소유자가 정비사업을 목적으로 신탁업자에게 신탁한 토지 또는 건축물에 대하여는 위탁자를 토지등소유자로 본다.
  가. 주거환경개선사업 및 재개발사업의 경우에는 정비구역에 위치한 토지 또는 건축물의 소유자 또는 그 지상권자
  나. 재건축사업의 경우에는 정비구역에 위치한 건축물 및 그 부속토지의 소유자

그러므로 기준일 고시는 토지등소유자, 조합원 자격이나 '조합원 지위승계 제한'과도 다르다.

2) 권리산정기준일 고시문 사례

서울시는 2011.10.20 서초구 방배동 528-3번지 일대 단독주택 재건축 및 공동주택 재건축정비예정구역 등에 대해 주택등 건축물의 분양받을 권리의 산정기준일을 고시한 바 있다.

재개발, 단독주택 재건축사업, 공동주택 재건축사업을 한꺼번에 권리산정기준일을 고시하고 있으나, 공동주택 재건축사업의 경우 분양대상을 가릴 수 있는 기능은 거의 없다. 정비예정구역 내 무분별한 토지의 분할, 다가구주택의 다세대주택으로의 전환, 다세대주택 또는 공동주택의 신축 등의 행위가 발생하기 어렵기 때문이다.

서울시 정비기본계획 변경[주택재건축사업부문]

1. 정비예정구역으로 신규 지정되는 구역과 기존의 정비예정구역에 새로이 추가되어 변경 지정되는 구역에 대하여 도시정비법 제50조의2제1항(현 §77조)에 따라 주택등 건축물의 분양받을 권리산정기준일을 정하고 동조 제2항에 따라 이를 고시함

2. 정비예정구역으로 신규 지정되는 구역과 기존의 정비예정구역에 새로이 추가되어 변경 지정되는 구역에 대하여 동조 제1항(현 §77①)에 따라 주택등 건축물의 분양받을 권리산정기준일을 정하고 같은 법 제50조의2제2항에 따라 이를 고시함

1) 단독주택 재건축 정비예정구역 신규지정(22개소)
서초구 방배동528-3, 중랑구 중화동134, 중랑구 면목동393
(이하 19개소 생략)

2) 재건축정비예정구역 변경지정
동대문구 제기동 620번지, 2.7헥타르(해제)
중랑구 중화동158-11: 면적 1.0→1.5(0.5헥타르 추가편입)
은평구 불광동23: 면적 1.4→4.4(3.0헥타르 추가편입)

3) 공동주택 재건축 정비예정구역
서초구 반포동65-1(궁전아파트), 서초구 반포동725번지(신삼호아파트), 영등포구 신길동4759번지(삼성아파트), 영등포구 문래동5가22번지(진주아파트), 영등포구 당산동5가7-2번지(유원제일2

차아파트), 송파구 문정동3번지(가락1차 현대아파트), 송파구 가락동176번지(삼환가락아파트), 송파구 가락동192번지(가락극동아파트), 송파구 오금동166번지(가락상아1차아파트), 송파구 송파동155번지(가락삼익맨션아파트)

(이하 생략)
가. 권리산정기준일: 2011.10.21
나. 지정사유
정비예정구역 내 무분별한 토지의 분할, 다가구주택의 다세대주택으로의 전환, 다세대주택 또는 공동주택의 신축 등 투기억제 및 건전한 정비사업 시행을 위하여 주택 등 건축물의 분양 받을 권리산정기준일을 별도로 정함
다. 건축물의 분양받을 권리의 산정 기준
주택재개발사업: 서울시 도시정비조례 제27조제2항(현 §36②)에 따름
주택재건축사업: 서울시 도시정비조례 제28조제2항(현 §37②)에 따름

─ 고시일 다음날이 권리산정기준일

2011.10.20 고시되고, 그 효력 발생일은 다음날인 2011.10.21부터다.

─ 권리산정기준일의 지정시기

정비예정구역(기본계획 수립고시일)~정비구역 지정고시일

정비구역 지정고시일은 당연 권리산정기준일이지만, 대부분은 정비예정구역(기본계획 수립고시일)~정비구역 지정고시일 내에서 고시한다. 이렇게 권리산정기준일을 정해도 6~7년 걸리는 정비구역도 있다.

위는 정비기본계획 변경으로 단독주택 재건축정비예정구역이 추가·신설된 것으로, 법 제77조제1항 후단에 따라 정비구역 지정고시 이전에 해당하여 시도지사가 별도로 고시문에 권리산정기준일을 게재한 것이다.

정비구역 지정·고시되면 그 날이 기준일이며(법 §77① 전단 참조), 이때 권리산정기준일을 별도 고시가 없다.

※ 도시정비법 제77조(주택 등 건축물을 분양받을 권리의 산정 기준일)

① 정비사업을 통하여 분양받을 건축물이 다음 각 호의 어느 하나에 해당하는 경우에는 제16조제2항 전단에 따른 고시가 있은 날 또는 시·도지사가 투기를 억제하기 위하여 기본계획 수립 후 정비구역 지정·고시 전에 따로 정하는 날(이하 이 조에서 "기준일")의 다음 날을 기준으로 건축물을 분양받을 권리를 산정한다. <개정 2018.6.12>

1~4: 생략

② 시·도지사는 제1항에 따라 기준일을 따로 정하는 경우에는 기준일·지정사유·건축물을 분양받을 권리의 산정 기준 등을 해당 지방자치단체의 공보에 고시하여야 한다.

— **권리산정기준일 지정사유**

토지의 분할, 단독·다가구주택의 다세대주택 전환, 건축물의 신축, 토지와 건축물의 분리취득 등의 행위가 기준일 이후 발생하는 경우 주택등 건축물의 분양받을 권리를 제한하려는 목적이다.

— **건축물의 분양받을 권리의 산정기준**

공동주택 재건축사업에는 해당되는 경우가 거의 없으나, 재개발·단독주택 재건축사업의 분양대상자는 「서울시 도시정비조례」 제36조제2항 및 제37조제2항[7]에 따른다.

즉 2011.10.21부터 단독주택 재건축 정비예정구역 신규지정(22개소)에서 단독, 다가구를 다세대로 전환, 여러 명의 분양신청자가 1세대에 속하는 경우, 1주택과 그 부속토지를 여러 명이 소유하고 있는 경우, 나대지나 기존건축물을 철

---

7. 서울시 도시정비조례
    제37조(단독주택재건축사업의 분양대상 등) ② 제1항에도 불구하고 다음 각 호의 어느 하나에 해당하는 경우에는 여러 명의 분양신청자를 1명의 분양대상자로 본다.
    1. 단독주택 또는 다가구주택을 권리산정기준일 후 다세대주택으로 전환한 경우
    2. 법 제39조제1항제2호에 따라 여러 명의 분양신청자가 1세대에 속하는 경우
    3. 1주택과 그 부속토지를 여러 명이 소유하고 있는 경우
    4. 권리산정기준일 후 나대지에 건축물을 새로 건축하거나 기존 건축물을 철거하고 다세대주택, 그 밖에 공동주택을 건축하여 토지등소유자가 증가되는 경우 공동주택을 건축하여 토지등소유자가 증가되는 경우

거 후 다세대 등 공동주택을 짓는 경우에는 여러 명의 분양신청자가 있더라도 1명만 분양신청자로 제한하겠다는 것이다.

─ 기타

- 도시정비법 제16조에 따라 정비구역 지정되는 필지에 한하여 적용하되, 구역지정에서 제외되는 필지에 대한 권리산정기준일은 자동 실효된다.
즉 동대문구 제기동 620번지, 2.7헥타르(해제)는 자동 실효되며, 중랑구 중화동158-11: 면적 1.0→1.5(0.5헥타르 추가편입)의 경우 추가편입된 경우만 권리산정기준일이 적용된다.

- 본 고시는 향후 추진될 「도시정비법」 및 「서울시 도시정비조례」 상 분양받을 권리를 산정하기 위한 기준일만 정하며, 건축물의 신축, 토지분할 등의 행위를 제한하는 것이 아니다. 이를 위해 별도의 행위제한 고시를 해야 함은 물론이다.

- 공동주택 재건축사업의 경우 단독주택 재건축사업과는 달리 분양대상은 서울시 도시정비조례 제37조제2항의 적용을 받지 않음에 유의하여야 한다.

4. 분당 신도시 관련, 성남시 정비사업 현황

정비기본계획의 수립(변경)은 경기도지사 아닌 성남시장의 권한이다.

성남시는 1968년 광주대단지 조성사업으로 발족되어 2020년 현재 인구 940,746명(3개구 50개동)으로서 대도시이다.

인구 50만 이상인 대도시 시장은 정비사업에서 독립적 사무를 처리할 수 있다. 즉 경기도지사의 지휘감독을 받지 않고 독자적 결정을 할 수 있다는 의미다.

1) 성남시장의 독립적 사무

아래 별표3과 같이 분당신도시 내 아파트를 재건축하려면, 성남시장은 경기도지사의 지휘감독 없이 정비예정구역, 정비구역을 지정할 수 있다.

※ 지방자치법 시행령 제10조제3항, 별표3

7. 도시정비법 제2조, 제7조, 제11조 및 제142조에 따른 노후·불량건축물 규정, 정비기본계획의 확정·고시, 기본계획 및 정비계획 수립 시 용적률 완화와 금품·향응 수수행위 등에 대한 신고포상금 지급

▶ 노후·불량건축물의 30년 규정, 정비예정구역 지정을 위한 정비기본계획 변경, 및 정비계획 수립(변경)은 경기도지사의 승인을 받지 않는 대도시 시장의 고유권한이다

8. 「도시재정비법」 제4조부터 제7조까지, 제9조, 제12조, 제13조의2, 제33조, 제34조, 및 제36조에 따른 재정비촉진지구 지정·변경, 재정비촉진지구 지정해제, 재정비촉진계획 결정, 재정비촉진계획 변경, 토지 등 분할거래 기준일 결정·고시, 도시재정비위원회의 설치와 재정비촉진사업에 대한 자료 제출요구

2) 2022.4.1 현재 성남시 정비사업 현황

분당구를 제외한 수정구·중원구에 재개발·재건축정비예정구역이 18개소이며, 현재 정비사업이 진행 중에 있다.

2010정비기본계획에는 산성구역, 미도아파트 상대원2, 3구역, 도환중2구역, 태평1구역, 태평3구역, 수진1구역, 신흥1구역, 중4구역, 중2구역, 신흥3구역, 금광2구역 등 14구역이 있다. 2020 정비기본계획에는 통보8차아파트, 금광3구역, 은행주공아파트, 성지궁전아파트 4개소가 신설되었다.

즉, 분당구에는 재개발, 재건축사업에 관한 정비예정구역 자체를 설정하지 않았다.

① 수정구(9개소)
(재개발) 신흥1(LH), 신흥2(LH), 신흥3, 수진1(LH), 태평3, 산성
(재건축) 건우아파트, 미도아파트, 신흥주공+통보8차

② 중원구(9개소)
(재개발) 중1(LH), 금광1(LH), 금광3, 상대원2, 상대원3, 도환중1, 도환중2
(재건축) 은행주공, 성지궁전아파트

③ 분당구(없음)
리모델링 기본계획(Ⅰ. 기본계획의 목표 및 기본방향/1. 계획수립의 배경)

5. 1, 2기 신도시 개발기법, 무엇이 답인가

1기 신도시의 경우, 대량의 아파트 건설에 따른 모래 부족으로 바닷모래를 사용해 철근과의 부착력이 떨어져 강도에 문제가 있다는 평가가 있었다. 또한 국내 대다수 아파트가 그러하듯 라멘조가 아닌 벽식구조(공사비 15~20%의 저렴)로 시공되었다.

2020년 들어오면서 1, 2기 신도시개발을 위한 특별법이 발의된 바 있으며, 윤석열정부에서는 안전진단 완화와 함께 리모델링보다는 재건축으로 추진하려는 움직임이 있었다. 다만, 이 경우에도 재건축부담금(재초환)의 완화(부과유예) 등의 문제가 여전히 남아 있다.

1) 1, 2기 신도시 개발 관련, 최근 입법 동향
아래 법안에 대해서는 다른 도시와의 형평성 문제 등 부정적 견해도 있다.[8]

① 김은혜 등 (속칭) 신도시특별법 제정, 발의
2020.7.2 「노후도시의 스마트도시 조성 및 지원에 관한 특별법」안

「노후도시의 스마트도시 조성 및 지원에 관한 특별법」안(이하 아래 법안을 통칭하여 "신도시특별법"이라 함)을 제정하여, 지역균형개발 및 낙후된 도시재생을 위하여 스마트도시와 연계를 통해 도시 경쟁력 제고 등에 필요한 사항을 규정함으로써 지역 경쟁력 강화와 주민의 생활 향상에 이바지함을 목적으로 함

② 유경준 등 (속칭) 신도시특별법 제정, 발의
2020.9.15 「노후도시의 재생 및 지원에 관한 특별법」안

---

8. 2020.9. 국토교통위원회 수석전문위원 최시억의 검토보고

노후도시의 재건축, 재개발 규제 완화 및 지원, 교통 인프라 확충 등을 통해 노후도시 주민들의 편의를 제고하고, 주택공급을 늘려 집값 안정을 도모하고자 함.

또한, 용적률 상향등 규제 완화로 인해 발생한 추가 분양분을 임차인에게 우선 분양하고, 이주를 원하는 임차인은 이주 지원비를 지원함으로써 실제 거주하고 있는 임차인의 권리를 보호하고자 함.

③ 송석준 등 신도시 특별법 제정, 발의
2022.2.28 「노후신도시 재생지원에 관한 법률」안

국토부장관으로 하여금 노후신도시 재생사업을 위해 사업의 개요 및 목표, 교통시설현황 등이 포함된 5년 단위의 기본계획을 수립하도록 하며, 기본계획 수립·변경 시 공청회를 개최해 주민과 관계 전문가 등의 의견을 수렴하도록 함

④ 김병욱 등 신도시 특별법 제정, 발의
2022.3.14 「노후신도시 재생 및 공간구조개선을 위한 특별법」안

노후화된 1기 신도시 및 제2기 신도시에 대한 도시 재생을 도모하기 위하여 용적률 및 건축규제를 대폭 완화하고, 주거환경을 개선하기 위한 제도적 기반을 마련하는 특별법안 제정 발의함

⑤ 박찬대 등 신도시 특별법 제정, 발의
2022.4.27 「노후신도시 재생 및 개선을 위한 특별법」안

노후화된 신도시에 대한 주민생활 편의를 위해 용적률 및 건축 규제를 대폭 완화하고, 주거환경을 개선하기 위한 별도의 제도적 기반을 마련함으로서, '신도시'가 단순 주거 밀집지역이 아닌 자족성을 갖는 도시가 되기 위한 제도적 기반을 구축하기 위한 특별법안을 제정하고자 함.

2) 정비기본계획에 재건축이 답이라고 적혀 있다

① 신도시특별법 또는 도시정비법이냐

신도시특별법은 제정부터 발효되기까지 장시간 소요되며, 그 대상도 1, 2기 신도시이며 재건축에 초점에 맞춘 법률이 아니다.

반면 기존 도시정비법에 의하면 법률 개정절차 없이, 성남시장이 독자적으로 정비기본계획 변경 절차를 통하여 준공 후 30년 이상 아파트에 대해 재건축정비예정구역으로 지정이 가능해 재건축사업을 진행할 수 있다.

이후 완화된 안전진단을 통과한 단지들에 대한 정비계획 및 정비구역 지정절차를 통하여 재건축사업이 활성화 될 수 있어 도시정비법의 적용이 예상된다.

② 정비기본계획 변경으로 정비예정구역 지정기준 및 절차 등

신도시특별법이 아닌 도시정비법의 시행으로 진행되는 경우, 앞서 설명한 바와 같이, 성남시장의 정비기본계획 변경절차를 취하게 된다.

— 성남시 재건축 정비예정구역 기정기준

공동주택(철근콘크리트구조 아파트가 대표적)의 안전진단 신청 가능기간을 30년으로 정하고 있어, 분당신도시는 이 기간을 충족하고 있다.

구분		선정기준
법적 기준		• 노후·불량건축물 200세대 이상 또는 부지면적 1㎡만이상
노후도	공동주택	• 준공 후 30년 ※ 5층 이상: 1988년 이후 준공된 건축물은 30년 ※ 4층 이하: 1992년 이전 준공은 [20+(준공연도 - 1983)]년, 1993년 이후 준공된 건물은 30년
	단독주택	• 준공 후 20년

— 성남시 정비기본계획의 변경 및 절차

공동주택 준공 후 30년 이상인 경우, 재건축정비예정구역 기준에 부합함에 따라, 이 기간이 경과된 30년 이상인 분당신도시는 2030 정비기본계획을 변경하여 재건축정비예정구역으로의 지정절차를 거치게 된다.

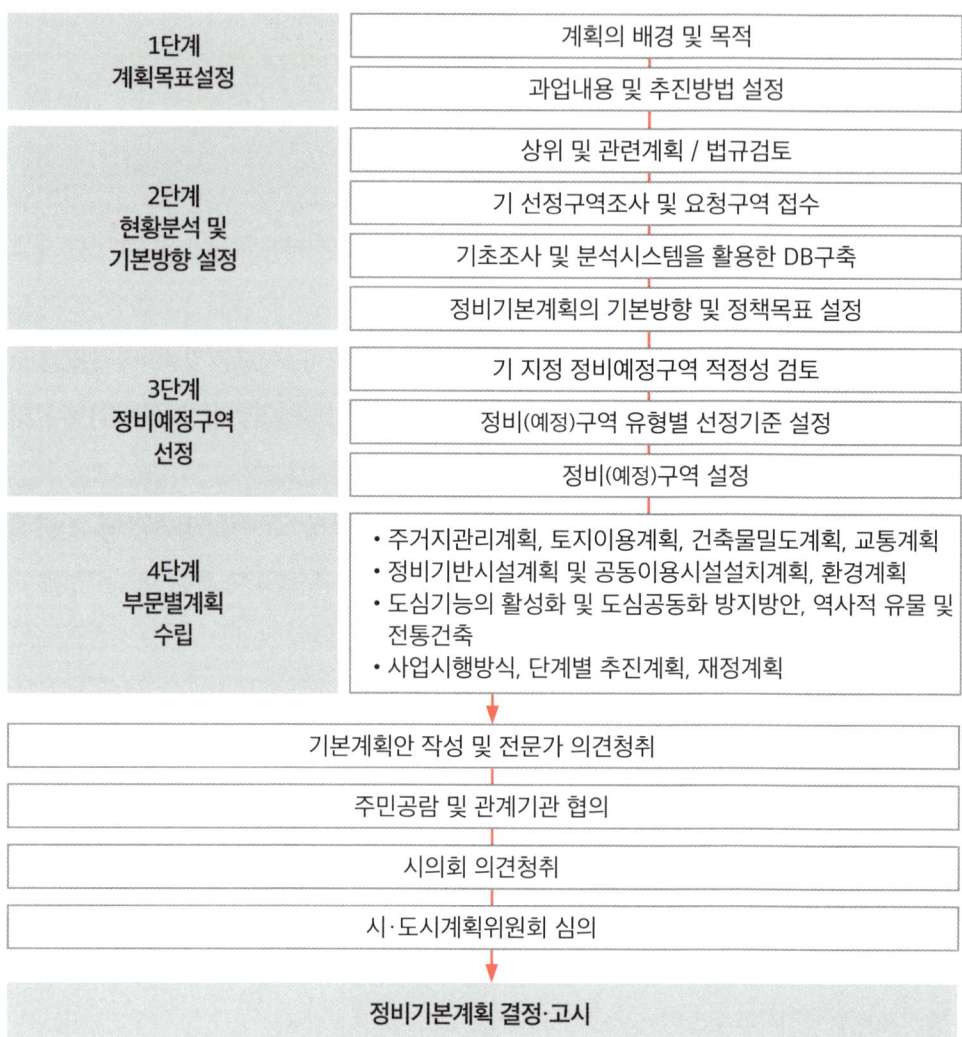

— 성남시 2030 정비기본계획엔 재건축을 예정하고 있다

신도시특별법, 도시정비법, 리모델링, 재건축사업 등 설이 많지만, 답은 성남시 2030 정비기본계획에 있다.

2030 정비기본계획 '06. 분당지역 도시 및 주거환경 정비방안'에서는 1991년 최초 입주된 분당지역의 노후시기가 도래하여 정비기본계획에서 분당지역을 추가하여 검토하겠다고 기록되어 있다.

즉 신도시특별법이 아닌 정비예정구역을 통한 재건축사업의 시대를 예고하고 있다(참고로 리모델링은 정비기본계획에 포함되지 않음).

'2030 성남시 정비기본계획 06. 분당지역 도시 및 주거환경 정비 방안'에 노후도가 도래함에 따라 정비기본계획의 변경으로 분당을 포함해야 한다고 기재하고 있다.

2030 성남시 정비기본계획 06. 분당지역 도시 및 주거환경 정비 방안

1. 계획의 개요

가. 계획의 배경

- 분당지역은 강남의 중대형 아파트를 중심으로 큰 폭으로 상승한 주택가격의 안정을 위하여 1989년 8월 30일부터 1996년 12월 31일까지 19.6㎢의 면적에 4조 1,642억원을 투입하여 신도시로 건설되었음
- 개발 전 1만5,423명이 거주하던 지역이 현재 약 39만인의 인구가 거주하여 성남시와 수도권의 발전을 촉진하고 있음
- 그러나, 1991년부터 1996년 사이에 대부분의 주택들이 집중적으로 공급되어 노후화가 진행중이며, 2030년에 공동주택의 85.9%가 준공 후 30년 시점이 도래하고, 단독주택의 98.5%가 준공 후 20년 시점이 도래함

『도시정비법』 및 『경기도 도시정비 조례』 제3조에 따른 주거환경정비 노후년도 기준

구분	노후년도 기준
공동주택	• 준공 후 30년(5층 이상: 1988년 이후 준공된 건축물은 30년, 4층 이하: 1992년 이전 준공은 [20+(준공연도-1983)]년, 1993년 이후 준공된 건축물은 30년)
단독주택	• 준공 후 20년

나. 계획 수립 사유

- 당초 2020 성남 정비기본계획에서는 본시가지만 계획대상이었으나, 1991년 최초로 입주된 분당 지역의 노후시기가 도래함에 따라 2030 도시·주거환경정비기본계획상 분당지역을 추가하여 검토할 필요성이 발생.

3) 1기 신도시 재건축 문제

고양시 일산신도시, 부천시 중동신도시, 안양시 평촌신도시 등도 성남시와 같음

필자는 2022.4.2 모 단체에서 주최한 "분당재건축의 미래"란 주제발표 토론회에 참석한 바 있다.

이 자리에서 분당신도시 재건축사업을 추진하려는 단체 등으로부터 질의를 받았는데, 그 내용은 대략 이렇다.

첫째는, 분당신도시 시범아파트 재건축사업을 위해 4개단지를 통합해서 재건축사업을 진행하려는데, 입주까지 기간이 궁금했던 모양이었다.

이 시범아파트는 정비예정구역에 속한 바 없으므로 정비기본계획부터 변경해서 정비예정구역에 포함되어야 재건축사업이 가능하다. 주민들이 정비예정구역으로 4개 단지를 하나로 묶을 것인지 여부는 여러 절차를 거쳐 시장이 결정하게 된다.

설령 4개단지가 통합된 정비예정구역이 되더라도, 주민들의 의견에 따라 각자 쪼개질 수도 있다는 점을 설명하면서 주민들(아파트와 상가 소유자)의 통합이 기간이 단축할 수 있다는 설명을 한 바 있다.

그다음은 분당신도시 내 공동주택 외에도 연립주택의 개발 방법을 묻는 거였다.

분당신도시는 공동주택 외에도 용도지역에 따라 단독주택과 연립주택이 있다.

특히 연립주택의 개발기법으로 공동주택과 연접해 있는 경우에는 이를 포함한 정비예정구역으로의 포함이 필요하다. 경기도 과천시 모 재건축조합의 경우, 이와 유사한 공동주택과 연립주택이 포함되어 있으며, 이 경우에는 대지지분에 따라 재건축사업이 진행된다는 점을 밝혔다.

위 질문에 대한 답은 정비기본계획의 변경에 따른 재건축정비예정구역으로의 편입이 먼저 이루어져야 한다는 것이다.

1기 신도시인 분당을 포함한 고양시 일산신도시, 부천시 중동신도시, 안양시 평촌신도시 등의 경우 성남시와 같은 절차를 통해 확인이 가능하다.

6. 노후계획도시특별법과 도시정비법의 관계
도시재정비법(재개발특별법) vs 노후계획도시특별법(재건축특별법)

도시정비법상 재개발사업의 광역개발을 목적으로 출발한 것이 도시재정비법이라면, 지금의 노후계획도시특별법의 경우도 재건축사업의 광역화를 위한 특별법이라 할 수 있다.

택지개발촉진법에 의한 택지개발지구, 일정한 면적이 충족된 지방거점신도시 등이 그 대상이다. 벌써 일부 지방도시에서 지구지정 요청을 하고 있어서, 1기 신도시에 국한되지 않고 도시재정비법처럼 번져 나갈 조짐이 보인다.

1) 도시재정비법(재개발특별법)의 등장

이 법의 등장은 도시정비법의 잉크가 마르기도 전이었다.

2002.10.23 서울시장(시장 MB)은 광역개발을 목적으로 은평, 길음, 왕십리 시범 뉴타운사업의 시행을 선언하여, 2002.12.30 도시정비법의 뚜껑을 열기도 전에 김을 뺐다고 할 수 있다.

2003.7.1 재건축·재개발사업이 통합된 도시정비법이 시행되었지만, 이후 「서울시 지역균형발전 지원에 관한 조례」에 따른 뉴타운·균형발전촉진지구로 줄지어 고시되었다. 강북의 재개발, 강남의 재건축 중심으로 진행되었지만, 강남·북 주택가격차는 더 벌어졌다.

더 이상 조례로 사업 시행되는 것을 막기 위해 도시재정비법 제정을 서두르게 되었다.

노무현정부는 2006.7.1 도시재정비법을 시행하였지만, 초기의 법률명은 '강남북 균형발전 지원법'이었던 것도 이런 사연이 담겨져 있었다. 반면 정치인들은 각자의 도시에 재정비촉진지구(뉴타운지구)를 포함시키려고 하면서 서울시 아닌 전국을 대상으로 한 지금의 법률이 탄생되었던 것이다.

각설하고, 기존의 서울시 뉴타운사업, 균형발전촉진사업은 재정비촉진사업으로 흡수 통합되었는데, 대부분이 재개발사업이었다.

이 법에 따라 광역개발을 위한 재정비촉진지구를 지정, 기반시설을 확충하면서 건축규제의 완화 등에 관한 특례, 주택의 규모 및 건설비율의 특례, 증가용적률에 대한 주택 규모 및 건설비율에 관한 특례, 지방세의 감면, 과밀부담금의 면제 등의 특례규정을 두었다. 다만 사업의 진행은 도시정비법으로 시행되었고, 그 대상은 주로 재개발사업이었다.

필자가 이를 설명하는 이유는 지금의 신도시특별법은 재건축을 위한 또 다른 도시재정비법이라고 예측되기 때문이다.

2) 도시정비법과 노후계획도시특별법(재건축특별법) 재회

도시재정비법이 도시정비법 상 재개발사업을 확대하기 위한 것이라면, 노후계획도시특별법의 대상은 재건축사업이라 하겠다. 신도시 구성은 단독주택, 연립주택 및 공동주택 등으로 되어 있지만, 최근 주목을 받는 분당신도시는 대다수가 공동주택인 아파트이기 때문이다.

재건축사업과 상가를 공부하는 사람들에겐 장기적으로 특별법인 노후계획도시특별법을 이해해야 하는 이유가 여기에 있는 것이다.

노후계획도시특별법(이하 "특별법"으로 함)에는 건폐율·용적률(500%) 상향, 빌라의 종 상향, 주택규모 및 건설비율, 예비타당성 조사를 면제할 수 있는 광역교통개선대책 등이 포함되어 있다.

특별법의 기본계획에 따른 "노후도시 재생지역진흥지구 또는 노후신도시 재생 및 개선특별지구"의 지정에 의한 해당 지구 내 역세권 및 특정 지구에 한하여 특별하게 높은 용적률을 부여하는 등 특례 조항을 적용한다는 내용을 담고 있다.

하지만 신도시의 대부분 아파트는 준공된 지 30년이 넘어 재건축안전진단의 단계에 진입한 상태에서 이러한 단지들에 대한 재생지역 진흥지구나 재생특별지구 지정은 가능하겠지만, 특례 조항의 적용은 다른 도시의 재건축사업과 형평성의 원칙에 위배될 수 있다는 점이다.

도시재정비법의 재정비촉진지구와 함께 새로운 재생지역 진흥지구로 지정된다 하더라도 결국은 도시정비법에 의한 재건축사업이나 리모델링 사업으로의 추진이 불가피하다 할 것이다.

국토부에서 발표한 노후계획도시특별법의 실체를 알기 위해 필자가 도시개발신문에 투고한 칼럼을 소개하면 다음과 같다.

<2022.2.14 도시개발신문 전연규 대표의 [11문 11답]>
1기 신도시 특별법, 재건축 뉴타운특별법의 역할을 할 것인지(?)

1. 1기신도시의 경우 재건축사업을 시행하려면 현행 도시정비법상 절차상 어떻게 진행되는지?

우선 해당 시의 정비기본계획에 재건축정비예정구역으로 되어있느냐를 확인해야 한다. 분당신도시의 경우 현재 2030 정비기본계획을 살펴보고, 분당 아파트가 재건축정비예정구역에 포함되어 있는지를 먼저 살펴야 한다.
포함되어 있지 않으면 2030 정비기본계획의 변경을 통하여 추가로 정비예정구역에 포함시켜야 한다. 다른 4개 신도시도 마찬가지다.
따라서 1기신도시인 분당을 대표적 사례로 들면, 노후계획도시특별법이 있어야만 재건축이 가능한 것은 아니라는 것이 저의 주장이다. 지난해 5월 성남의 상공회의소 및 6월 말 국회의원회관 세미나에서 "분당신도시 재건축은 사실상 특별법이 필요 없다. 1기 다른 신도시도 마찬가지로 기존 정비기본계획에 빠져 있는 재건축 정비예정구역을 추가하면 되며. 정비기본계획을 변경해서 진행하면 된다."고 얘기한 적이 있다.
그러나 분당신도시를 포함한 보도자료에서 말하는 택지를 포함한다면 특별법이 필요할 수도 있을 것이다.

2. 모든 재개발·재건축사업의 마스터플랜인 정비기본계획보다 상위개념인 국토부장관의 정비기본방침도 마련한다고 하는데, 양자는 어떤 관계인지?

도시정비법에도 지자체장이 마련하는 정비기본계획의 상위 지침인 정비기본방침을 2012.8.2부터 국토부장관이 10년마다 정하도록 규정하고 있다. 하지만 이를 정해 고시한 바가 없다. 성남시를 비롯한 5개 신도시의 정비기본계획도 수립(변경)하지 않다가 이제 움직이고 있다.

신도시 재건축이 문제가 되면서 국토부도 시동을 걸고 있다. 아마 특별법을 위해 별도의 기본방침도 필요해 보인다. 노후계획도시특별법 제정 이야기가 나오면서 도시정비법과 특별법상 정비기본방침 수립 모두를 위한 용역을 발주한 것인지 명확하지는 않다. 현재 1기 신도시도 정비기본계획 수립 또는 변경을 위한 용역을 발주하고 있는데, 다른 대상지의 움직임이 없다.

이런 점들을 미루어 짐작해 볼 때, 투자하려는 분들은 최소한 대상지역의 기본계획 용역이 발주되었는지를 확인해 보는 것이 필요하다.

3. 지난 2월 7일 보도된 노후계획도시특별법의 대상지는 1기 신도시를 말하는지?

신도시 재건축은 대통령 공약사항이었고, 법률안 제정 출발도 그랬다. 이후 법안을 다듬으며 그 대상지를 노후계획도시로 말하며, 20년 이상 경과된 100만㎡ 이상의 택지라고 발표했지, 1,2기 신도시 등 그 대상지를 확정하지는 않았다.

신도시는 처음부터 계획적, 인공적으로 만들어진 계획도시라고 노무현정권 때 말하여 왔는데, 특별법 상 노후계획도시가 대상이란 의미는 노후된 신도시를 재건축하겠다는 것이다.

신도시는 그 시대에 따라 적용법률을 달리하여 개발됐다. 60~70년대 말 토지구획정리사업법으로 지금의 강남을 만들어 경기도에서 서울시로 편입하였고, 80년 말부터 택지개발촉진법으로 1기 신도시를 만들었다. 이후 2기 신도시를 "계획도시"로서 그 역할을 하고 있지만, 아직 그 연한이 부족하다. 이런 점을 비추어 볼 때, 그 대상이 1기 신도시가 대표적인 것으로 판단된다.

4. 신도시 외에도 수도권 택지지구, 지방거점 신도시 등 특별법 대상인 곳은?

지난 20대 국회에서 신도시특별법이 발의된 바 있다. 21대에 와서 22.4.27. 박찬대, 22.5.16 하태경의원 발의안에서 1~3기 신도시까지 포함해 20년 경과지역이 포함되고, 1989년 지정된 지방거점신도시 및 택지지구로서, 부산 해운대구 좌동, 광주 상무지구, 인천 연수, 대전 둔산, 대구 수성 등 5개 지역까지 포함되었다.

수도권 택지지구도 포함됨에 따라, 서울 "0기 신도시"(1기 신도시 전, 88올림픽을 위한 정비차원에서 택지개발촉진법으로 개발된 서울 목동이나 고덕동, 상계, 중계동 아파트)도 그 주요 대상이다.

다만 목동의 경우 지구단위계획에 의해 진행되고 있고, 고덕은 단독주택 재건축사업이었지만 사업이 불발됐다. 노원구 중·상계동이 주요 대상이다.

경기도는 이보다 훨씬 많다. 100만㎡ 넘는 곳이 15개소(미만이 78개소)다

위에서의 지방거점 신도시 6개소, 100만㎡ 미만 지역이 3개소(상무2~4) 부산 해운대 1,2지구, 광주 상무지구, 인천 연수, 대전 둔산1, 대전둔산2, 대구 수성구도 포함되었다.

특별법 대상지역은 총 49개소지만, 인접연접까지 포함하면 그 이상이다.

5. 기성시가지 개발을 위해 100만㎡ 이상의 면적을 대상으로 하는 특별법 사례가 있는지?

재개발 뉴타운특별법 사례가 있다. 05년 노무현정권에서 강남북 아파트가격 차이를 좁히자며 제안된 서울시 뉴타운특별법안을 검토하는 과정에서 전국을 대상으로 확대되었다. 이 법안 제정 작업에 저와 서울대 법학전문대학원장인 김종보교수가 참여한 바 있다.

종전 특별법도 주거지형의 경우 50만㎡로 지금의 1/2로서 지구 지정을 하였고 이 지역의 후보자들이 국회의원에 당선된 사람이 많아 소위 "타운돌이"란 용어까지 탄생됐다.

이렇게 재개발 뉴타운사업 재정비촉진지구는 대략 59개 정도였다.

서울시 뉴타운(33개소) 중에서 시범, 2차, 3차 뉴타운과 시범, 2차균형발전촉진지구로 지정해 시범 뉴타운은 3곳(길음, 왕십리, 은평), 2차 뉴타운12개, 3차 11개, 균형발전촉진지구는 시범 4개소등이다.

그 외에 강원도 2개소, 대구시 2개소, 인천시 2개소, 부산시 5개소 중 3개소만 존재, 대전시 10개소, 경기도 5개소가 있다.

재건축 뉴타운특별법에 의해 100만㎡(인구 2만5천 명, 주택 1만호 내외 규모)를 기준으로 하면 서울시는 노원, 중계 및 목동이 가능할 것으로 보이며, 대다수는 신도시가 밀집된 경기도에 집중될 것으로 보인다.

결국 법안 협의 과정에서 자신들의 지역구를 지정하도록 치열한 다툼이 예상된다.

그러나 재개발 뉴타운특별법은 지금은 추가 지구지정 없이 뒤치닥꺼리에 바쁘다.

지금의 재건축 뉴타운특별법은 그런 전철을 밟지 않기를 바란다.

6. 위 면적 100만㎡ 미만인 경우 인접·연접한 2개 이상의 택지면적 합이 100만㎡ 넘으면 가능하다는 점에 대해 이에 해당하지 못하는 지역과의 형평성을 얘기한다. 역차별을 어떻게 생각하나?

어느 기사에 잠실5단지, 압구정 재건축단지 등이 그 대상에 빠져 있다는 내용은 택지의 개념을 잘 못 이해한 것으로 이 단지는 토지구획정리사업법으로 조성된 단지다. 특별법 대상은 택지개발촉진법에 의해 조성된 택지를 말한다.

면적이 부족해 인접, 연접단지 2개 이상을 합한다고 해서 도시정비법에 의한 정비기본계획상 사업장도 포함시킬 수 있다는 우려는 잘못된 것이다.

수도권 택지지구(경기, 인천)에는 송탄 서정+지산1,2/수원매탄1,2/구리 인창+교문1,2+토평/수원정자1,2/부천 상동, 인천 만수1,2,3 등 6개소는 인접, 연접지 포함하면 지정이 가능할 수 있다.

지방기점도시인 광무2, 3, 4의 경우도 광무1과 합하면 가능할 수 있다.

다만 수도권이라도 어느 지역은 도시정비법의 적용을 받고, 다른 지역은 특별법의 적용을 받아 특례 조항 혜택을 받는다면 역차별 시비에 휘말릴 것이다. 예를 들어 최근 서울시 신속통합기획의 적용을 받는 곳에서만 조합설립인가 후 시공자 선정이 가능하다고 한 서울시 조례가 그렇다.

역차별과 관련하여, 도시정비법상 정비기본계획과 특별법상 기본계획과의 충돌에 대한 특별규정 다른 법률과의 관계조문을 별도로 두는 것이 좋다.

7. 2월 7일 보도자료에 의하면 기본방침, 기본계획을 수립하고 특별정비구역 설정을 해서 재건축 사업을 진행하겠다고 하는데, 이를 어떻게 생각하나?

노후계획도시의 기간을 20년 이상으로 정하였으므로, 도시정비법상 정비기본계획과는 다른 기본계획을 수립하여야 한다. 이 법안이 통과되더라도 해당 시에서는 별도의 기본계획을 수립하려면 용역을 발주해야 하는데, 아직 움직임이 없다.
너무 광역개발을 꾀해 앞선 재개발 뉴타운특별법의 전철을 밟지 않았으면 한다. 1기 신도시 외에 나머지 대상지의 구체적 진도는 지켜봐야 하므로, 섣부른 투자는 피해야 한다.

8. 그렇다면 도시정비법이 아닌 특별법상 새로운 기본방침과 그에 따른 지자체의 기본계획을 별도로 수립해 진행하겠다는 것인지?

그렇다. 도시정비법상 정비기본방침, 정비기본계획이 아닌 특별법상 별도의 기본방침, 기본계획을 수립해 진행하겠다는 것이다. 이미 지난 10월에 국토부는 기본방침을 발주했고, 5개 신도시에서는 올해 초에 기본계획 용역을 발주했다.

9. 도시정비법이나 도시재정비법에서의 지정권자는 특별시장, 광역시장, 도지사의 권한이다. 반면, 노후계획도시특별법상 특별정비구역 지정·고시 권한은 구청장, 구청장인 점이 눈에 띈다. 어떻게 생각하나?

모든 개발법의 경우 기초자치단체장인 구청장, 구청장은 개발계획 입안제안을 하며, 이 신청에 의해 지정권자는 특별시장, 광역시장, 도지사인 것이 일반적이다. 도시정비법, 도시재정비법, 도시개발법, 소규모주택정비법이 그렇다.
반면 특별법에서는 기초자치단체장에게 권한을 부여했다. 지구지정을 받으려면 곳을 지역구로 둔 의원들의 힘겨루기도 일어날 것으로 보인다.
특히 수도권 택지지구인 경기도에 대상 지역이 몰린 것은 이러한 점을 역학적으로 계산한 것으로 보인다. 여야 협의 과정에서 대상 지역이 추가 확대될 것으로 판단된다.

10. 특별정비구역으로 지정되면 특례조항으로 안전진단의 완화, 면제가 있는데, 지난 1월 5일 개정된 국토부의 안전진단기준으로 해결되지 않는지?

23.1.5 국토부의 안전진단 기준을 개정하였지만 1기 신도시의 경우 그 혜택을 받지 못하고 오히려 더 불리한 상태가 되었다. 또한 개정작업에서 제기되었던 점수 최대 10%p까지 탄력적 적용 완화는 개정되면서 삭제되었다.
따라서 특별법상 완화 규정을 둬 사업 진행을 가능하도록 하였다.
얼마 전 수도권재건축·재개발조합 연합회 사무실로 신도시 5개 회장단이 방문하여 토론한 적이 있다. 여기에서 지난 1월 5일 개정된 안전진단 기준이 재건축을 더 어렵게 했다는 이야기를 들었다.
특히 지자체장에게 최대 10%p까지 탄력적으로 조정권한을 개정작업에서 삭제된 부분을 강조하면서, 주거환경 점수가 0.15에서 0.3으로 높아지면서 안전진단 통과가 거의 불가능한 수준이란 점을 토로했다.
결국 이런 점이 특별법에 완화 규정으로 담긴 것으로 보인다.
2.7 대책에서 재건축 안전진단: 완화 또는 공공성확보 시 면제, 정비사업의 경우 현재 과도한 공공성 확보를 요구하고 있음에 비추어 볼 때. 면제의 요건을 충족시켜 면제받기 어려울 것으로 보인다.

11. 특별정비구역으로 지정되면 문제점은 없는지?

1) 단일 사업시행자인 조합으로 범위 설정 여부

특별정비구역은 다수 단지를 통합 정비사업이므로 이를 원활히 추진하기 위해 기본적으로 하나의 사업시행자(조합 등)가 사업을 추진할 수 있는 범위로 설정 통합하여 단일 재건축조합 인가받은 대표적 사례로 서초구 신반포4지구, 개포6·7단지. 압구정3구역 등이 있는 대단지들이다. 저는 아파트 주민들과 상가와의 협의 및 동의를 도출하는 데 어려움을 지켜보았다.

도시정비법상 주택단지 개념이 아닌 특별법에서 동의에 대한 특례 규정을 둬 상가 동의율 산정하도록 하고, 단지별로 조합장, 부조합장을 세워 의견이 수렴되도록 하는 것도 필요하다.

2) 리모델링사업의 재건축사업으로 전환에 따른 갈등 대책 준비

분당의 경우 리모델링사업이 비교적 활성화되고 있으나, 특별법상 재건축사업의 특례조항이 활용될 경우 재건축사업에 편입을 원하는 사례가 늘 수 있어 이에 대한 조문이 필요하다.

3) 기성 시가지 내 특별정비구역 지정 시 역차별 논란

같은 재건축사업이라도 종전의 도시정비법에 의한 정비사업은 구청장이 입안제안하면 특별시장, 광역시장이 지정 고시권자이다.

이 정비구역 지정·고시 여부가 빠르면 2년 이내 늦으면 10여 년 이상 걸리는 곳도 있는데, 특별법의 적용을 받는 곳은 입안권자인 구청장이 지정권까지 있는 경우 인근 사업장 간 수년의 차이가 있어 역차별의 논란이 있게 된다.

2부
재건축과 상가, 사업의 시행

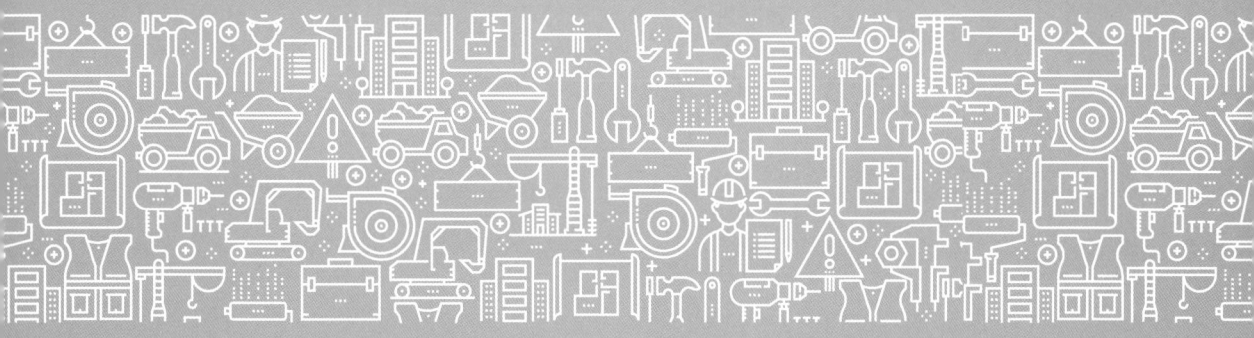

I. 장애물 건너뛰기

재건축, 재개발사업의 시행으로 경기가 과열되면 사업시행 전에 행위제한, 건축제한 심지어는 착공제한도 가해진다.

대체로 국토계획법, 도시정비법, 건축법, 소규모주택정비법 등 다양한 법령에 의해 규제된다. 여기에 토지거래허가가 추가되는 것이 일반적인데, 이 책에서는 주로 서울지역에 대해 살펴보기로 한다.

1. 행위허가·행위제한, 건축허가(착공)제한
국토계획법 제56조, 영 제51조, 도시정비법 제19조

행위허가 제한은 상가 등 분할과 밀접한 관계가 있으며, 시도 또는 자치구별 다를 수 있다.

최근 상가지분쪼개기를 막기 위한 제한이 등장하고 있는데, 그 기법으로 「건축물대장규칙」에 의한 건축물대장의 표시사항 변경(§18조) 중 주거용으로의 변경 및 집합건축물대장의 전유부의 분할(§17조) 및 건축물대장의 합병(§16조), 건축물대장의 전환(§15조) 규제 등이 있다.

1) 국토계획법상 지구단위계획구역과 행위허가 제한
택지개발지구(대표적 개포동 주공아파트)인 경우 국토계획법상 지구단위계획에 의해 제한, 최근 아파트지구개발기본계획이 지구단위계획으로 전환된 압구정, 여의도, 목동 등의 국토계획법상 행위허가 제한

도시·군관리계획상 특히 필요하다고 인정되는 지역에 중앙도시계획위원회나 지방도시계획위원회의 심의를 거쳐 한 차례만 3년 이내의 기간 동안 개발행위허가를 제한할 수 있다.

도시기본계획이나 도시관리계획이 결정될 지역이나 지구단위계획구역, 기반시설부담구역으로 지정된 지역의 경우, 한 차례만 2년 이내의 기간동안 개발행위허가의 제한을 연장할 수 있다.

한편, 지역단위계획구역 결정고시 내용이 정비계획을 모두 포함하는 경우에는 정비구역으로 의제(도시정비법 §17②)받으며, 지구단위계획 결정고시 되면 행위제한 연장이 필요 없게 된다.

지구단위계획에 의한 정비구역(재개발, 재건축) 지정을 의제 받는 경우, 국토계획법 상 행위허가 제한을 받는다. 서울시 아파트지구의 경우 아파트지구개발기본계획 변경으로 정비계획 의제 받아 왔으나 지구단위계획으로 전환되면서, 국토계획법상 행위허가 제한을 받고 있다.

아파트지구 중에서 서울시 재건축정비구역을 위한 지구단위계획으로 전환된 경우(예, 압구정, 여의도, 목동 및 강남택지개발지구에서의 지구단위계획이 대표적임), 특히 상가분할에 대한 제한의 형태가 자치구마다 다를 수 있음에 유의하여야 한다.

국토계획법상 행위허가 관련 강남구의 경우, 상가분할을 금지하는 「건축물대장의 기재 및 관리등에 관한 규칙」에 의한 건축물대장의 표시사항변경(§18조) 중 주거용으로의 변경 및 집합건축물대장의 전유부의 분할(§17) 규정을 두고 있지만, 송파구에는 이러한 특별제한을 두고 있지 않다. 잠실의 대표적 ○○아파트의 경우 추진위원회 단계에서 상가분할의 허가를 받은 사례도 있다.

※ 국토계획법

제56조(개발행위의 허가) ① 다음 각 호의 어느 하나에 해당하는 행위로서 대통령령으로 정하는 행위(이하 "개발행위")를 하려는 자는 특별시장·광역시장·특별자치시장·특별자치도지사·시장 또는 군수의 허가(이하 "개발행위허가")를 받아야 한다. 다만, 도시·군계획사업(다른 법률에 따라 도시·군계획사업을 의제한 사업을 포함한다)에 의한 행위는 그러하지 아니

하다.
1. 건축물의 건축 또는 공작물의 설치
2. 토지의 형질 변경(경작을 위한 경우로서 대통령령으로 정하는 토지의 형질 변경은 제외)
3. 토석의 채취
4. 토지 분할(건축물이 있는 대지의 분할은 제외한다)
5. 녹지지역·관리지역 또는 자연환경보전지역에 물건을 1개월 이상 쌓아놓는 행위
② 개발행위허가를 받은 사항을 변경하는 경우에는 제1항을 준용한다. 다만, 대통령령으로 정하는 경미한 사항을 변경하는 경우에는 그러하지 아니하다.
(③, ④ : 생략)

제63조(개발행위허가의 제한) ① 국토부장관, 시·도지사, 시장 또는 군수는 다음 각 호의 어느 하나에 해당되는 지역으로서 도시·군관리계획상 특히 필요하다고 인정되는 지역에 대해서는 중앙도시계획위원회나 지방도시계획위원회의 심의를 거쳐 한 차례만 3년 이내의 기간 동안 개발행위허가를 제한할 수 있다. 다만, 제3호부터 제5호까지에 해당하는 지역에 대해서는 중앙도시계획위원회나 지방도시계획위원회의 심의를 거치지 아니하고 한 차례만 2년 이내의 기간 동안 개발행위허가의 제한을 연장할 수 있다.
1. 녹지지역이나 계획관리지역으로서 수목이 집단적으로 자라고 있거나 조수류 등이 집단적으로 서식하고 있는 지역 또는 우량 농지 등으로 보전할 필요가 있는 지역
2. 개발행위로 인하여 주변의 환경·경관·미관·문화재 등이 크게 오염되거나 손상될 우려가 있는 지역
3. 도시·군기본계획이나 도시·군관리계획을 수립하고 있는 지역으로서 그 도시·군기본계획이나 도시·군관리계획이 결정될 경우 용도지역·용도지구 또는 용도구역의 변경이 예상되고 그에 따라 개발행위허가의 기준이 크게 달라질 것으로 예상되는 지역
4. 지구단위계획구역으로 지정된 지역
5. 기반시설부담구역으로 지정된 지역
(② 내지 ④: 생략)

제140조(벌칙) 다음 각 호의 어느 하나에 해당하는 자는 3년 이하의 징역 또는 3천만 원 이하의 벌금에 처한다.
1. 제56조제1항 또는 제2항을 위반하여 허가 또는 변경허가를 받지 아니하거나, 속임수나 그 밖의 부정한 방법으로 허가 또는 변경허가를 받아 개발행위를 한 자

택지개발지구인 지구단위계획구역에 대한 강남구의 행위제한 사례는 다음과 같다. 아파트 재건축사업 대상이라도 지구단위계획구역인 경우에는 국토계획법 상 행위허가 제한 대상이지만, 그 외에는 도시정비법에 의한 행위제한을 받게 된다.

다음은 재건축정비예정구역에 대해 국토계획법에 의한 행위허가 제한을 한 사례이다.

국토계획법 제63조에서는 국토부장관, 시·도지사, 시장 또는 군수가 도시관리계획 상 특히 필요하다고 인정되는 지역에 대해서는 중앙도시계획위원회나 지방도시계획위원회의 심의를 거쳐 한 차례만 3년 이내의 기간 동안 개발행위허가를 제한할 수 있다(아래 고시문 라목 참조).

또한 지구단위계획구역으로 지정된 지역 등에 대해서는 중앙도시계획위원회나 지방도시계획위원회의 심의를 거치지 아니하고 한 차례만 2년 이내의 기간 동안 개발행위허가의 제한을 연장할 수 있다.

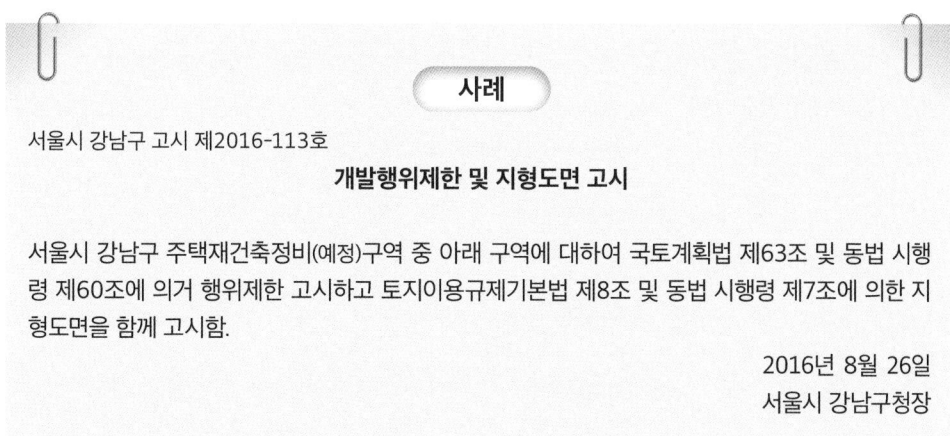

사례

서울시 강남구 고시 제2016-113호

개발행위제한 및 지형도면 고시

서울시 강남구 주택재건축정비(예정)구역 중 아래 구역에 대하여 국토계획법 제63조 및 동법 시행령 제60조에 의거 행위제한 고시하고 토지이용규제기본법 제8조 및 동법 시행령 제7조에 의한 지형도면을 함께 고시함.

2016년 8월 26일
서울시 강남구청장

1. 개발행위허가 제한 사유

 주택재건축정비(예정)구역 내 투기행위(분양권 늘리기 등) 유입을 방지하고 재건축사업의 원활한 추진과 계획적인 도시관리를 도모하기 위함

2. 행위제한 내용

 가. 제한지역: 총 5개 구역

연번	제한지역			아파트명칭	개발행위 허가 기간
	동명	지번	면적(㎡)		
1	대치동	316번지일대	243,552.6	은마아파트	2016.08.26~2019.08.25
2	대치동	503번지일대	88,760.6	우성아파트	2016.08.26~2019.08.25
3	개포동	187번지일대	55,858.0	개포주공5단지	2016.08.26~2019.08.25
4	개포동	185번지일대	57,851.0	개포주공6단지	2016.08.26~2019.08.25
5	개포동	185번지일대	54,545.0	개포주공7단지	2016.08.26~2019.08.25

 나. 제한대상 행위: 주택재건축정비(예정)구역 내에서 분양권을 늘리려는 행위
 ㅇ 국토계획법 제56조제1항제1호에 의한 건축물의 건축 또는 공작물의 설치
 ※ 건축법 제11조·제14조·제16조·제19조·제83조에 의한 건축허가·신고, 허가·신고사항의 변경, 용도변경 중 주거용으로의 변경, 공작물의 설치신고, 「건축물대장의 기재 및 관리 등에 관한 규칙」에 의한 건축물대장의 표시사항 변경(제18조) 중 주거용으로의 변경 및 집합건축물대장의 전유부의 분할(제17조) 및 건축물대장의 합병(제16조)· 건축물대장의 전환(제15조)
 ㅇ 국토계획법 제56조제1항제4호에 의한 토지분할
 다. 적용예외: 제한대상에도 불구하고 기존건축물의 이용편의 등을 위하여 구 도시계획위원회 심의를 거쳐 필요성이 인정되는 경우
 라. 제한기간: 개발행위허가제한 고시일로부터 3년(2016.8.26~2019.8.25)

3. 지형도면

서울시 강남구 주택과에 비치한 도면과 같음

※ 첨부된 지형도면은 참고용 도면이므로 측량, 그 밖의 용도로 사용할 수 없음.

4. 관련서류

구민의 열람편의를 위하여 서울시 강남구청 주택과에 관련도서를 비치하여 열람하고 있음.

2) 도시정비법상 정비(예정)구역의 행위제한

정비구역 지정 전 또는 사전타당성 검토 시에 행위제한

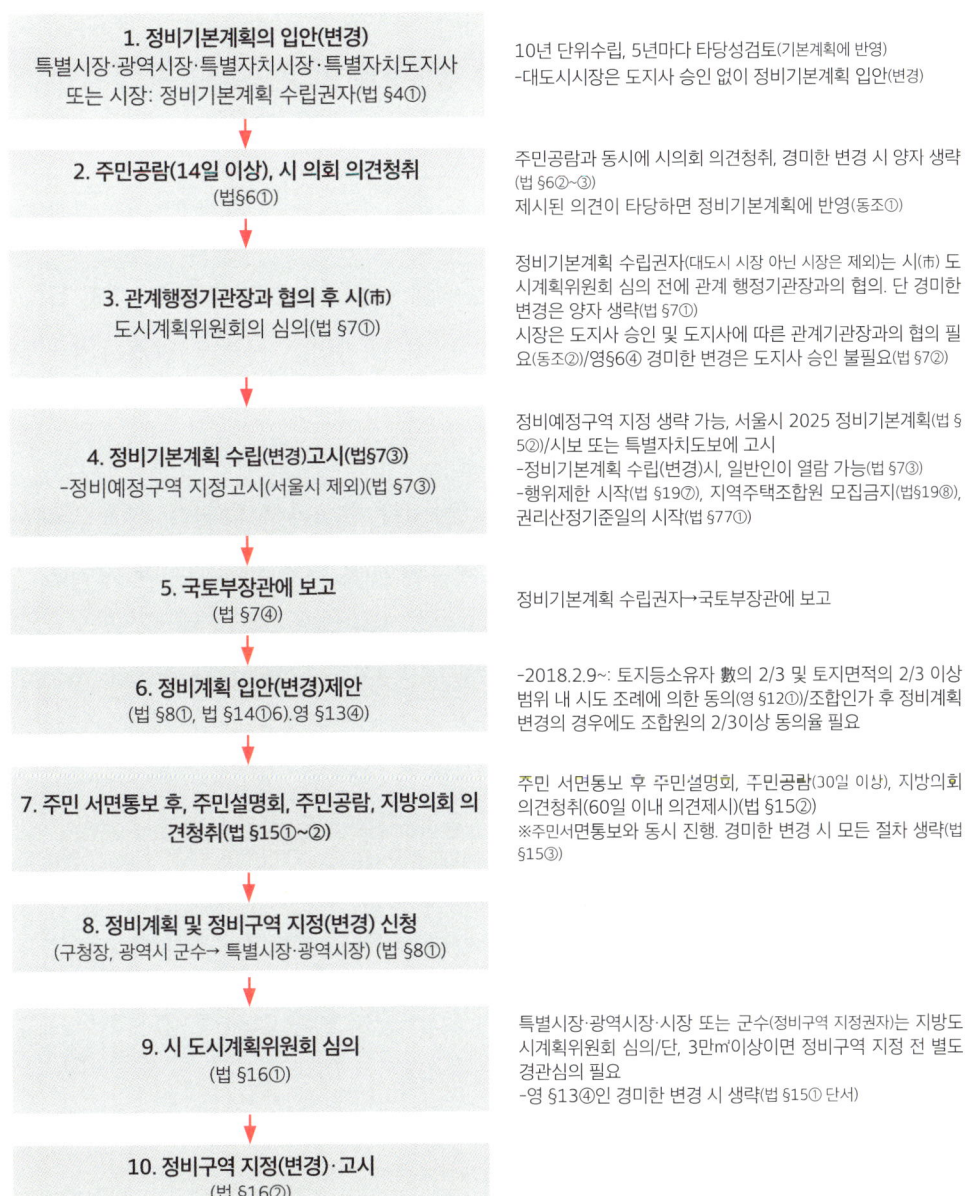

전통적인 방법으로 도시정비법상 정비예정구역 절차를 거쳐 정비구역을 지정받게 된다.

서울시는 이러한 방법에 의하기도 하지만 2012.2.1 법 개정으로 정비예정구역을 정하지 않고 사전타당성검토를 거쳐 정비계획을 수립하는 경우도 있다. 이 경우 사전타당성 검토 전후로 행위제한이 이때 이뤄지기도 한다.

① 정비구역 내 행위제한

정비계획 및 정비구역이 지정·고시되면 정비구역이라고 부르며, 이 정비구역에서 시행하는 정비사업이 재개발사업 또는 재건축사업 등이다.

이 정비구역에서는 건축물의 건축, 공작물의 설치, 토지의 형질변경, 토석의 채취, 토지분할, 물건을 쌓아 놓는 행위, 그 밖에 대통령령으로 정하는 행위[9]를 하려면 시장·군수, 구청장의 허가를 받아야 하며, 허가받은 사항을 변경하려는 때에도 같다(도시정비법 §19①).

정비예정구역의 경우와는 달리, 정비구역에서 행위제한 규정을 위반 시에는 도시정비법 제137조에 해당하는 범죄로 2년 이하의 징역 또는 2천만 원 이하의 벌금에 처하게 되며, 제한기간은 정비사업 완료 시까지다.

---

9. 도시정비법[시행 2022.12.11] [법률 제18941호, 2022.6.10, 일부개정]
제15조(행위허가의 대상 등) ① 법 제19조제1항에 따라 시장·군수등의 허가를 받아야 하는 행위는 다음 각 호와 같다. <개정 2021.1.5>
   1. 건축물의 건축 등:「건축법」제2조제1항제2호에 따른 건축물(가설건축물을 포함)의 건축, 용도변경
   2. 공작물의 설치: 인공을 가하여 제작한 시설물(건축법 제2조제1항제2호에 따른 건축물을 제외)의 설치
   3. 토지의 형질변경: 절토(땅깎기)·성토(흙쌓기)·정지(땅고르기)·포장 등의 방법으로 토지의 형상을 변경하는 행위, 토지의 굴착 또는 공유수면의 매립
   4. 토석의 채취: 흙·모래·자갈·바위 등의 토석을 채취하는 행위. 다만, 토지의 형질변경을 목적으로 하는 것은 제3호에 따른다.
   5. 토지분할
   6. 물건을 쌓아놓는 행위 : 이동이 쉽지 아니한 물건을 1개월 이상 쌓아놓는 행위
   7. 죽목의 벌채 및 식재

② 정비예정구역에서의 행위제한(도시정비법 §19⑦)
정비기본계획 수립 중인 정비예정구역·정비예정구역 ~ 정비구역 지정고시 전

"① 정비기본계획의 수립(변경)을 공람 중인 정비예정구역 또는 ② 수립고시된 정비예정구역"을 대상으로 정비계획을 수립하게 된다. 이 두 정비예정구역은 다음 단계인 정비계획을 수립해야 하는데, 이 수립고시 전까지 투기수요의 유입을 막기 위해 행위제한을 하게 된다.

행위대상은 "건축물의 건축, 토지의 분할" 2종류만 가능하며, 제한 기간도 3년 이내의 기간(1년의 범위에서 한 차례만 연장 가능)으로 한다.

즉 정비예정구역에서 정비구역이 지정되기까지 미리 3년의 기간 동안 행위제한을 하게 되며, 정비구역 지정이 늦어지는 경우 1년을 연장할 수 있다. 이 기간 경과 후에도 정비구역이 지정되지 않으면 자유롭게 신축빌라 등을 지을 수 있다.

아래는 정비계획 수립을 진행하게 되는 재건축정비예정구역에 대한 도시정비법 상 행위제한 고시문이다.

이 고시문은 법 제19조제7항과 같이 "건축물의 건축이나 토지분할"에 대해서만 제한하고 있다.

그러나 강남구에서는 건축물의 건축 범위에 "집합건축물 전유부 분할 및 건축물대장 전환포함"이라고 추가하여 상가 지분쪼개기를 금지하고 있는 것이 눈에 띈다. 최근 다른 구청에서도 이 추세를 따라가고 있다.

제한기간은 고시일로부터 3년이라고 하면서 단서 조항인 "제한기간 이내라도 정비구역이 지정·고시된 경우, 고시일 다음 날에 해제"한다고 하였다.

정비구역 지정고시 이후에는 별도의 행위제한 고시 없이 자동적으로 행위제한이 이뤄지며, 이는 정비사업 완료 시까지 계속된다.

> **서울시 강남구 고시 제2014-○○호**
> **행위제한 및 지형도면 고시**

서울시 강남구 주택재건축정비예정구역 중 정비계획을 수립중인 아래 예정구역에 대하여 「도시정비법」 제5조 및 같은 법 시행령 제13조의5에 의거 행위제한 고시하고 「토지이용규제기본법」 제8조 및 같은 법 시행령 제7조에 의한 지형도면을 함께 고시함.

2014.11

서울시 강남구청장

1. 행위제한 사유

도시정비법령에 따라 정비계획(안)을 수립 중인 정비예정구역 내의 비경제적인 건축행위 및 투기수요 유입을 방지하고 계획적인 정비사업 추진 유도

2. 행위제한 내용

가. 제한지역

정비예정 구역번호	제한지역			비고
	동명	지번	면적(ha)	
강남15	대치동	63번지 일대	2.87	대치우성1차아파트
강남20	일원동	615-1번지 일대	2.08	개포한신아파트
강남21	도곡동	464번지 일대	3.64	개포도곡한신아파트

나. 제한대상 행위: 정비예정구역 내에서 분양권을 늘리려는 행위

  ○ 건축물의 건축(집합건축물 전유부 분할 및 건축물대장 전환 포함)

  ○ 토지의 분할

다. 적용예외: 기존건축물의 이용편의 등을 위하여 구 도시계획위원회의 심의를 거친 경우에는 허가할 수 있음

라. 제한기간: 행위제한의 고시일로부터 3년(단, 제한기간 이내라도 정비구역이 지정·고시된 경우, 고시일 다음 날에 해제)

3. 지형도면

  서울시 강남구 주택과에 비치한 도면과 같음

  ※ 첨부된 지형도면은 참고용 도면이므로 측량, 그 밖의 용도로 사용할 수 없음.

4. 관련 서류

구민의 열람 편의를 위하여 서울시 강남구청 주택과에 관련 도서를 비치하여 열람하고 있음.

3) 건축법상 건축허가(착공)제한

정비예정구역 내 행위제한 기간 경과 후에도 정비구역이 지정되지 않은 사이에 건축허가 신청을 해 두었다가 제한기간이 종료된 이후 착공을 하는 방법으로 신축쪼개기가 이뤄지는 경우가 종종 발생한다. 이 때문에 이를 막으려는 주민들과의 분쟁이 발생하기도 한다.

아래와 같이 건축허가를 신청하거나, 허가받은 건축물 공사착공을 하지 못하도록 하며, 그 제한기간을 2년 이내로 하며 1회에 한하여 1년 이내의 범위에서 제한기간을 연장하는 사례가 늘고 있다.

건축허가 제한 지형도면 고시

2021년 주택재개발사업 후보지 미 선정구역 내 무분별한 건축행위로 인한 자원낭비 방지 및 향후 원활한 정비사업의 추진 등을 위하여 「건축법」제18조에 따라 건축허가 및 착공을 제한하고 「토지이용규제기본법」제8조에 따른 지형도면을 고시함.

2022.1.14
서울시장

1. 건축허가 등 제한
   가. 제한목적: 주택재개발사업 추진 지역 내 건축행위로 인한 자원낭비 방지 및 향후 원활한 정비사업의 추진 등을 위하여 건축허가 및 착공 제한을 실시하고자 함
   나. 제한근거: 「건축법」제18조제2항[10]
   다. 제한기간: 제한공고일로부터 2년(단, 정비계획의 결정 및 정비구역의 지정·고시가 있는 경우 고시일까지)
   라. 제한구역(37개소)

| 구역 명 | 위치 | 면적(㎡) |

종로구 체부동 127번지 일대/체부동 127번지 일대 43,987㎡ (재개발정비사업)
종로구 연건동 309번지 일대/연건동 309번지 일대 14,241㎡ (재개발정비사업)
중구 장충동2가112번지 일대/장충동2가112번지 일대 40,648㎡ (재개발정비사업)
용산구 원효로3가 1번지 일대/원효로3가 1번지 일대 38,138㎡ (재개발정비사업)
용산구 서울역 서계구역/서계동 33번지 일대 78,367㎡ (재개발정비사업)
용산구 한남1구역/이태원동 77번지 일대 58,529㎡ (재개발정비사업)
성동구 사근1구역/사근동 212-2번지 일대 19,939㎡ (재개발정비사업)
성동구 행당8구역/행당동 298번지 일대 74,854㎡ (재개발정비사업)
광진구 자양제1구역/자양동 200번지 일대 67,212㎡ (재개발정비사업)
광진구 자양제2구역/자양동 57-90번지 일대 71,390㎡ (재개발정비사업)
동대문구 전농10구역/전농동 124-39번지 일대 25,577㎡ (재개발정비사업)
동대문구 휘경6구역/휘경동 295번지 일대 78,953㎡ (재개발정비사업)
중랑구 상봉13구역/망우동 461번지 일대 44,802㎡ (재개발정비사업)
중랑구 면목동 527번지 일대/면목동 527번지 일대 47,484㎡ (재개발정비사업)
중랑구 면목5동/면목동 172-6번지 일대 47,915㎡ (재개발정비사업)
성북구 삼선3구역/삼선동1가 280번지 일대 44,700㎡ (재개발정비사업)
성북구 정릉2구역/정릉동 314번지 일대 22,598㎡ (재개발정비사업)
성북구 석관동62번지 일대/석관동62번지 일대 61,649㎡ (재개발정비사업)
강북구 번동 441-3번지 일대/번동 441-3번지 일대 32,877㎡ (재개발정비사업)
강북구 수유동 486번지 일대/수유동 486번지 일대 66,630㎡ (재개발정비사업)
도봉구 창3동구역/창동518-6번지 일대 176,235㎡ (재개발정비사업)
도봉구 방학1구역/방학동 622번지 일대 158,618㎡ (재개발정비사업)
은평구 신사동237/신사동237번지 일대 45,371㎡ (재개발정비사업)
은평구 응암동675/응암동 675번지 일대 39,075㎡ (재개발정비사업)
은평구 신사동 200/신사동 200번지 일대 61,537㎡ (재개발정비사업)
마포구 대흥5/대흥동 22-147번지 일대 35,691㎡ (재개발정비사업)

10. 건축법[시행 2023.5.16] [법률 제19045호, 2022.11.15 일부개정]
제18조(건축허가 제한 등) ① 국토부장관은 국토관리를 위하여 특히 필요하다고 인정하거나 주무부장관이 국방, 문화재보존, 환경보전 또는 국민경제를 위하여 특히 필요하다고 인정하여 요청하면 허가권자의 건축허가나 허가를 받은 건축물의 착공을 제한할 수 있다. <개정 2013.3.23>
② 특별시장·광역시장·도지사는 지역계획이나 도시·군계획에 특히 필요하다고 인정하면 시장·군수·구청장의 건축허가나 허가를 받은 건축물의 착공을 제한할 수 있다. <개정 2011.4.14., 2014.1.14>
④ 제1항이나 제2항에 따라 건축허가나 건축물의 착공을 제한하는 경우 제한기간은 2년 이내로 한다. 다만, 1회에 한하여 1년 이내의 범위에서 제한기간을 연장할 수 있다. <개정 2014.5.28>

마포구 망원1/망원동 416-67번지 일대 76,258㎡ (재개발정비사업)
양천구 신월3동/신월동159~192번지 92,322㎡ (재개발정비사업)
구로구 가리봉중심1구역/가리봉동 115번지 일원 89,079㎡ (재개발정비사업)
영등포구 신길6구역/신길동 1499번지 일대 21,585㎡ (재개발정비사업)
영등포구 대림3동777-1/대림동 777-1번지 일대 38,466㎡ (재개발정비사업)
동작구 흑석10구역/흑석동 204-104번지 19,334㎡ (재개발정비사업)
강남구 일원동 대청마을B구역/일원동 630번지 일대 53,922㎡ (재개발정비사업)
강남구 일원동 대청마을C구역/일원동 649번지 일대 52,978㎡ (재개발정비사업)
송파구 마천2구역/마천동 183번지 일대 83,903㎡ (재개발정비사업)
강동구 상일동 300번지 일원/상일동 300번지 일원 96,049㎡ (재개발정비사업)
강동구 천호한강1구역/천호동 338번지 일대 39,078㎡ (재개발정비사업)
마. 제한대상 : 「건축법 시행령」 별표1
1) 「건축법」 제11조 및 제14조에 따른 건축허가 및 건축신고
2) 「건축법」 제19조에 따른 용도변경 중 단독주택을 공동주택으로의 변경
3) 「건축법」 제21조에 따른 착공신고(제한대상의 착공신고에 한한다)
4) 「건축물 대장의 기재 및 관리 등에 관한 규칙」 제15조에 따른 일반건축물의 집합건축물로의 전환
5) 「주택법」 제15조에 따른 사업계획의 승인
단, 제한대상 1), 5)는 지분이 늘어나는 행위(나대지에 건축물을 새로 건축하거나 기존 건축물을 철거하고 다세대주택, 그 밖의 공동주택을 건축하여 토지등소유자의 수가 증가하는 경우 등)에 한함.

위의 경우는 서울시장의 건축허가 및 착공 제한사례이며, 아래는 자치구청장의 공고 사례다.

건축허가 제한 공고(마포구 공고 제2022-87호)

마포구 대흥동 22-147번지 일대, 마포구 망원동 416-67번 일대 2021년 주택재개발사업 공모 미선정지에 대하여 무분별한 건축행위로 인한 자원낭비 방지 및 향후 원활한 정비사업의 추진 등을 위하여 「건축법」 제18조에 따른 건축허가 제한의 실시를 다음과 같이 공고함.

2022.1.26
마포구청장

1. 건축허가 등 제한

가. 제한목적: 주택재개발사업 후보지 미 선정구역 내 건축행위로 인한 자원낭비 방지 및 향후 원활한 정비사업의 추진 등을 위하여 건축허가 및 착공 제한을 실시하고자 함

나. 제한근거: 「건축법」 제18조제2항

다. 제한기간: 제한공고일로부터 2년(단, 정비계획의 결정 및 정비구역의 지정·고시가 있는 경우 고시일까지)

라. 제한지역: 마포구 대흥동 22-147번지 일대, 마포구 망원동 416-67번지 일대

마. 제한대상: 「건축법 시행령」 별표1

1) 「건축법」 제11조 및 제14조에 따른 건축허가 및 건축신고
2) 「건축법」 제19조에 따른 용도변경 중 단독주택을 공동주택으로의 변경
3) 「건축법」 제21조에 따른 착공신고(제한대상의 착공신고에 한한다)
4) 「건축물 대장의 기재 및 관리 등에 관한 규칙」 제15조에 따른 일반건축물의 집합건축물로 전환
5) 「주택법」 제15조에 따른 사업계획의 승인

 단, 제한대상 1), 5)는 지분이 늘어나는 행위(나대지에 건축물을 새로 건축하거나 기존 건축물을 철거하고 다세대주택, 그 밖의 공동주택을 건축하여 토지등소유자의 수가 증가하는 경우 등)에 한함

바. 제한제외 대상

1) 「건축법」 제11조에 따른 재축, 대수선(다세대주택 세대분리를 위한 경계벽 증설 제외)
2) 「건축법」 제14조에 따른 재축, 대수선
3) 「건축법」 제29조에 따른 공용건축물
4) 「재난안전관리기본법」 및 「자연재해대책법」 등에 따라 건축물의 안전에 지장이 있다고 인정되는 건축물에 대한 건축허가 및 신고. 단, 제한 제외대상 1)~4)는 지분이 늘어나지 않는 행위에 한함

2. 지형도면: 붙임 참조.

붙임: 지형도

민간주택재개발 공모 후보지 미선정지의 건축허가제한(서울시 주거정비과 2022.3.10)

Q1 2021년 주택재개발 후보지 미선정지 건축허가를 제한할 수 있는지?

Q2 고시된 건축허가제한 변경 요건은?

A 「건축법」 제18조에 따르면 특별시장은 지역계획이나 도시·군계획에 특히 필요하다고 인정하면 구청장의 건축허가나 착공을 제한할 수 있도록 규정하고 있음.

우리 시에서는 2021.5.26 '재개발 활성화를 위한 6대 규제완화방안'을 통해 2021년 주택재개발사업 공모를 통해 선정된 후보지는 분양권이 없는 비경제적 건축행위를 제한하기 위해 건축허가 제한이 추진됨을 발표하였으며, 2021.12.28 민간재개발 후보지 선정 결과 발표 시 21년 주택(민간)재개발 미선정구역도 2022.1월 중 건축허가제한을 추진할 예정임을 안내한바 있음.

이에 따라, 우리시는 14일간의 주민의견청취 열람공고 후 주택재개발 선정구역은 2022.1.14, 미선정 구역은 2022.1.26 건축허가제한을 고시하였음.

또한, 해당구역의 건축허가제한이 변경(해제 또는 축소)되려면 재개발사업의 추진 가능성, 사업 방향성 및 주민의견과 변경 시 부작용 등의 종합적인 검토가 필요할 것으로 사료됨.

4) 상가 지분쪼개기 금지법 등장

— 도시정비법 개정안(김병욱, 최인호) 및 행위허가(건축) 제한

아파트 입주권을 목적으로 상가 지분 쪼개기가 이뤄지면, 일반분양의 몫이 줄어들어 아파트 소유자들의 피해가 발생할 수 있다. 종전의 구조가 이어져 왔던 것은 분양가상한제로 일반분양의 수익을 극대화할 수 없자, 분쟁 많은 상가 문제를 치유하자는 이유도 한몫을 했다.

그러면서 권리산정기준일이 이 기능을 하지 못하는 점에 대한 논쟁이 있어왔다.
하지만 재건축사업 단지 내 상가의 경우 단독·다가구주택과 달리 정비구역 지정·고시 이후 분할해도 금지 행위인 '토지의 분할'로 보기엔 무리가 있다는 것이 다수 법률가들의 견해였다.

강남구는 2022년 12월 「재건축드림지원TF 활성화를 위한 자문위원단 세부운영계획」을 발표하고, 문제 해결·지원 단체를 구성했다. 이후 재건축문제점 중 상가 지분 쪼개기 방지 대책 수립에 고심한 바 있다.

특히 부산시 해운대구 ○○○지하상가의 120여 개 상가 지분쪼개기 및 개포

○○ 재건축사업지의 상가 100여개로 쪼갠 사실이 알려지면서, 강남구는 "상가쪼개기 금지"를 위한 도시정비법 제67조와 제77조의 개정을 국토부에 건의하였다.

결국 2023.6.20 김병국 등의 도시정비법 개정안[11], 6.23 최인호 등 개정안[12]이 발의되어 주목을 받고 있다.

최인호 개정안에서는 정비구역 지정고시 후 상가 지분쪼개기를 할 경우 현금청산하도록 하고, 권리산정기준일에도 상가지분 쪼개기 금지 규정을 신설하겠다는 것이다. 또한 분할소송의 경우에도 지분쪼개기로 어려움을 겪지 않도록, 늘어난 소유자 수를 제외하도록 하겠다는 것이다.

---

11. 도시정비법 일부개정 법률안(김병욱 등 10인)
법 제76조(관리처분계획의 수립기준) ① 제74조제1항에 따른 관리처분계획의 내용은 다음 각 호의 기준에 따른다. 1 · 2. (생략)
3. 너무 좁은 토지 또는 건축물을 취득한 자나 정비구역 지정 후 분할된 토지 또는 집합건물의 구분소유권을 취득한 자에게는 현금으로 청산할 수 있다.
제77조(주택 등 건축물을 분양받을 권리의 산정 기준일) ① 정비사업을 통하여 분양받을 건축물이 다음 각 호의 어느 하나에 해당하는 경우에는 제16조제2항 전단에 따른 고시가 있는 날 또는 시·도지사가 투기를 억제하기 위하여 제6조제1항에 따른 기본계획 수립을 위한 주민공람의 공고일 후 정비구역 지정·고시 전에 따로 정하는 날(이하 이 조에서 "기준일")의 다음 날을 기준으로 건축물을 분양받을 권리를 산정한다.
1. ~ 4. (생략)
5. 「집합건물법」 제2조제1호에 따른 구분소유권의 분할로 토지등소유자의 수가 증가하는 경우
부 칙
제1조(시행일) 이 법은 공포한 날부터 시행한다.
제2조(관리처분계획의 수립기준 및 권리산정 기준일에 관한 적용례) ① 제76조제1항제3호의 개정규정은 이 법 시행 이후 관리처분계획인가(변경인가는 제외한다)를 신청하는 경우부터 적용한다. ② 제77조제1항의 개정규정은 이 법 시행 이후 제6조제1항에 따른 기본계획 수립을 위한 주민공람의 공고가 있는 경우 또는 「집합건물법」 제2조제1호에 따른 구분소유권의 분할로 토지등소유자의 수가 증가한 경우부터 적용한다.

12. 도시정비법 일부개정 법률안(최인호 등 10인)
법 제67조(재건축사업의 범위에 관한 특례) ④ 시장 · 군수등은 제3항에 따라 토지분할이 청구된 경우에 분할되어 나가는 토지 및 그 위의 건축물이 다음 각 호의 요건을 충족하는 때에는 토지분할이 완료되지 아니하여 제1항에 따른 동의요건에 미달되더라도 「건축법」 제4조에 따라 특별자치시 · 특별자치도 · 시 · 군 · 구(자치구를 말한다)에 설치하는 건축위원회의 심의를 거쳐 조합설립인가와 사업시행계획인가를 할 수 있다.
1. 해당 토지 및 건축물과 관련된 토지등소유자의 수가 전체의 1/10 이하일 것
▶ 1. 해당 토지 및 건축물과 관련된 토지등소유자(제77조에 따른 건축물을 분양받을 권리의 산정 기준일 이후에 정비구역에 위치한 건축물 및 그 부속토지의 소유권을 취득한 자는 제외한다)의 수가 전체의 1/10 이하일 것
제77조(주택 등 건축물을 분양받을 권리의 산정 기준일) ① 정비사업을 통하여 분양받을 건축물이 다음 각 호의 어느 하나에 해당하는 경우에는 제16조제2항 전단에 따른 고시가 있는 날 또는 시·도지사가 투기를 억제하기 위하여 기본계획 수립 후 정비구역 지정·고시 전에 따로 정하는 날(이하 이 조에서 "기준일"이라 한다)의 다음 날을 기준으로 건축물을 분양받을 권리를 산정한다.
1~ 4. (생략)
5. 「집합건물법」 제2조제1호에 따른 구분소유권의 분할로 토지등소유자의 수가 증가하는 경우 <신설>
부 칙
제1조(시행일) 이 법은 공포한 날부터 시행한다.
제2조(권리산정 기준일에 관한 적용례) 제67조제4항제1호 및 제77조제1항제5호의 개정규정은 이 법 시행 이후 정비계획을 입안하는 재건축사업부터 적용한다.

김병욱 개정안의 경우 종전의 정비기본계획 수립고시 이후 가능했던 시작점을 바꿔 정비기본계획 수립(변경)을 위한 주민공람 공고일에도 가능하다는 점이 눈에 띈다.

한편 행위제한, 건축제한과 함께 아래 공고문에서의 집합건축물 전유부 분할 및 건축물대장 전환을 금지하는 방법이 사용되고 있다.

서울시 강남구공고 제2023-660호
행위허가 및 개발행위허가 제한 열람공고(안)

1. 서울시 강남구 정비계획 수립 중인 아래 구역에 대하여 도시정비법 제19조 및 국토계획 법 제56조에 의거 행위허가 및 개발행위허가를 제한하고자, 토지이용규제기본법 제8조 및 같은법 시행령 제6조에 의거 주민의견을 청취하기 위하여 다음과 같이 열람공고함.
2. 본 행위허가 제한(안)에 대하여 의견이 있으신 분은 열람기간 내 열람장소에 의견서를 서면으로 제출바람.

2023.3
강남구청장

가. 공고기간: 신문공고 다음날부터 14일간

나. 열람 및 의견제출장소: 강남구청 재건축사업과

다. 행위허가의 제한내용

　1) 제한 대상지역

연번	제한지역			아파트명칭	비고
	동명	지번	면적(ha)		
1	대치동	511번지 일대	21.1	미도아파트	
2	대치동	506번지 일대	7.9	선경아파트	
3	압구정동	414번지 일대	8.1	미성아파트	
4	논현동	105번지	3.5	동현아파트	
5	개포동	653번지	3.5	개포현대1차아이피트	
6	개포동	649번지	5.5	개포경남아파트	
7	개포동	652번지	3.2	개포우성3차아파트	

2) 제한사유

○ 강남구 정비계획을 수립 중인 구역에 대하여 비경제적인 건축 및 투기행위(분양권 늘리기 등) 유입을 방지하고 재건축사업의 원활한 추진과 계획적인 도시관리를 도모하기 위함

3) 제한근거: 도시정비법 제19조 및 국토계획법 제63조

4) 행위허가 제한대상

○ 도시정비법 제19조제7항제1호에 의한 건축물의 건축(집합건축물 전유부 분할 및 건축물대장 전환 포함)

○ 도시정비법 시행령 제19조제7항제1호에 의한 토지의 분할

○ 국토계획법 제56조제1항제1호에 의한 건축물의 건축(집합건축물 전유부 분할 및 건축물대장 전환 포함) 또는 공작물의 설치

○ 국토계획법 제56조제1항제4호에 의한 토지 분할

5) 제한 예외대상: 제한대상에도 불구하고 기존건축물의 이용편의 등을 위하여 구 도시계획위원회 심의를 거쳐 필요성이 인정되는 경우

6) 제한기간: 행위허가 제한 고시일로부터 3년(단, 제한기간 이내라도 정비구역이 지정·고시된 경우, 고시일 다음 날에 자동해제됨)

라. 기타 자세한 내용은 열람장소에 비치된 도서 참조

<헤럴드경제 2023.4.14>

상가 1칸 주인이 무려 123명 … 지분쪼개기 해법 강남구가 나선 이유
강남구청, 지난 5일 국토부에 공문 보내
지분 나누면 권리산정일 앞당겨·면적으로 상가 제외 가능 등
국토부도 해당 사항 검토나서

지분쪼개기 … 분담금 늘어나는 주범 가운데 하나
재건축단지의 상가 지분을 여러 명으로 나눠 분양자격을 늘리는 '상가 지분쪼개기'를 막기 위해 강남구청이 국토교통부에 공문을 보내고 법 개정을 건의한 것으로 알려졌다. 법이 개정되고 난 뒤 정비구역에서 지분쪼개기를 했을 땐 분양권을 받을 수 있는 권리산정일을 앞당길 수 있게 하는 등 꼼수 분양권 획득을 뿌리 뽑겠다는 것이다. 이에 대해 국토부도 해당 내용에 대해 검토에 나섰다고 밝혔다.

> 14일 국토부와 강남구청 등에 따르면 구청은 지난 5일 상가지분쪼개기와 관련해 도시정비법 3개 조항에 대해 개정의 필요성이 있다는 공문을 국토부에 보냈다.
> 상가 지분 쪼개기는 재건축사업을 지연시켜 수익성을 낮추는 것은 물론, 추후 조합원들의 분담금을 늘리는 원인 중 하나로 지목된다. 강남구청은 최근 대치동 미도·선경, 압구정 미성 아파트 등 강남 소재 7개 아파트에 '행위허가 및 개발행위허가 제한지역'을 지정 한데 이어 상가지분쪼개기의 폐해를 막기 위해 안간힘을 쓰고 있다.
> 구청 관계자는 "정비사업을 지연시키는 상가쪼개기가 성행하고 있다고 판단해 추가적인 장치를 마련하기 위함"이라고 그 취지를 설명했다.
> 상가 지분쪼개기는 최근 부산에서 크게 논란이 된 바 있다. 지난해 하반기 부산 해운대구 우동 '대우마리나 1차' 아파트 지하상가 1실을 사들인 한 법인이 상가를 123개로 쪼개 매도하고 있어서다. 부동산등기부등본에 따르면 전용면적 1109.59㎡ 1실로 이뤄진 상가는 지난해 10월 각 전용 9.02㎡ 총 123실로 구분등기됐다.
> (이하 생략)

─ 상가기준쪼개기 금지 관련 규정

「건축물대장의 기재 및 관리 등에 관한 규칙」상 집합건축물대장의 전유부의 변경 등[시행 2021.8.27] [국토부령 제882호, 2021.8.27 타법개정]

이 규칙은 「건축법」 제38조·제39조 및 동법 시행령 제25조에 따라 건축물대장의 서식·기재내용·기재절차·관리 및 등기촉탁의 절차 등에 관하여 필요한 사항을 규정함을 목적으로 한다.

① 건축물대장의 전환

"일반건축물대장"이 "집합건축물대장"으로 되는 것을 말한다(규칙 제2조제5호)

제15조(건축물대장의 전환) ① 건축물의 소유자는 건축물대장의 전환을 하려는 경우에는 별지 제12호서식의 건축물대장전환신청서에 다음 각 호의 서류를 첨부하여 특별자치시장·특별자치도지사 또는 시장·군수·구청장에게 해당 건축물대장의 전환을 신청하여야 한다.
  1. 전환하려는 건축물의 건축물현황도(건축물현황도의 내용이 변경된 경우에 한한다)
  2. 전환하려는 건축물의 등기사항증명서(등기필증의 제시로 갈음할 수 있다)

3. 해당 건축물에 거주하는 임차인에게 그 건축물의 용도변경으로 인하여 동번호 및 호수 등이 변경된다는 사실을 통지하였음을 증명하는 서류

② 특별자치시장·특별자치도지사 또는 시장·군수·구청장은 건축물대장을 전환하는 경우에는 「집합건물의 소유 및 관리에 관한 법률」 등 관계 법령에 적합한지를 검토하여야 한다.

③ 특별자치시장·특별자치도지사 또는 시장·군수·구청장은 제1항의 신청에 의하여 건축물대장을 전환한 때에는 기존 건축물대장을 폐쇄하여야 한다.

> **판례**
>
> [대법원 2009.9.10선고, 2009두10628판결] 관리처분계획취소
> 【판시사항】
> 구 서울시 도시정비조례 중 다가구주택이 다세대주택으로 전환된 경우에 관한 규정인 제24조제2항제1호, 부칙 제5조에서의 '전환'의 의미
> 【판결요지】
> [1] 구 서울시 도시정비조례(2005.11.10 조례 제4330호로 개정되기 전의 것) 제24조제2항 제1호, 제3호, 부칙 제5조, 제7조의 입법 취지, 연혁 및 위 각 규정의 체계적 구조 등에 비추어 보면, 위 조례 제24조제2항제3호, 부칙 제7조는 다가구주택에 관하여 지분등기 또는 구분소유등기만이 경료된 경우에 관한 규정임에 대하여,
> 제24조제2항제1호, 부칙 제5조는 다가구주택이 다세대주택으로 전환된 경우에 관한 규정으로서 이때의 '전환'이란 구 건축물대장의 기재 및 관리 등에 관한 규칙(2007.1.16. 건교부령 제547호로 전부 개정되기 전의 것) 제6조제1항에 의한 '건축물대장의 전환'을 의미한다고 봄이 상당하다.

② 건축물 대장의 합병

건축물대장의 합병"이란 "집합건축물대장"이 "일반건축물대장"으로 되는 것을 말함(규칙 제2조제6호).

제16조(건축물대장의 합병) ① 건축물의 소유자는 건축물대장의 합병을 하려는 경우에는 별지 제13호서식의 건축물대장 합병신청서에 다음 각 호의 서류를 첨부하여 특별자치시장·특별자치도지사 또는 시장·군수·구청장에게 해당 건축물대장의 합병을 신청하여야 한다.

1. 합병하려는 건축물의 건축물현황도(건축물현황도의 내용이 변경된 경우에 한한다)

2. 합병하려는 건축물의 등기사항증명서(등기필증의 제시로 갈음할 수 있다)

② 제1항에 불구하고 「부동산등기법」 제42조제1항에 따라 합병의 등기를 할 수 없는 건축물의 건축물대장은 합병할 수 없다.

③ 제15조제2항은 제1항에 따른 건축물대장의 합병에 관하여 준용한다.

④ 특별자치시장·특별자치도지사 또는 시장·군수·구청장은 제1항의 신청에 의하여 건축물대장의 합병을 한 때에는 기존 건축물대장을 폐쇄하여야 한다.

> **🔴 판례**
>
> [대법원 2009.5.28선고, 2007두19775판결] 건축물대장합병처분무효확인
> 【판시사항】
> 소유권·전세권 및 임차권의 등기 외에 가압류등기가 마쳐져 있어 건축물대장을 합병할 수 없는 건물에 대하여 근거 법령을 잘못 해석하여 건축물대장을 합병한 사안에서, 그 하자가 중대하고 객관적으로 명백하여 당연무효이다

③ 집합건축물대장의 전유부의 변경

제17조(집합건축물대장의 전유부의 변경) ① 건축물의 소유자는 집합건축물의 전유부분을 두 개 이상으로 분할하거나 두 개 이상의 전유부분을 합병하려는 경우에는 별지 제14호서식의 집합건축물대장 전유부변경(분할·합병)신청서에 다음 각 호의 서류를 첨부하여 특별자치시장·특별자치도지사 또는 시장·군수·구청장에게 신청하여야 한다.

1. 건축물현황도 중 해당 층의 평면도 및 단위세대평면도
2. 건물 등기사항증명서(등기필증의 제시로 갈음할 수 있다)

② 특별자치시장·특별자치도지사 또는 시장·군수·구청장은 신청내용을 확인한 후 집합건축물대장의 전유부를 변경하는 경우에는 건축물대장 중 전유부의 해당 부분을 폐쇄하고 변경된 내용에 따라 새로이 작성하는 방법에 의하여야 한다. 다만, 분할하거나 합병하는 전유부분의 호 명칭이 기존의 호 명칭과 동일한 경우에는 건축물대장의 기재내용을 변경하는 방법에 따를 수 있다.

③ 제15조제2항·제16조제2항은 제1항에 따른 집합건축물대장의 전유부 변경에 관하여 준용한다.

> **판례**
>
> [서울행법 2007.3.16선고, 2006구합39086판결: 확정] 아파트명칭변경거부처분취소
> 【판시사항】
> [1] 아파트 소유자에게 소유권의 권능으로서 아파트의 명칭변경권이 인정되는지(원칙적 적극)
> [2] 아파트 입주자대표회의가 아파트의 명칭변경권을 행사할 수 있는지(한정 적극)
> [3] 별도의 관리단이 조직되어 있지 않은 아파트의 입주자대표회의가 입주자 3/4 이상의 동의 아래 아파트 브랜드명에 대한 권리를 가진 회사로부터 명칭사용에 대한 승낙을 얻어 아파트 명칭변경을 신청하였고, 아파트 외관상 변경할 브랜드명에 부합하는 실체적 유형적 변경이 있는 경우, 관할관청으로서는 그 수리를 거부할 수 없다

④ 건축물대장의 표시사항 변경

제18조(건축물대장의 표시사항 변경) ① 건축물의 소유자는 건축물대장의 기재내용 중 건축물 표시사항을 변경(지번의 변경은 제20조에 따르고, 도로명주소의 변경은 제20조의2에 따른다)하려는 때에는 별지 제15호서식의 건축물표시 변경신청서에 다음 각 호의 서류를 첨부하여 특별자치시장·특별자치도지사 또는 시장·군수·구청장에게 신청하여야 한다. 다만, 법 제22조제2항에 따라 사용승인된 경우에는 특별자치시장·특별자치도지사 또는 시장·군수·구청장이 직권으로 사용승인서에 따라 변경한다.

  1. 건축물현황도(건축물현황도의 내용이 변경된 경우에 한한다)

  2. 건축물의 표시에 관한 사항이 변경되었음을 증명하는 서류

② 특별자치시장·특별자치도지사 또는 시장·군수·구청장은 제1항에 따른 건축물표시 변경신청에 의하여 건축물의 표시에 관한 사항을 변경하려는 때에는 신청내용이 건축물 및 대지의 실제현황과 합치되는지 여부를 대조·확인하여야 한다.

2. (아파트·상가) 토지거래허가구역 지정 등
- 아파트나 상가의 대지지분도 토지거래허가 대상
- 아무 때나 지정되는 부동산 거래 깡패
- 「부동산거래신고 등에 관한 법률」 제3조(부동산 거래의 신고), 제9조(외국인등의 토지거래 허가), 제10조(토지거래허가구역의 지정)

1) 아무때나 지정 가능한, 부동산 거래 깡패
- 정비구역·조합설립인가·사업시행계획인가·관리처분계획인가와 관계없이 아무때나 지정 가능
- 근거법령: 구 국토계획법→「공인중개사의 업무 및 부동산 거래신고에 관한 법률」→현행 「부동산거래신고 등에 관한 법률」(이하 "부동산거래신고법")

토지거래허가의 경우 나대지가 그 주요대상이라고 알기 쉽지만, 재건축·재개발사업에서 아파트 및 상가의 거래도 규제를 받는다.

대표적 사례로, 서울시는 2021.4.21 4개 주요 재건축·재개발사업지인 "압구정아파트지구(24개 단지), 여의도아파트지구와 인근단지(16개 단지), 목동택지개발사업지구(14개 단지)" 등에 토지거래허가구역으로 지정함에 따라, 재건축사업을 위한 구역 지정 이전의 단계에서 아파트나 상가 거래(정확히는 그 대지지분을 대상)를 규제하였다.

한편 성수전략정비구역인 재개발정비구역이 지정된 곳에도 토지거래허가구역으로 묶은 바 있다.

토지거래허가에는 아파트, 상가의 대지지분도 대상이 되므로, 거래가 제한된다.

거래 제한은 부동산거래신고법령상 기준면적(주거지역 180㎡, 상업지역 200㎡)의 10% 수준으로 정해(주거지역 18㎡, 상업지역 20㎡ 초과) 규제한다.

토지거래허가의 경우, 재지정 여부도 반드시 확인하는 것이 필요하다.

투기과열지구 내 재건축사업 관련, 토지거래허가구역과 상가공유지분 취득 가능 여부
(서울시 강남구 부동산정보과, 2023.6.2)

Q 저는 강남구 재건축 상가를 매매하려고 함(투기과열지구, 토지거래허가구역) 도시정비법 시행령 제37조제3항제2호(사업시행계획인가일부터 3년 이내에 착공하지 못한 재건축사업의 토지 또는 건축물을 3년 이상 계속하여 소유하고 있는 자가 착공 전에 양도하는 경우)에 해당하여 상가를 매수하려고 함. 대표 조합원은 변동이 없는 상태에서 상가를 단독소유가 아닌 공유로 취득하려 하는데, 토지거래허가 면적 이상 취득 시 이 경우에도 토지거래허가를 받아야 하는지?

A 토지거래계약허가구역 내 상가의 공유지분취득에 관한 것으로 판단됨.
2020.6.18 서울시는 강남구 청담동, 삼성동, 대치동을 토지거래계약허가구역으로 지정하였으며, 2020.6.23부터 『부동산 거래신고등에 관한 법률』에 따라 토지에 대한 소유권 등을 이전하는 계약을 체결하려는 당사자가 공동으로 시·군·구청장의 허가를 받도록 하고 있음.
토지거래계약허가구역에서 주거지역 6㎡, 상업지역 15㎡를 초과하는 경우에는 반드시 허가를 받아야 하며, 토지거래계약허가를 받은 토지의 이용의무기간은 자기경영용(2년), 사업용(4년)임

2) 서울시 토지거래허가구역 총 목록

주요 토지거래허가구역 지정 사항을 살펴보면 다음과 같다.

서울시 강남구 개포동, 세곡동, 수서동, 율현동, 자곡동, 일원동, 대치동 일원 및 서초구 내곡동, 신원동, 염곡동, 원지동, 우면동, 방배동, 서초동, 양재동 일원에 대한 토지거래계약허가구역을 2013.5.24 국토부장관이 지정하였다.
이후 2차례 더 국토부장관이 재지정하였다가, 2017.5.25부터는 서울시장이 그 기간을 연장을 해오고 있다.

이 토지거례계약허가 연장은 다른 행위제한, 건축제한과는 달리 연장 횟수 제한이 없고 아무 때나 아파트, 상가에 대한 거래제한이 가능해 많은 민원이 제기되고 있다.

- 토지거래계약허가구역 재지정 공고

「부동산 거래신고 등에 관한 법률」 제10조에 따라 다음과 같이 토지거래계약에 관한 허가구역을 재지정 공고함.

2017.5.25

서 울 특 별 시 장

- 다 음 -

1. 재지정지역: 서울시 강남구, 서초구 일원 27.29㎢
2. 재지정기간: 당초 국토부 공고 제2015-1499호에 따른 기간 만료 후,
   2017.5.31~ 2018.5.30까지 재지정

서울시

강남구 개포동, 세곡동, 수서동, 율현동, 자곡동, 일원동, 대치동 일원 6.02㎢

서초구 내곡동, 신원동, 염곡동, 원지동, 우면동, 방배동, 서초동, 양재동일원 21.27㎢

3. 토지거래계약허가 면적

주거지역 180㎡ 초과, 상업지역 200㎡ 초과, 공업지역 660㎡ 초과, 녹지지역 100㎡ 초과, 용도지역의 지정이 없는 곳 90㎡ 초과

※ 이후 그 효력이 만료된 이후 2018.5.10, 2021.5.13 다시 재지정한 바 있다.

- 2020.6.18 토지거래허가구역 지정공고(서울시 공고)

재건축사업 관련

토지거래허가구역 지정공고

「부동산 거래신고 등에 관한 법률」 제10조에 따라 다음과 같이 토지거래계약에 관한 허가구역을 지정·공고함

1. 지정기간: 1년(2020.6.23~2021.6.22)

2. 지정범위: 강남구 청담·삼성·대치동, 송파구 잠실동 전역(총 14.4㎢)

구역 내 모든 토지(허가대상 면적) 주거지역 18㎡ 초과, 상업지역 20㎡ 초과 토지 등 허가대상 면적은 「부동산거래신고법 시행령」(제9조) 상 기준면적(도시지역 중 주거지역 180㎡, 상업지역 200㎡ 초과 등)의 10% 수준으로 하향

※ 토지거래계약허가구역 재지정 공고(서울시공고 2021.6.10)
「부동산거래신고법」 제10조에 따라 다음과 같이 토지거래계약에 관한 허가구역을 재지정 공고함.
1. 재지정지역: 서울시 강남구, 송파구 일원 14.4㎢
2. 재지정기간: 당초 서울시 공고 제2020-1832호에 따른 기간 만료 후, 2021.6.23 ~ 2022.6.22 까지 재지정
서울시 강남구 삼성동, 청담동, 대치동/송파구 잠실동 대상지역 내 모든 토지
토지거래계약에 관한 허가를 받아야 하는 면적: 주거 18㎡, 상업 20㎡, 공업 66㎡, 녹지 10㎡ 초과/용도지역 지정이 없는 곳 9㎡ 초과

- **2021.1.21 토지거래계약허가구역 지정 공고(서울시공고)**

재개발사업 관련

한국토지주택공사 등 공공이 참여(조합과 공동시행을 말함)하는 재개발사업(이를 "공공재개발"이라 함)의 후보지에 대한 투기수요를 억제하기 위해 토지거래허가 구역을 설정하였다.
2022.1.14 서울시는 공공재개발사업에 따른 부동산 투기 위험요소를 사전에 차단하기 위해 공공재개발 후보지 8곳을 토지거래허가구역으로 1년 연장(재지정)했다.

토지거래계약허가구역 지정 공고

「부동산 거래신고 등에 관한 법률」 제10조에 따라 다음과 같이 토지거래허가구역을 지정 공고함.

2021.1.21
서 울 특 별 시 장

1. 지정지역: 공공재개발 후보지 129,979㎡

시도	자치구	구역명	면적(㎡)	비고
서울특별시		계	129,979	
	종로구	신문로2-12	1,248	
	동대문구	신설1	11,204	
	동대문구	용두1-6	13,633	
	강북구	강북5	12,870	
	영등포구	양평13	22,441	
	영등포구	양평14	11,082	
	동작구	흑석2	45,229	
	관악구	봉천13	12,272	

2. 지정기간: 2021년 1월 26일부터 2022년 1월 25일까지 지정

3. 토지거래계약에 관한 허가를 받아야 하는 면적

지역		면적
도시지역	주거지역	18㎡ 초과
	주거지역	20㎡ 초과
	주거지역	66㎡ 초과
	주거지역	10㎡ 초과
	용도지역의 지정이 없는 곳	9㎡ 초과

4. 지형도 및 세부 필지조서 별첨

*토지이용규제정보서비스(http://luris.molit.go.kr) 및 각 지자체 홈페이지 참조

※ 토지거래계약허가구역 재지정 공고(2022.1.14)

부동산거래신고법 제10조에 따라 지정한 토지거래허가구역(서울시공고 제2021-156호)을 다음과 같이 재지정함.

1. 허가구역 지정 대상지역: 위 7개소와 같음

2. 허가구역 지정기간: 2022.1.26~2023.1.25까지

4. 토지거래계약에 관한 허가를 받아야 하는 면적(도시지역)

주거지역 18㎡ 초과, 상업지역 20㎡ 초과, 공업지역 66㎡ 초과, 녹지지역 10㎡ 초과 용도지역의 지정이 없는 곳 9㎡ 초과

• **2021.3.30 토지거래계약허가구역 지정 공고(서울시공고)**

재개발사업 관련

공공재개발 후보지에 대한 토지거래허가구역을 2022.3.24 재지정 공고하였다. 지정기간은 2022.4.4~2023.4.3까지로 1년이 더 연장하였으며, 이번 재지정(연장)에서는 토지거래계약에 관한 허가를 받아야 하는 면적(도시지역)이 더 강화되었다는 점이 눈에 띈다.

예를 들어, 주거지역의 경우 18㎡이었던 것을 6㎡으로, 상업지역 20㎡를 15㎡ 등으로 강화하였다.

주거지역 6㎡ 초과(18㎡ 초과), 상업지역 15㎡ 초과(20㎡ 초과), 공업지역 15㎡ 초과(66㎡ 초과), 녹지지역 20㎡ 초과(10㎡ 초과), 용도지역의 지정이 없는 곳 6㎡ 초과(9㎡ 초과)로 바뀌었다.

토지거래계약허가구역 지정 공고

「부동산 거래신고 등에 관한 법률」 제10조에 따라 다음과 같이 토지거래허가구역을 지정 공고함.

2021.3.30
서 울 특 별 시 장

1. 지정지역: 공공재개발 후보지 904,270㎡
    노원구 상계3 상계동 71-183번지 일대 104,000
    강동구 천호지A1-1, 강동구 천호동 467-61번지 일대 26,549
    동작구 본동 47번지 일대 51,696
    성동구 금호23 금호4가동 1109번지 일대 30,706
    종로구 숭인동 1169번지 일대 14,157
    양천구 신월7동-2/신월7동 941번지 일대 90,346
    서대문구 홍은1동 48-163번지 일대 11,466
    서대문구 충정로1 충정로3가 281-11번지 일대 8,075
    서대문구 연희동721-6번지 일대 49,745

　　　　송파구 거여새마을 거여동 551-14번지 일대 63,995
　　　　동대문구 전농9 전농동 103-27번지 일대 44,878
　　　　중랑구 중화122번지 일대 37,662
　　　　성북구 성북1 성북동 179-68번지 일대 109,336
　　　　성북구 장위8 장위동 85번지 일대 116,402
　　　　성북구 장위9 장위동 238-83번지 일대 85,878
　　　　영등포구 신길1 신길동 147-80번지 일대 59,379
　　2. 지정기간: 2021년 4월 4일부터 2022년 4월 3일까지 지정
　　3. 토지거래계약에 관한 허가를 받아야 하는 면적(도시지역)
　　　　주거지역 18㎡ 초과, 상업지역 20㎡ 초과
　　　　공업지역 66㎡ 초과, 녹지지역 10㎡ 초과
　　　　용도지역의 지정이 없는 곳 9㎡ 초과

※ **토지거래계약허가구역 재지정 공고(2022.3.24)**
　　부동산거래신고법 제10조에 따라 지정한 토지거래허가구역(서울시공고 제2021-984호)을 다음과 같이 재지정함.
　　1. 지정지역: 위와 같음
　　2. 지정기간: 2021.4.4~2022.4.3까지 지정되었던 것을 2022.4.4~2023.4.3까지
　　3. 토지거래계약에 관한 허가를 받아야 하는 면적(도시지역)
주거지역 6㎡ 초과(18㎡ 초과), 상업지역 15㎡ 초과(20㎡ 초과), 공업지역 15㎡ 초과(66㎡ 초과), 녹지지역 20㎡ 초과(10㎡ 초과), 용도지역의 지정이 없는 곳 6㎡ 초과(9㎡ 초과)

• **2021.4.22 토지거래계약허가구역 지정 공고(서울시공고)**

재건축사업 관련

　　재건축 추진위원회·조합이 구성되어 있는 재건축사업장(여의도, 압구정)과 함께, 목동까지 토지거래허가구역으로 지정하였다. 참고로 목동은 이제 재건축사업의 진입을 앞두고 있다.

토지거래계약허가구역 지정 공고

「부동산 거래신고 등에 관한 법률」 제10조에 따라 다음과 같이 토지거래허가구역을 지정 공고함.

2021.4.22
서 울 특 별 시 장

1. 지정기간: 1년(2021.4.27~2022.4.26)
2. 지정범위: 여의도 아파트지구 및 인근단지(수정, 공작, 서울, 진주, 초원아파트), 압구정아파트지구, 목동택지개발사업지구(상업지역 제외), 성수전략정비구역 1~4구역
   (총 4.57㎢)
3. 허가대상 면적: 주거지역 18㎡ 초과, 상업지역 20㎡ 초과 토지 등
* 허가대상 면적은 부동산거래신고법 시행령 제9조의 기준면적(도시지역 중 주거지역 180㎡, 상업지역 200㎡ 초과 등)의 10% 수준으로 하향

새로운 정권에서 재건축 기대감으로 가격 폭등을 막기 위하여, 서울시 도시계획위원회에서는 위 지역에 대해 2022.4.20 토지거래허가구역으로 재지정, 심의하였다.[13]

이후 2022.4.21 서울시는 토지거래계약허가구역 재지정공고를 하였다.
- 지정지역: 강남구 압구정동(아파트지구), 영등포구 여의도동(여의도아파트지구), 양천구 목동(목동 택지개발사업), 성동구 성수동1가, 성수동2가(성수전략정비구역 1~4구역)

---

13. <한국일보 2022.4.21.>
    압구정·목동·여의도·성수 '토지거래허가구역' 1년 연장
    서울시가 주요 재개발 단지가 몰려 있는 양천구 목동과 강남구 압구정동, 영등포구 여의도동, 성동구 성수동 일대에 대한 토지거래허가구역 지정을 1년 연장했다. 부동산 가격 안정 차원으로 풀이된다.
    시는 20일 열린 4차 도시계획위원회에서 "압구정 아파트지구 24개 단지, 여의도 아파트지구와 인근 16개 단지, 목동 택지개발 14개단지, 성수 전략정비구역 등 모두 4.57㎢에 대해 토지거래허가 구역 지정을 1년 연장했다"고 21일 밝혔다. 해당 지역들은 지난해 4월 27일 토지거래허가구역으로 지정돼 이달 25일 지정 기간이 만료될 예정이었다.

- 지정기간: 2022.4.27~2023.4.26
- 허가면적: 주거지역(6㎡초과), 상업지역(15㎡초과), 공업지역(15㎡초과), 녹지지역(20㎡초과), 용도지역의 지정이 없는 곳(6㎡초과).

• **2021.12.28 토지거래계약허가구역 지정 공고**

재개발사업 관련

토지거래계약허가구역 지정 공고

「부동산 거래신고 등에 관한 법률」 제10조에 따라 다음과 같이 토지거래허가구역을 지정 공고함.

2021.12.8

서 울 특 별 시 장

1. 허가구역 지정 대상지역(공공재개발 후보지/단위: ㎡)

   종로구 창신동 23번지 일대 41,261/숭인동 56번지 일대 43,093

   용산구 청파동1가89-18번지 일대 83,788

   성동구 마장동 382번지 일대 18,749

   동대문구 청량리동 19번지 일대 27,981

   중랑구 면목동 69-14번지 일대 58,540

   성북구 하월곡동 70-1번지 일대 79,756

   강북구 수유동 170번지 일대 12,124

   도봉구 쌍문동 724번지 일대 10,619

   노원구 상계동 154-3번지 일대 192,670

   은평구 불광동 600번지 일대 13,004

   서대문구 홍은동 8-400번지 일대 71,860

마포구 공덕동 11-24번지 일대 82,320

　　양천구 신월동 913~976번지 115,699

　　강서구 방화동 589-13번지 일대 34,906

　　구로구 가리봉동 87-177번지 일대 37,672

　　금천구 시흥동 810번지 일대 38,859

　　영등포구 당산동6가 104번지 일대 31,299

　　동작구 상도동 244번지 일대 50,142

　　관악구 신림동 675번지 일대 75,600

　　송파구 마천동 93-5번지 일대 106,101

　　강동구 천호동 461-31번지 일대 30,154

2. 허가구역 지정기간: 2022년 1월 2일부터 2023년 1월 1일까지

3. 토지거래계약에 관한 허가를 받아야 하는 면적(도시지역)

　　주거지역 18㎡ 초과, 상업지역 20㎡ 초과

　　공업지역 66㎡ 초과, 녹지지역 10㎡ 초과

　　용도지역의 지정이 없는 곳 9㎡ 초과

4. 허가구역 지정 토지조서: 생략

※ 「공간정보의 구축 및 관리 등에 관한 법률」에 따른 토지이동 및 등록사항정정 토지가 반영되지 않을 수 있음으로 최종조서는 허가구역 지정도면(구역 설정)을 기준

※ **토지거래계약허가구역 재지정 공고(2022.12.23)**

　「부동산 거래신고 등에 관한 법률」 제10조에 따라 지정한 토지거래허가구역(서울시 공고 제2021-3211호)를 다음과 같이 재지정함.

1. 허가구역 지정 대상지역: 위와 같음
2. 허가구역 지정기잔: 2023.1.2~2024.1.1까지
3. 토지거래계약에 관한 허가를 받아야 하는 면적(도시지역)주거지역 6㎡ 초과(~~18㎡ 초과~~), 상업지역 15㎡ 초과(~~20㎡ 초과~~), 공업지역 15㎡ 초과(~~66㎡ 초과~~), 녹지지역 20㎡ 초과(~~10㎡ 초과~~), 용도지역의 지정이 없는 곳 6㎡ 초과(~~9㎡ 초과~~)

- **2022.1.24 토지거래계약허가구역 지정공고**

재건축·재개발사업 관련

토지거래계약허가구역 지정 공고

「부동산 거래신고 등에 관한 법률」 제10조에 따라 다음과 같이 토지거래허가구역을 지정 공고함

2022.1.4

서 울 특 별 시 장

종로구 체부동 127번지 일대 43,987㎡: 재개발사업

종로구 연건동 309번지 일대 14,241㎡: 재개발사업

중구 장충동2가 112번지 일대 40,648㎡: 재개발사업

중구 신당동 236-100번지 일대 60,093㎡: 재개발사업

용산구 원효로3가 1번지 일대 38,138㎡: 재개발사업

용산구 서계동 33번지 일대 99,934㎡: 재개발사업(서울역 서계구역)

용산구 이태원동 77번지 일대 58,529㎡: 재개발사업(한남1구역)

성동구 사근동 212-2번지 일대 19,939㎡: 재개발사업(사근1구역)

성동구 행당동 298번지 일대 74,854㎡: 재개발사업(행당8구역)

광진구 자양동 57-90번지 일대 71,390㎡: 재개발사업(자양제1구역)

광진구 자양동 200번지 일대 67,212㎡: 재개발사업(자양제2구역)

동대문구 전농동 124-39번지 일대 25,577㎡: 재개발사업(전농10구역)

동대문구 휘경동 295번지 일대 78,953㎡: 재개발사업(휘경6구역)

중랑구 망우동 461번지 일대 44,802㎡: 재개발사업(상봉13구역)

중랑구 면목동 527번지 일대 47,484㎡: 재개발사업

중랑구 면목동 172-6번지 일대 47,915㎡: 재개발사업(면목5동)

성북구 삼선동1가 280번지 일대 44,700㎡: 재개발사업(삼선3구역)

성북구 정릉동 314번지 일대 22,598㎡: 재개발사업(정릉2구역)

성북구 석관동 62번지 일대 61,649㎡: 재개발사업

강북구 번동 441-3번지 일대 32,877㎡: 재개발사업

강북구 수유동 486번지 일대 66,630㎡: 재개발사업

강북구 미아동 8-373번지 일대 51,466㎡: 재건축사업

도봉구 창동 518-6번지 일대 176,235㎡: 재개발사업(창3동구역)

도봉구 방학동 622번지 일대 158,618㎡: 재개발사업(방학1구역)

은평구 신사동 237번지 일대 45,371㎡: 재개발사업

은평구 응암동 675번지 일대 39,075㎡: 재개발사업

은평구 신사동 200번지 일대 61,537㎡: 재개발사업

마포구 대흥동 22-147번지 일대 35,691㎡: 재개발사업(대흥5)

마포구 망원동 416-67번지 일대 76,258㎡: 재개발사업(망원1)

양천구 신월동159~192번지 92,322㎡: 재개발사업(신월3동)

양천구 신정동 1152번지 일대 44,082㎡: 주택정비형 재개발사업

구로구 가리봉동 115번지 일대 89,079㎡: 재개발사업(가리봉중심1구역)

구로구 궁동 213-27 외 1필지 50,691㎡: 재건축사업

영등포구 신길동 1499번지 일대 21,585㎡: 재개발사업(신길6구역)

영등포구 대림동 777-1번지 일대 38,465㎡: 재개발사업

동작구 흑석동 204-104번지 19,334㎡: 재개발사업(흑석10구역)

강남구 일원동 649번지 일대 52,978㎡: 재개발사업(일원동 대청마을C구역)

강남구 일원동 630번지 일대 53,922㎡: 재개발사업(일원동 대청마을B구역)

송파구 마천동 183번지 일대 83,903㎡: 재개발사업(마천2구역)

송파구 송파동 151번지 일대 62,370㎡: 송파한양2차아파트 재건축사업

송파구 신천동 7번지 일대 343,266㎡: 장미1,2,3차아파트 재건축사업

강동구 상일동 300번지 일원 96,048㎡: 재개발사업

강동구 천호동 338번지 일대 39,078㎡: 재개발사업(천호한강1구역)

강동구 명일동 56번지j99

일대 37,658㎡: 고덕현대아파트 재건축사업

2. 허가구역 지정기간: 2022년 1월 29일부터 2023년 1월 28일까지

3. 토지거래계약에 관한 허가를 받아야 하는 면적(도시지역)

주거지역 18㎡ 초과, 상업지역 20㎡ 초과, 공업지역 66㎡ 초과, 녹지지역 10㎡ 초과

용도지역의 지정이 없는 곳 9㎡ 초과

4. 허가구역 지정 토지조서: 붙임1 참조

※「공간정보의 구축 및 관리 등에 관한 법률」에 따른 토지이동 및 등록사항정정 토지가 반영되지 않을 수 있으므로 최종 조서는 허가구역 지정도면(구역 설정)을 기준

<아시아경제 2022.1.20>

집값 오를라…송파 장미·고덕 현대 토지거래허가구역 지정 추진

서울시가 이달 중 송파 장미, 한양 2차, 고덕 현대 등 신속통합기획(신통기획) 대상지로 선정된 7개 지역을 토지거래허가구역으로 지정한다. 최근 상승세를 멈춘 서울 집값이 정비사업 때문에 들썩일 우려가 있어 이를 사전에 차단하겠다는 의도로 풀이된다.

서울시는 지난해 하반기 신통기획 대상지로 결정된 주택 재건축·재개발 사업지 7개소도 이달 중에 토지거래허가구역으로 지정할 예정이라고 20일 밝혔다.

이번에 신규 지정되는 곳은 △신당동 236-100 일대(주택정비형 재개발) △신정동 1152 일대(주택정비형 재개발) △구로 우신빌라(재건축) △송파 장미1·2·3차(재건축) △송파 한양2차(재건축) △고덕 현대(재건축) △미아 4-1(단독주택재건축) 등이다.

3) 경기도 의왕시 재개발조합의 교회 매수와 따른 토지거래허가

다음은 경기도 내 재개발조합이 정비구역 내 교회를 매수하면서 토지거래허가를 받아 소유권을 이전한 실제 사례다. 재건축사업의 경우에도 같다.

의왕시는 토지거래허가의 관련 근거로 「부동산거래신고 등에 관한 법률」(이하 "부동산거래신고법") 제11조제4항 및 제12조제1항을 근거로 들고 있다.

■ 부동산 거래신고 등에관한 법률 시행규칙 [별지 제 12호서식]

제 2022 -   호

토지거래계약 허가증

매도인	성명(법인명)	대한예수교 ○○교회		생년월일(법인·외국인등록번호) ○○○○○○		
	주소(법인소재지) 경기도 의왕시 내손순환로 ○○(내손동)			(휴대)전화번호 ○○○-○○○-○○○○		
매수인	성명(법인명)					
	주소(법인소재지)					
허가사항	대상권리	매매에의한 소유권이전		예정금액(원)		○○○○
	번호	소재지	지목		면적(㎡)	이용목적
			법정	현실		
	1	내손동○○	대	대		기타
정착물	종류	내 용			예정금액	
	RC조, 스라브 건물 1개동 지하1층 지상2층 연면적○ ○○ 건축물	내손동 ○○○ 토지 및 건축물 일괄 매매 : ○○○○○ - 이하여백-				

「부동산 거래신고 등에 관한 법률」제11조제4항 및 같은 법 시행규칙 제12조제1항에 따라 위와 같이 허가합니다.

2022년 ○월 ○일

의왕시장

※ 유의사항
토지거래계약허가를 받아 취득한 토지는 허가를 받은자가 직접 이용하여야 하며, 허가를 받은 자가 실제 이용목적대로 이용하지 아니하고 타인에게 임대하는 등의 행위를 할 경우에는 「부동산 거래신고 등에 관한 법률」 제18조제2항에 따라 토지취득가액의 100분의 10의 범위 안에서 이행강제금이 부과됩니다.

토지거래계약 허가에 따른 유의사항 안내

☐ 유의사항

1. 자기거주용 목적으로 취득하는 모든 토지는 제출된 토지이용계획서에 따라 반드시 이행하여야 합니다.

2. 택지개발사업지구내의 단독주택용지 등은 당초 사업시행자와 용지매매계약시의 용도 등 조건을 준수하고 건축허가시 관련부서에서 별도 협의를 하시기 바랍니다.

3. 토지의 이용목적을 변경하고자 할 경우에는 사정에 '취득토지의 이용목적 변경 승인 신청서'를 제출하여 승인을 득한 후 변경된 목적으로 이용하여야 합니다.

4. 아울러 본 허가는 토지거래계약을 할 수 있는 허가로서 토지이용목적에 맞는 인·허가 등이(개발행위 및 건축허가 등) 이루어진 것이 아니므로 취득 목적이 개발 목적인 경우에는 반드시 그 개발행위가 관련법에 적합한지 확인한 후 매매여부를 결정하시기 바랍니다.

□ **취득한 토지의 이용의무기간 등**

1. 토지거래허가 받아 취득한 토지는 다음과 같이 이용의무기간이 주어집니다.

○ 거주용 주택용지로 이용하려는 목적으로 토지거래허가를 받은 경우 토지를 취득한 때부터 2년

○ 복지시설 또는 편익시설로 이용하고자 하는 목적으로 토지거래허가를 받은 경우 착수일(관계법령에 의한 허가·인가·승인 등의 기간은 제외)은 토지를 취득한 때부터 2년을 초과하여서는 안됩니다.

○ 사업용(건축물 신축·분양)목적으로 토지거래허가를 받은 경우 토지를 취득한 때부터 4년(단, 분양 완료시 4년이 지난 것으로 봄)

2. 토지거래허가받아 취득한 토지를 허가받은 목적대로 이용하지 아니하면 다음과 같은 불이익 처분을 받게 됩니다.

○ 토지 취득가액의 100분의 10의 범위 안에서 이행강제금이 부과되며, 취득한 토지의 이용의무기간이 진행 중인 기간에는 당해 토지를 타인에게 매매·양도할 수 없습니다.

4) 외국인 토지거래허가

외국인은 토지거래허가구역으로 지정된 곳이 아니라도, ①군사기지 및 군사시설 보호구역, ②지정문화재와 이를 위한 보호물 또는 보호구역, ③생태·경관보전지역, ④야생생물 특별보호구역' 등 어느 하나에 해당하는 구역·지역 등에 있으면 토지를 취득하는 계약(이하 "토지취득계약")을 체결하기 전에 신고관청으로부터 토지취득의 허가를 받아야 한다.

다만, 토지거래계약에 관한 허가를 받은 경우에는 예외로 한다(부동산거래신고법 §9①).

위 제1항을 위반하여 체결한 토지취득계약은 그 효력이 발생하지 아니한다(동법동조 ②).

강남구의 A재건축사업장은 '군사기지 및 군사시설 보호구역'에 해당하므로, 조합원 지위승계금지에 해당되지 않더라도 외국인의 경우 토지거래허가를 받아야 함에 주의를 요한다.

새 정부 들어서기 이전부터 토지거래허가 구역의 확대와 함께 외국인의 투기성 주택 거래에 대해 국세청과 '외국인의 투기성 주택 거래 규제 필요성'을 논의하고, 다주택자 외국인의 투기성 주택 거래에 대한 검증을 강화한다고 알려져 있다.

외국인의 경우에도 국내 주택을 취득·보유·양도 시에 내국인과 동일하게 납세의무를 부담하지만, 일부 외국인 세대는 본국 자금으로 투기성 주택 매입이 증가하고 있다고 한다.

이렇게 국내에 다수의 주택을 보유했는데도 가족의 동일세대 파악이 어려운 점을 이용해 1주택자로 위장하여 양도소득세 회피 사례에 대한 검증 필요성이 제기되고 있다.

5) (아파트·상가) 부동산 거래신고, 자금계획서 작성

아파트조합원의 경우 분양계약 체결 시에 부동산거래신고를 하게 된다.

상가소유자가 아파트조합원으로 전환하는 경우에도 아파트 조합원과 같은 방법으로 분양계약을 체결하며 부동산거래신고 등을 하게 된다. 다만 아파트조합원의 분양계약이 끝난 뒤에 별도로 하는 것이 일반적이다.

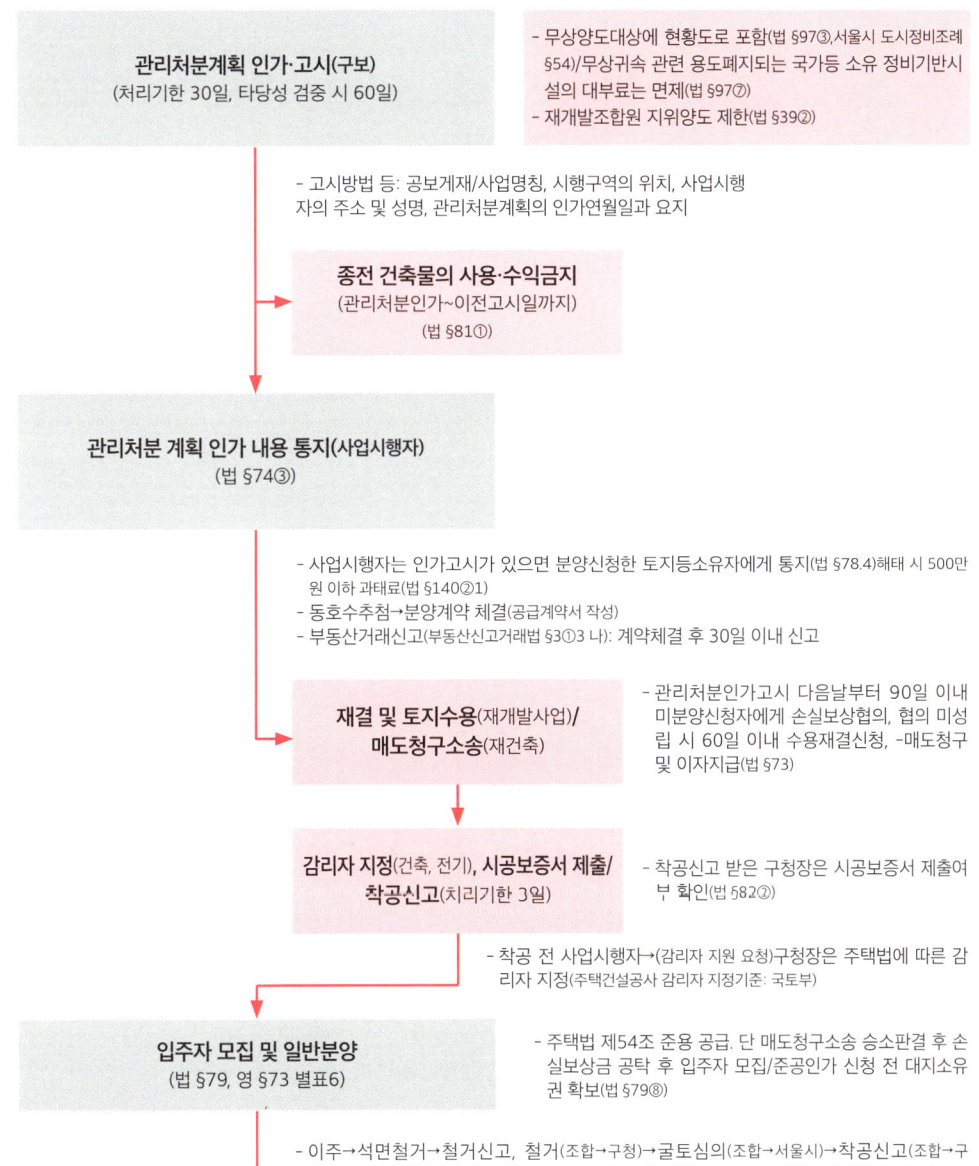

— **자금조달계획서 및 입주계획서 등**

투기과열 주택거래 신고를 하는 경우, 주택취득 자금조달 및 입주계획서 제출을 2017.9.26 부동산거래신고법 시행령 제3조를 개정,[14] 거래신고를 의무화하고 현행 투기과열지구·조정대상지역, 비 규제지역, 법인으로 확대하였다.

① 신고대상

규제지역(주택법상 투기과열지구 및 조정대상지역)에서 주택거래신고, 법인의 주택거래신고, 비 규제지역 6억 원 이상 주택 취득 신고 시 자금조달 및 입주계획서(자금조달계획서)를 제출
- 투기과열지구 내 주택 신고 시 자금조달계획에 다른 증빙서류 제출
- 법인이 주택을 취득하는 경우 별도의 법인주택 거래계약신고서를 제출

② 신고 내용

기존 부동산거래신고법의 거래당사자, 계약일, 거래가액 외에 자금조달계획서, 증빙서류, 법인의 특수 관계 여부 등
- (자금조달계획서) 자기자금(증여, 주식 등), 차입금(주택담보대출 등), 입주계획(임대 등)
- (증빙서류) 부동산매매계약서, 금융거래확인서, 증여·상속세 납부서 등
- (법인신고서) 등기현황, 법인 임원과의 거래 여부 등 특수관계 여부
- (벌칙) 거짓신고자 등에 대해서 3천만 원 이하 과태료를 부과: 미신고(지연신고) 과태료 최고 500만원, 허위신고 과태료 취득가액의 2/100

---

14. 부동산거래신고법 시행령[시행 2017.9.26] [대통령령 제28343호, 2017.9.26 일부개정]
    제3조(부동산 거래의 신고) ① 법 제3조제1항 각 호 외의 부분 본문에서 "그 실제 거래가격 등 대통령령으로 정하는 사항"이란 다음 각 호의 사항을 말한다. 다만, 제5호의2 및 제5호의3은 「주택법」 제63조에 따라 지정된 투기과열지구에 소재하는 주택(「주택법」 제2조제1호의 주택을 말한다. 이하 이 조에서 같다)으로서 실제 거래가격이 3억원 이상인 주택의 거래계약을 체결한 경우(거래당사자 중 매수인이 법 제3조제1항 단서에 따른 국가등인 경우는 제외한다)에만 적용한다.
    5의2. 거래대상 주택의 취득에 필요한 자금의 조달계획
    5의3. 거래대상 주택에 매수자 본인이 입주할지 여부와 입주 예정 시기

― 상가 대신 아파트를 공급받은 상가소유자의 분양계약 및 거래신고 등 실제 사례

주택이 아닌 상가는 해당되지 않는다. 그러나 상가 소유자가 상가 대신 아파트를 공급받게 되는 경우에는 당연히 부동산거래계약신고를 해야 하며, 주택취득자금 조달 및 입주계획서 등을 작성하여야 한다.

다음은 2021년 서초구 상가소유자(공유지분자 95/100, 5/100)가 아파트를 공급받음에 따라 부동산거래신고를 한 실제 사례이다.

주택취득자금 조달 및 입주계획서

※ 색상이 어두운 난은 신청인이 적지 않으며, [ ]에는 해당되는 곳에 √표시를 합니다. (앞쪽)

접수번호		접수일시		처리기간	
제출인 (매수인)	성명(법인명)		주민등록번호(법인·외국인등록번호)		
	주소(법인소재지)		(휴대)전화번호		

① 자금 조달계획	자기 자금	② 금융기관 예금액		원	③ 주식·채권 매각대금		원
		④ 증여·상속		원	⑤ 현금 등 그 밖의 자금		원
		[ ] 부부 [ ] 직계존비속(관계:) [ ] 그 밖의 관계			[ ] 보유 현금 [ ] 그 밖의 자산 (종류:)		
		⑥ 부동산 처분대금 등		원	⑦ 소계		원
	차입금 등	⑧ 금융기관 대출액 합계	주택담보대출				원
			신용대출				원
			그 밖의 대출		(대출의 종류:)		원
			기존 주택 보유 여부 (주택담보대출이 있는 경우만 기재) [ ] 미보유 [ ] 보유 (건)				
		⑨ 임대보증금		원	⑩ 회사지원금·사채		원
		⑪ 그 밖의 차입금		원	⑫ 소계		
		[ ] 부부 [ ] 직계존비속(관계:) [ ] 그 밖의 관계					원
	⑬ 합계						원

⑭ 조달자금 지급방식	총 거래금액		원
	⑮ 계좌이체 금액		원
	⑯ 보증금·대출 승계 금액		원
	⑰ 현금 및 그 밖의 지급방식 금액		원
	지급 사유 (		)

⑱ 입주 계획	[ ] 본인 입주 [ ] 본인 외 가족입주 (입주 예정 시기: 년 월)	[ ] 임대 (전·월세)	[ ] 그 밖의 경우 (재건축 등)

「부동산 거래신고 등에 관한 법률 시행령」별표 1 제2호나목, 같은 표 제3호가목 전단, 같은 호 나목 및 같은 법 시행규칙 제2조제6항부터 제9항까지의 규정에 따라 위와 같이 주택취득자금 조달 및 입주계획서를 제출합니다. 년 월 일

제출인 (서명 또는 인)

시장·군수·구청장 귀하

유의사항

1. 제출하신 주택취득자금 조달 및 입주계획서는 국세청 등 관계기관에 통보되어, 신고내역 조사 및 관련 세법에 따른 조사시 참고 자료로 활용됩니다.
2. 주택취득자금 조달 및 입주계획서(첨부서류 제출대상인 경우 첨부 서류를 포함합니다)를 계약체결일부터 30일 이내 제출하지 않거나 거짓으로 작성하는 경우「부동산 거래신고 등에 관한 법률」제28조제2항 또는 제3항에 따라 과태료가 부과되오니 유의하시기 바랍니다.
3. 이 서식은 부동산거래계약 신고서 접수 전에는 제출이 불가하오니 별도 제출하는 경우에는 미리 부동산거래계약 신고서의 제출여부를 신고서 제출자 또는 신고관청에 확인하시기 바랍니다.

210mm×297mm[백상지(80g/㎡) 또는 동질지 (80g/㎡)]=

관리번호		접수번호		접수일	2021년 04월 05일

부동산거래계약신고필증

<table>
<tr><td rowspan="3">매도인</td><td colspan="2">성명(법인명)
○○아파트주택재건축정비사업조합</td><td>생년월일(법인·외국인등록번호)</td><td>국적
대한민국</td></tr>
<tr><td colspan="2">주소(법인소재지)
서울특별시 서초구 반포대로 000, 000호(잠원동, ○○빌딩)</td><td colspan="2">거래지분비율</td></tr>
<tr><td colspan="2">전화번호</td><td colspan="2">휴대전화번호</td></tr>
<tr><td rowspan="3">매수인</td><td>성명(법인명)</td><td>생년월일(법인·외국인등록번호)</td><td colspan="2">국적
대한민국</td></tr>
<tr><td colspan="2">주소(법인소재지)
서울특별시 강남구</td><td colspan="2">거래지분비율
100분의 95</td></tr>
<tr><td colspan="2">전화번호</td><td colspan="2">휴대전화번호</td></tr>
<tr><td rowspan="3">개업
공인중개사</td><td>성명(법인명)</td><td colspan="3">생년월일(법인·외국인등록번호)</td></tr>
<tr><td>전화번호</td><td colspan="3">휴대전화번호</td></tr>
<tr><td>상호</td><td colspan="3">등록번호</td></tr>
<tr><td></td><td colspan="4">사무소 소재지</td></tr>
</table>

<table>
<tr><td rowspan="6">거래대상</td><td rowspan="2">종류</td><td colspan="3">[ ] 토지　　[ ] 건축물 (　　　　)　　[○] 토지 및 건축물 (아파트)</td></tr>
<tr><td colspan="3">[○] 공급계약　[ ] 전매　　[ ] 분양권 [ ] 입주권　　[ ] 준공전 [ ] 준공후
[ ] 임대주택 분양전환</td></tr>
<tr><td rowspan="2">소재지 / 지목 / 면적</td><td colspan="3">소재지</td></tr>
<tr><td>지목
대</td><td>토지면적
119230.8 ㎡</td><td>토지거래지분</td></tr>
<tr><td rowspan="2"></td><td>대지권비율
대지권비율</td><td>건축물면적
84.96 ㎡</td><td>건축물거래지분</td></tr>
<tr><td>계약대상 면적
토지
37.6014 ㎡</td><td colspan="2">건축물　　84.96 ㎡</td></tr>
<tr><td rowspan="2">물건별 거래가격</td><td colspan="4">거래금액</td></tr>
<tr><td>공급계약
또는 전매</td><td>분양가격
원</td><td colspan="2">발코니 확장 등 선택비용 (추가 지불액 등)
원</td></tr>
<tr><td rowspan="3">총 실제
거래가격
(전체)</td><td rowspan="3">합계
원</td><td>계약금</td><td>원</td><td>계약체결일</td><td>2021년 03월 25일</td></tr>
<tr><td>중도금</td><td>원</td><td>중도금 지급일</td><td>2021년 07월 15일</td></tr>
<tr><td>잔금</td><td>원</td><td>잔금 지급일</td><td>2023년 08월 31일</td></tr>
<tr><td>계약의 조건
및
참고사항</td><td colspan="5"></td></tr>
</table>

「부동산 거래신고 등에 관한 법률」 제3조제5항 및 같은 법 시행규칙 제2조제11항에 따라 부동산 거래계와 신고필증을 발급합니다.

2021년　05월　04일

○○구청장　[서초구청장인]

※ 유의사항
입주권 거래신고의 경우에는 입주권 거래가격이 표시된 신고필증과 종전 토지 거래가격이 표시된 신고필증 등 2부가 발급됩니다.
소유권을 이전하려는 부동산은 종류에 맞는 신고필증을 부동산등기 신청서에 첨부하고, 「부동산등기 특별조치법」 제2조제1항 각호의 구분에 따른날부터 60일 이내에 소유권이전등기 신청을 하시기 바랍니다.

부동산거래계약신고필증 별지

■ 매도인

이하여백

■ 매수인

성명(법인명)	생년월일(법인·외국인등록번호)	국적
		대한민국
주소 (법인소재지)	서울특별시 강남구	거래지분율 100 분의 5
전화번호	휴대전화번호	

■ 개업공인중개사

이하여백

■ 소재지 · 관계지번 · 면적 및 법정지목

이하여백

판례

대법원 2021.7.29선고 2017다243723 판결 [손해배상(기)]
【판결요지】
[1] 공인중개사법은 '중개'의 개념에 관하여 제2조 제1호에서 "제3조에 의한 중개대상물에 대하여 거래당사자 간의 매매 · 교환 · 임대차 기타 권리의 득실 · 변경에 관한 행위를 알선하는 것"이라고 정하고 있다. 이러한 중개에는 중개업자가 거래의 쌍방 당사자로부터 중개 의뢰를 받은 경우뿐만 아니라 일방 당사자의 의뢰로 중개대상물의 매매 등을 알선하는 경우도 포함된다.
[2] 공인중개사법 제32조 제1항 본문은 "개업 공인중개사는 중개업무에 관하여 중개의뢰인으로부터 소정의 보수를 받는다."라고 정하고 있고, 제32조 제4항과 같은 법 시행규칙 제20조 제1항, 제4항은 중개대상물별로 공인중개사가 중개업무에 관하여 중개의뢰인으로부터 받을 수 있는 보수의 한도를 정하고 있다. 부동산 중개보수 제한에 관한 위 규정들은 중개보수 약정 중 소정의 한도를 초과하는 부분에 대한 사법상의 효력을 제한하는 이른바 강행법규에 해당한다. 따라서 공인중개사법 등 관련 법령에서 정한 한도를 초과하는 부동산 중개보수 약정은 한도를 초과하는 범위 내에서 무효이다.

대법원 2009다41465판결
【판시사항】
토지거래허가구역 지정기간 중에 허가구역 안의 토지에 대하여 토지거래허가를 받지 않고 토지거래계약을 체결한 후 허가구역 지정이 해제되거나 허가구역 지정기간이 만료되었음에도 재지정을 하지 않은 경우, 여전히 그 계약이 유동적 무효상태에 있다고 볼 것인지(소극)

【판결요지】
토지거래허가구역 지정기간 중에 허가구역 안의 토지에 대하여 토지거래허가를 받지 아니하고 토지거래계약을 체결한 후 허가구역 지정이 해제되거나 허가구역 지정기간이 만료되었음에도 재지정을 하지 아니한 때에는 그 토지거래계약이 허가구역 지정이 해제되기 전에 확정적으로 무효로 된 경우를 제외하고는, 더 이상 관할 행정청으로부터 토지거래허가를 받을 필요가 없이 확정적으로 유효로 되어 거래 당사자는 그 계약에 기하여 바로 토지의 소유권 등 권리의 이전 또는 설정에 관한 이행청구를 할 수 있고, 상대방도 반대급부의 청구를 할 수 있다고 보아야 할 것이지, 여전히 그 계약이 유동적 무효상태에 있다고 볼 것은 아니다.

II. 아파트·상가 수익성 검토

아파트 대지지분, 상가에 영향 있다
대지지분 계산법, 큰 대지지분을 살펴라

구분건물이란 1동의 건물 중 구조상 구분된 여러 개의 부분이 독립한 건물로 사용돼 각각의 부분이 소유권의 목적이 되는 경우를 말한다(민법 §215, 집합건물법 §1). 구분건물의 대표적인 경우로 아파트나 상가를 들 수 있다.

1. 대지권과 대지사용권(坌地使用權)

강남구 일부 대형 아파트단지 내 아파트 매매를 위해 건물등기부 등을 보면 공유지분 형태로 되어 있어 전체 소유자의 등본을 확인하지 않으면 대지권을 확인할 수 없는 경우를 발견할 수 있다.

따라서 이러한 불편한 점을 해소하기 위해 1985.4.10 부동산등기법이 개정, 시행[15]되었으며, 이와 때를 같이해 「집합건물의 소유 및 관리에 관한 법률」(이하 "집합건물법"이라 함)이 같은 날 제정, 시행되었다.

이 법 제정 이유에서도 집합건물 내에서의 공동생활을 합리적으로 규율하고 그 권리관계를 간명히 공시할 수 있게 하려는 것임을 밝히고 있다.

그럼에도 불구하고 많은 아파트나 상가의 경우 지적불부합을 이유로 대지권 자체가 누락된 경우가 많으니, 이 점 유의하여야 한다.

---

15. 부동산등기법(시행 1985.4.11, 법률 제3726호, 1984.4.10 일부개정) 일부개정 이유
   집합건물 내에서 공동생활을 합리적으로 규율하고 그 권리관계를 간명히 공시할 수 있게 하려는 것임
   - 구분건물에 관하여 새로운 등기용지를 창설함
   - 규약상 공용부분의 표제부 등기방식을 규정하고 이 등기를 위한 표제부 등기용지를 창설함
   - 대지권등기를 창설하고 그 변경, 경정, 소멸에 관한 규정을 두도록 함

한편, 집합건물법에서는 이 구분건물의 구분소유와 상가건물의 구분소유로 나누어 규정하고 있다.

아파트와 같이 상가 투자자도 대지권, 대지사용권의 개념을 이해하는 것이 좋다. 수익성을 판단하는 기본적 자료다.

- **대지권**

대지사용권으로서 규약이나 공정증서로써 특별히 분리처분할 수 있음을 정하지 아니하여 일체·불가분성이 있는 것을 대지권이라 한다(부동산등기법 §40③, 집합건물법 §20② 단서, §20④).

- **대지사용권**

집합건물법에 의해 인정된 권리로서 구분소유자가 전유부분(건물부분)을 소유하기 위해 1동의 건물(집합건물을 말함)이 소재하는 대지에 대하여 가지는 권리다(집합건물법 §2-6).

따라서 소유권과 함께 용익물권인 지상권, 전세권, 임차권, 사용대차권, 기타 권리도 대지사용권이 될 수 있으며, 반드시 등기된 것이거나(임차권이나 미등기 토지에 대한 소유권은 등기 없이도 대지사용권이 될 수 있음) 등기능력 있는 것을 요하지 않는다(부동산등기법 §40③, ④).

일반적으로 주택건설업자가 대지를 일괄 매입하여 집합건물을 짓고 구분건물을 분양하는 경우, 그 대지를 구분건물의 평수비율로 공유지분등기를 해 주고 있어 대지에 대한 소유권은 구분소유자 각자가 대지에 대한 지분권을 갖는 공유의 방식을 취하는 것이 보통이다.

2. 아파트 평형과 총 대지면적 구하기

甲아파트의 용적률이 150%고, 평형은 25평형, 33평형, 35평형, 50평형으로 구성되어 있다. 이 아파트는 평형 구분 없이 각 100세대씩 총 400세대라고 가정하자.

또한 평형별로 보유하고 있는 대지지분이 14평, 19평, 25평, 30평인 경우, 이 아파트의 총 대지면적은 얼마일까?

총 대지면적은 (평형별 대지지분×세대수)의 합계이다.
즉 (14평×100세대)+(19평×100세대)+(25평×100세대)+(30평×100세대)=8,800평이다.

3. 아파트·상가의 대지지분 산정방법

1) 세대 당 평균 대지지분
세대 당 평균 대지지분 = 전체 대지면적/공동주택(아파트·연립주택) 총 세대(가구)수

이 세대당 평균 대지지분은 1세대가 몇 평의 지분을 가져야 하는지를 말하는 지표(단위는 평)로 법률용어는 아니다. 이는 재건축 이후 신축 일반분양 물량을 정하는 중요한 요소로 세대당 평균 대지지분이 15평이 넘으면 사업성이 좋다고 한다.

단독주택과는 달리 공동주택에서는 등기부상 대지지분이라는 것이 있다. 상가의 경우도 이와 같다.

대지지분은 '소유자가 살고 있는 아파트 단지 전체 면적에서 자신이 소유하고 있는 면적'으로, 크면 클수록 재건축사업에서 수익성이 좋다.

이는 앞서 설명한 바와 같이 아파트 전체 단지의 대지면적을 '1가구가 소유한 구분건물의 평수'로 나눠 등기부에 표시되는 면적을 말한다. 이 대지지분이 높다는 것은 용적률이 높음을 의미하며 더 많은 아파트를 신축할 수 있다는 것을 뜻한다.

예, 표제부(대지권의 표시) 란에 대지권비율 항목이 45324.6분의 49.37이라고 가정하자.

45324.6은 이 아파트의 전체 대지면적(45324.6㎡)을 말하는 것이고, 뒤 49.37은 내가 소유하고 있는 아파트 대지면적(49.37㎡)이다.

이 대지지분을 평으로 환산하면 49.37㎡×0.3025=14.7평이다.
이 대지지분으로 아파트 평수를 나눈 값이 용적률이다.
용적률(%) = (아파트 평수/대지지분)×100
만일 20평형의 아파트라면 (20/14.7)×100=136.05이다.
이 아파트의 용적률은 136%가 된다.

── 아파트·상가 대지지분 확인은 상당 기간이 필요

주택법 상 사업계획승인으로 건설된 주택단지는 아파트와 부대·복리시설 등으로 구성돼 있다.

전체 대지면적을 기준으로 아파트와 상가의 권리분석으로 대지지분을 확인하게 되는데, 특히 아파트의 폐쇄등기부등본을 통해 대지지분을 파악해야 상가의 대지지분을 알 수 있다. 이는 후에 분쟁으로 소유권이전 소송이 촉발되기도 한다.

특히 서초·강남·송파구 등의 집단체비지를 아파트지구로 묶은 아파트지구개발 기본계획에 따른 재건축사업의 경우, 특히 아파트와 상가의 대지지분이 어지럽게 배분돼 있어 분쟁이 상존해 있는 실정이다.

이 대지지분 권리분석은 법무사들의 영역으로 수개월 내지 2~3년이 소요되기도 한다.

2) 상가의 대지지분 산정

정비사업에 의한 아파트와 상가의 대지지분 산정은 도시정비법 시행령 제63조제2항제1호[16]에서 규정하고 있다.

같은 항 제6호에서는 "1필지의 대지 위에 2인 이상에게 분양될 건축물이 설치

---

16. 도시정비법 시행령[시행 2022.1.21] [대통령령 제32352호, 2022.1.21 타법개정]
    제63조(관리처분의 방법 등) ① 법 제23조제1항제4호의 방법으로 시행하는 주거환경개선사업과 재개발사업의 경우 법 제74조제4항에 따른 관리처분은 다음 각 호의 방법에 따른다.
    1~4, 7: 생략
    5. 분양대상자가 공동으로 취득하게 되는 건축물의 공용부분은 각 권리자의 공유로 하되, 해당 공용부분에 대한 각 권리자의 지분비율은 그가 취득하게 되는 부분의 위치 및 바닥면적 등의 사항을 고려하여 정할 것
    6. 1필지의 대지 위에 2인 이상에게 분양될 건축물이 설치된 경우에는 건축물의 분양면적의 비율에 따라 그 대지소유권이 주어지도록 할 것(주택과 그 밖의 용도의 건축물이 함께 설치된 경우에는 건축물의 용도 및 규모 등을 고려하여 대지지분이 합리적으로 배분될 수 있도록 한다). 이 경우 토지의 소유관계는 공유로 한다.
    ② 재건축사업의 경우 법 제74조제4항에 따른 관리처분은 다음 각 호의 방법에 따른다. 다만, 조합이 조합원 전원의 동의를 받아 그 기준을 따로 정하는 경우에는 그에 따른다.
    1. 제1항제5호 및 제6호를 적용할 것
    2: 생략

된 경우에는 건축물의 분양면적의 비율에 따라 그 대지소유권이 주어지도록 할 것~~~~"이라고 규정하고 있다.

그러나 분양면적의 비율에 대해서는 분양면적·전유면적(주택법 §2-15 나목의 전용면적)으로 산출할 것인지를 도시정비법에서 명시하지 않아서 혼란이 있다는 것이 실무자의 고충이다.

주택법에서는 전유면적 비율에 의거 산출하고, 도시정비법에서는 분양면적(전용면적+공유면적)의 비율에 의거 산출함에 따라, 상호간 대지지분의 차이가 있는 게 현실이다.

정비사업 관련, 집합건물법에 의한 대지지분의 산정하라는 것이 국토부의 유권해석 태도이므로, 지금이라도 도시정비법 시행령 제63조제1항제2호인 "분양면적의 비율"을 "전유면적의 비율"로 개정해서 혼란을 방지하는 것이 좋다.

① 주택법상 사업계획승인을 받은 주택단지: 집합건물법에 의한 대지지분으로 산정

국토부는 「주택건설기준 등에 관한 규정」 제8조제1항 단서에서 사업주체가 복리시설에 대한 분양·임대 계획, 관리·운영방법 등을 고려하여 복리시설 설치를 위한 토지를 구획·양여하는 경우 그 토지를 주택단지와는 별개의 대지로 보도록 하고 있다.

따라서, 단지 내 상가를 설치하는 토지를 의무적으로 주택단지와 분리하여 설치하라는 것은 아니며, 대지지분의 산정방법은 「집합건물법」 등에 따르도록 하고 있다(국토부 주택건설공급과 2019.5.24 유권해석).

② 2022.4월 서초구 ○○재건축조합의 관리처분계획 기준

> 제11조(분양예정 대지 및 건축시설의 면적)
> 1. 분양면적, 계약면적 및 대지면적의 산정
> 가. 공동주택의 분양면적
> 공동주택의 분양(공급)면적은 주거전용면적과 주거공용면적을 합산으로 하며, 계약면적은 분양(공급)면적에 기타 공용면적(지하주차장 포함)을 합한 면적으로 한다.
> 나. 공동주택의 대지지분
>   공동주택의 대지지분은 전체 분양아파트의 총 대지면적을 건축시설의 분양면적(공급면적) 비율에 의하여 공유지분으로 분양한다.
>   다만, 면적 공차(배분이 불가한 면적)가 있을 경우 이전고시 시 특정세대에 임의배분토록 한다.
> 다. 부대·복리시설(상가)의 분양면적
>   부대복리시설(상가)의 분양(계약)면적은 전용면적과 공용면적(지하주차장 및 기타공용면적 포함)을 합한 면적으로 한다.
> 라. 부대복리시설(상가)의 대지지분
>   부대복리시설(상가)의 대지지분은 부대복리시설(상가)의 총 대지면적을 건축시설의 분양(공급)면적 비율로 나누어 산출하며, 면적 공차(배분이 불가한 면적)가 있을 경우 이전고시 시 특정세대에 임의배분토록 한다.

위 재건축조합의 관리처분계획 기준에 따라 "건축물의 분양면적의 비율에 따라 대지소유권이 주어지도록 하는 것"은 분양면적을 계약면적으로 하여, 지하주차장 및 기타공공면적을 포함하여, 상가의 대지지분을 정리한 사례이다.

분양면적과 계약면적의 차이를 구별해 정리하지 않으면, 후에 분쟁이 발생할 수 있다. 특히 주차장 면적의 경우 공급계약서 상 포함되어 있으면 이를 포함시켜 분양면적으로 계산하지 않으면 효력다툼의 분쟁이 발생할 수 있다.[17]

※ 근거 법령

집합건물법[시행 2021.2.5] [법률 제16919호, 2020.2.4, 일부개정]
제1조의2(상가건물의 구분소유)
① 1동의 건물이 다음 각 호에 해당하는 방식으로 여러 개의 건물부분으로 이용상 구분된 경우에 그 건물부분(이하 "구분점포")은 이 법에서 정하는 바에 따라 각각 소

---

17. 대법원 2010.3.25자 2009무165 결정[집행정지]

유권의 목적으로 할 수 있다. <개정 2020.2.4>
1. 구분점포의 용도가 「건축법」 제2조제2항제7호의 판매시설 및 같은 항 제8호의 운수시설일 것
2. 삭제 <2020.2.4>
3. 경계를 명확하게 알아볼 수 있는 표지를 바닥에 견고하게 설치할 것
4. 구분점포별로 부여된 건물번호표지를 견고하게 붙일 것
② 제1항에 따른 경계표지 및 건물번호표지에 관하여 필요한 사항은 대통령령으로 정한다.[전문개정 2010.3.31]
제2조(정의) 이 법에서 사용하는 용어의 뜻은 다음과 같다.

제12조(공유자의 지분권)
① 각 공유자의 지분은 그가 가지는 전유부분의 면적 비율에 따른다.
② 제1항의 경우 일부공용부분으로서 면적이 있는 것은 그 공용부분을 공용하는 구분소유자의 전유부분의 면적 비율에 따라 배분하여 그 면적을 각 구분소유자의 전유부분 면적에 포함한다.[전문개정 2010.3.31]

3) 아파트 공급면적, 상가(오피스텔) 계약면적

아파트는 '주택법령'의 적용을 받아서 분양면적을 '공급면적', 상가(오피스텔)는 분양면적을 '계약면적'으로 표기하는 것이 보통이다.

— **주택법령상 공용면적**

다른 사람들과 함께 공동으로 사용하는 공간으로 주거공용면적과 기타공용면적으로 구분된다.

주거공용면적의 경우 현관·복도·계단 등 공통주택의 지상층에 있는 공용면적을 말하며, 주거공용면적을 제외한 지하층, 관리사무소, 노인정 등을 기타공용면적이라 칭한다.

이 주거의 용도로만 쓰이는 면적을 주거전용면적이라 하며(주택법 §2-6), 면적의 산정방법은 다음 각 호에 따른다(주택법 시행규칙 §2).

1. 단독주택의 경우: 생략
2. 공동주택의 경우: 외벽의 내부선을 기준으로 산정한 면적. 다만, 2세대 이상이 공동으로 사용하는 부분으로서 다음 각 목의 어느 하나에 해당하는 공용면적은 제외하며, 이 경우 바닥면적에서 주거전용면적을 제외하고 남는 외벽면적은 공용면적에 가산한다.

    가. 복도, 계단, 현관 등 공동주택의 지상층에 있는 공용면적
    나. 가목의 공용면적을 제외한 지하층, 관리사무소 등 그 밖의 공용면적

「주택공급에 관한 규칙」상 주거전용면적

같은 규칙 제21조제3항제8호(호 당 또는 세대 당 주택공급면적 및 대지면적)에 따라 공동주택의 공급면적을 세대별로 표시하는 경우에는 주거의 용도로만 쓰이는 면적(이하 "주거전용면적")으로 표시하여야 한다. 다만, 주거전용면적 외에 다음 각 호의 공용면적을 별도로 표시할 수 있다(동 규칙 §21⑤).

1. 주거공용면적: 계단, 복도, 현관 등 공동주택의 지상층에 있는 공용면적
2. 그 밖의 공용면적: 주거공용면적을 제외한 지하층, 관리사무소, 노인정 등 공용면적

전용면적		방, 거실, 주방, 화장실, 현관
공용면적	주거공용면적	공동현관, 계단, 복도, 비상구, 엘리베이터
	기타 공용면적	주차장, 관리사무소, 노인정, 놀이터,
서비스 면적		발코니

─ 공급면적(분양면적)의 차이

아파트의 공급면적(분양면적)은 전용면적+주거공용면적이다.

예를 들어, 아파트가 33평형이라면, 전용면적(소유자가 사용하는 실내 공간)+주거공용면적(계단, 복도, 비상구, 엘리베이터)등을 포함한 평수를 말한다.

상가, 오피스텔의 계약면적은 "전용면적+주거공용면적+기타공용면적"이다. 아파트와 다른 점은 기타 공용면적이 포함된다는 것이다.

같은 평형이라도 아파트가 상가나 오피스텔보다 더 넓어 보이는 이유는 아파트의 경우 오피스텔에는 포함되어 있는 기타공용면적을 분양면적에서 제외하기 때문이다. 특히 주차장 등의 경우가 분쟁이 되는 사례가 많다.

상가 등의 대지지분 산정 및 표시에 대해서는 「부동산의 표시·광고에 관한 심사지침」(시행 2016.12.23, 공정거래위원회예규 제274호, 2016.12.23 제정)이 있으니 참고하기 바란다.

4. 재건축·재개발 대지지분 배분 사례

— 정비조합의 관리처분계획 기준(안)으로 정함

 대단위 아파트단지의 재건축사업에서는 주상가(단지 내 중앙에 있는 상가)와 분산상가(단지 내 외곽의 상가) 등 여러 개의 상가일 경우에는 아파트와 상가의 대지지분을 위한 토지 분필은 어렵다.
 그러나 1개 상가인 경우 정비사업 완료 후 분필에 의해 상가만의 대지지분도 있지만, 정확히 알기 위해 재건축·재개발 관리처분계획 기준안을 확인해야 한다.

 ① 재개발사업장
 성동구 ○○재개발사업에서 오피스텔을 건설한 경우의 관리처분계획 기준안 대지지분 배분 기준이다.

※ 오피스텔, 근린생활시설, 판매·업무시설 분양

1. 오피스텔, 근린생활시설, 판매·업무시설의 분양면적은 전용면적과 공용면적 및 지하주차장 면적의 합계인 계약면적으로 한다.
2. 오피스텔, 근린생활시설, 판매·업무시설의 공용면적과 지하주차장 면적은 전용면적 비율로 나눈 면적으로 한다.
3. 우선 공동주택과 상업시설(오피스텔, 근린생활시설, 판매, 업무)의 대지지분은 전용면적 비율로 공유한다.
4. 오피스텔의 대지면적은 획지3의 개별 건축물의 분양면적 비율에 의하며, 근린생활시설의 대지면적은 획지1, 획지2의 개별 건축물의 분양면적 비율에 의하며, 판매·업무시설의 대지면적은 획지1, 획지3, 획지4, 획지6의 개별 건축물의 분양면적 비율에 의해 대지 소유권이 주어지며 토지의 소유관계는 공유로 한다.

 신당동 ○○재개발 관리처분계획 기준안에 의해 아파트와 상가를 같은 분양대지에 넣어 대지지분을 배분하였다.

※ 제2조 토지의 처분

- 사업시행면적: 48,601.60㎡(14,701.984평)
- 분양예정대지 면적 및 정비기반시설 면적(단위: ㎡)

합계	분양대지				정비기반시설		
	소계	택지 1 (분양APT 및 상가)	택지 2 (임대APT)	택지3 (보류지)	소계	도로	공원
48,601.60	41,061.10	36,896.20	4,118.40	46.50	7,540.50	4,971.80	2,568.70

- 건축시설물별 분양면적(단위 : ㎡)

합계	분양아파트 및 상가	임대아파트	비고
142,658.13	127,963.69	14,694.44	

※ 위의 각 면적은 사업시행변경인가 시 일부 설계변경으로 인하여 다소 증감이 있을 수 있음.

분양대상자가 공동으로 취득하게 되는 건축물의 공용부분은 각 권리자의 공유로 하고, 대지는 도시정비법 시행령 제52조제1항제6호[18]에 따라 건축물의 분양면적(전용면적+주거공용면적) 비율에 의해 공유지분으로 그 소유권이 주어지며 확정측량등의 사유로 인하여 대지면적 및 대지지분의 변동이 있을 수 있다.

아파트와 상가의 대지지분에 대한 분쟁은 재건축사업에서 발생한다.

이 분쟁의 영향으로, 2018.2.9부터 상가의 대지부분에 대해 다음과 같이 개정, 시행되었다.

1필지의 대지 위에 2인 이상에게 분양될 건축물이 설치된 경우에는 건축물의 분양면적의 비율에 따라 그 대지 소유권이 주어지도록 할 것(주택과 그 밖의 용도의 건축물이 함께 설치된 경우에는 건축물의 용도 및 규모 등을 고려하여 대지지분이 합리적으로 배분될 수 있도록 한다.) 이 경우 토지의 소유관계는 공유로 한다(도시정비법 시행령 §63①6).

---

[18] 개정 전 도시정비법 시행령[시행 2017.9.29] [대통령령 제28351호, 2017.9.29, 일부개정]
제52조(관리처분의 기준 등) ①법 제6조제1항제4호의 방법으로 시행하는 주거환경개선사업, 주택재개발사업, 도시환경정비사업 및 가로주택정비사업의 경우 법 제48조제7항에 따른 관리처분은 다음 각 호의 방법 및 기준에 의한다. <개정 2009.8.11, 2012.7.31>
6. 1필지의 대지위에 2인 이상에게 분양될 건축물이 설치된 경우에는 건축물의 분양면적의 비율에 의하여 그 대지소유권이 주어지도록 할 것. 이 경우 토지의 소유관계는 공유로 한다.

② 공동주택 재건축사업장

서초구 ○○○재건축사업장 사례다.

---

1. 공동주택(아파트)의 분양면적 및 대지면적

가. 공동주택의 분양면적

공동주택의 분양(공급)면적은 주거전용면적과 주거공용면적을 합산으로 하며, 계약면적은 분양(공급)면적에 기타 공용면적(부대복리시설, 지하주차장, 기전기실 등)을 합한 면적으로 한다.

나. 공동주택의 대지지분

공동주택의 대지지분은 전체 분양아파트의 총 대지면적을 건축시설의 분양면적(공급면적)비율에 의하여 공유지분으로 분양한다. 다만 면적 공차(배분이 불가한 면적)가 있을 경우, 이전고시 시 특정세대에 임의배분토록 한다.

2. 상가 분양면적 및 대지면적

가. 상가의 분양면적

상가의 분양면적은 계약면적과 동일하며, 전용면적과 층별 공용면적 및 기타 공용면적(부대복리시설, 지하주차장, 기전기실 등)을 합한 면적으로 한다.

나. 상가의 대지지분

상가의 대지지분은 상가의 총 대지면적을 건축시설의 분양면적 비율 또는 집합건물법 제12조[19]에 의거 전용면적비율로 나누어 산출하여, 면적 공차(배분이 불가한 면적)가 있을 경우, 이전고시 시 특정세대에 임의배분토록 한다.

참고로 재건축사업의 관리처분은 다음 기준에 의한다(도시정비법 시행령 §63②)

※ 도시정비법 시행령

제63조(관리처분의 방법 등) ② 재건축사업의 경우 법 제74조제4항에 따른 관리처분은 다음 각 호의 방법에 따른다. 다만, 조합이 조합원 전원의 동의를 받아 그 기준을 따로 정하는 경우에는 그에 따른다.

---

19. 집합건물법[시행 2021.2.5] [법률 제16919호, 2020.2.4 일부개정]
    제12조(공유자의 지분권) ① 각 공유자의 지분은 그가 가지는 전유부분의 면적 비율에 따른다.
    ② 제1항의 경우 일부공용부분으로서 면적이 있는 것은 그 공용부분을 공용하는 구분소유자의 전유부분의 면적 비율에 따라 배분하여 그 면적을 각 구분소유자의 전유부분 면적에 포함한다.

1. 제1항제5호 및 제6호를 적용할 것

➡ 영 제63조제1항

5. 분양대상자가 공동으로 취득하게 되는 건축물의 공용부분은 각 권리자의 공유로 하되, 해당 공용부분에 대한 각 권리자의 지분비율은 그가 취득하게 되는 부분의 위치 및 바닥면적 등의 사항을 고려하여 정할 것
6. 1필지의 대지 위에 2인 이상에게 분양될 건축물이 설치된 경우에는 건축물의 분양면적의 비율에 따라 그 대지소유권이 주어지도록 할 것(주택과 그 밖의 용도의 건축물이 함께 설치된 경우에는 건축물의 용도 및 규모 등을 고려하여 대지지분이 합리적으로 배분될 수 있도록 한다). 이 경우 토지의 소유관계는 공유로 한다.

아파트와 상가의 대지지분 분쟁은 재개발보다 재건축사업이 더하다. 재건축사업의 경우도 2018.2.9부터 상가에 대해 "건축물의 용도 및 규모 등을 고려하여 대지지분이 합리적으로 배분될 수 있도록 한다"는 규정을 신설했다.
다만 그 표현이 추상적이어서 임의적 성격이 강해서 이를 조합이 어떻게 담을 것인가가 숙제다.

5. 유권해석 및 판례

□ 유권해석

「도시정비법」에서 종전 주택의 주거전용면적의 범위에서 2주택 공급이 가능토록 규정하고 있는 주거전용면적 기준(서울시 주거정비과 2021.2.8).

Q 「도시정비법」에서 종전 주택의 주거전용면적의 범위에서 2주택 공급이 공급가능토록 규정하고 있는데, 여기서 '주거전용면적' 인정기준은?

A '주거전용면적'이란 「주택법」 제2조 및 「주택법 시행규칙」 제2조에 따라 주거의 용도로만 쓰이는 면적을 말하며, 주거전용면적의 산정방법은 「주택법 시행규칙」 제2조에 규정(붙임 참조)하고 있는바, 구체적인 사항은 인가권자인 해당 자치구청장에게 문의바람.

도시정비법 제76조제1항제7호 다목에서 '종전주택의 주거전용면적' 산정 시 건축물대장 면적으로 해야 하는지(서울시 주거정비과 2020.12.18).

Q 도시정비법 제76조제1항제7호 다목에서 '종전 주택의 주거전용면적' 산정 시 건축물대장 면적으로 해야 하는지 재산세과세대장 면적으로 해야 하는지?

A 「서울시 도시정비조례」 제34조제3호에 따르면 정비사업의 관리처분계획 수립 시 '종전 건축물의 소유면적은 관리처분계획기준일 현재 소유건축물별 건축물 대장을 기준으로 하되, 법령에 위반하여 건축된 부분의 면적은 제외함. 다만, 정관 등이 따로 정하는 경우에는 재산세과세대장 또는 측량성과를 기준으로 할 수 있다.'고 규정하고 있으므로 질의하신 사항은 상기 규정에 따라야 할 것임.

법 제76조제1항제7호 다목의 "제74조제1항제5호에 따른 가격의 범위 또는 종전 주택의 주거전용면적의 범위"(서울시 주거정비과 2019.6.28)

Q 도시정비법 제76조제1항제7호 다목의 내용 중 "제74조제1항제5호에 따른 가격의 범위 또는 종전 주택의 주거전용면적의 범위"는 얼마인가?

🅐 도시정비법 제76조제1항제7호 다목에 따라 종전 가격의 범위 또는 종전 주택의 주거전용면적의 범위에서 2주택을 공급할 수 있도록 규정하고 있으며, 귀하께서 소유하고 있는 종전 주택의 가격 또는 주거전용면적과 당해 조합정관 등이 정하는 관리처분계획에 따라 분양 받을 주택의 면적이 따라 정하여지는 것으로 구체적인 사항은 관리처분계획을 수립하는 사업시행자 또는 인가권자인 자치구청장에게 문의바람.

아파트 단지 내 상가 대지 구획 및 대지지분 산정방법(국토부 주택건설공급과 2019.5.24)

🅠 사업계획승인을 받은 주택단지에서 공동주택과 단지 내 상가를 의무적으로 구획하여야 하는지, 대지지분 산정 방법은?

🅐 「주택건설기준 등에 관한 규정」 제8조제1항 단서는 사업주체가 복리시설에 대한 분양·임대 계획, 관리·운영방법 등을 고려하여 복리시설 설치를 위한 토지를 구획·양여하는 경우 그 토지를 주택단지와는 별개의 대지로 보도록 하는 것임.

따라서, 단지 내 상가를 설치하는 토지를 의무적으로 주택단지와 분리하여 설치토록 하는 것은 아니며, 대지지분의 산정방법에 대하여는 「집합건물법」 등에 따라야 할 것임

➡ 주택건설기준규정[시행 2022.2.11] [대통령령 제32411호, 2022.2.11, 타법개정] 제8조(다른 법령과의 관계) ①주택단지는 「건축법 시행령」 제3조제1항제4호에 의하여 이를 하나의 대지로 본다. 다만, 복리시설의 설치를 위하여 따로 구획·양여하는 토지는 이를 별개의 대지로 본다. <개정 1992.5.30, 2005.6.30> ②제1항의 경우에 주택단지에서 도시·군계획시설로 결정된 도로·광장 및 공원용지의 면적은 건폐율 또는 용적률의 산정을 위한 대지면적에 이를 산입하지 아니한다. <개정 2003.4.22, 2012.4.10>

주거면적에서 서비스면적 확인 방법, 발코니 면적을 확인할 수 있는 서류(국토부 주택건설공급과 2018.10.31)

Q 현재 주거면적은 계약면적, 공급면적, 전용면적으로 구분되고 확인할 수 있지만, 발코니 면적은 확인이 불가능함. 그러나 실상 주거는 발코니 면적을 확장하여 주거면적으로 사용하는 경우가 빈번한데 이의 면적 확인이 불가능한 실정임.
발코니 면적을 확인할 수 있는 서류가 있는지, 등기부등본·건축물대장 등 확인이 가능한 곳은?

A 건축법 시행령 제119조제1항제3호 나목에 따라 폭이 1.5m 이하인 발코니의 면적은 바닥면적에 산입되지 않으므로 주택공급면적에 포함되지 않으며, 발코니 면적은 해당 주택의 설계도면을 보고 산정해야 할 것으로 판단됨.

아파트 5개 동과 상가1개 동으로 이루어진 토지를 상가부분의 대지권 비율만큼 분할이 가능한지(국토부 공간정보제도과 2018.7.5)

Q 고양시 일산서구에 아파트상가를 소유하고 있는 사람으로 우리 아파트단지는 아파트 5개동과 상가 1개동으로 되어있음 총 대지면적은 16373㎡이고 이중 상가 대지면적은 2476㎡임.
궁금한 사항은 전체 대지면적에서 상가부분의 면적을 분할할 수 있는지?
지금은 대지권표시가 16373분의 78임. 이것을 상가 대지면적에 따른 대지권으로 변경하고자 함.
위와 같은 사항이 가능 여부를 부탁드리며, 이에 대한 법률조항도 같이 부탁함.

A 「공간정보의 구축 및 관리 등에 관한 법률」은 토지분할 신청 절차 등을 규정한 것으로 토지분할에 대한 규제사항은 별도로 규정하고 있지 않아 관계법령(「집합건물법」, 「건축법」, 「국토계획법」)에서 토지분할이 가능하다고 판단되는 경우라면 토지분할이 가능할 것으로 판단됨.
아울러 1동의 건물 중 구조상 구분된 여러 개의 부분이 독립한 건물로서 사용되는 집합건물의 경우 토지분할은 「집합건물법」을 소관하는 해당부처(법무부 법무심의관실)에 문의바람.

재건축사업의 분양면적 관련, 영 제52조(관리처분의 기준 등) 제1항제6호 따른 공동주택 및 근린생활시설에서 분양면적이란 어떤 면적을 의미하는지(서울시 공동주택과 2016.9.29)

Q 『도시정비법 시행령』 제52조(관리처분의 기준 등) 제1항제6호 따른 공동주택 및 근린생활시설에서

분양면적이란 어떤 면적을 의미하는지?

A 공동주택 및 근린생활시설의 분양면적이란 일반적으로 전용면적과 주거(비주거)공용면적을 합친 면적을 말하는 것이며, 질의하신 『도시정비법 시행령』 제52조(관리처분의 기준 등) 제1항 제6호의 분양면적에 대하여는 해당 조합의 정관 또는 조합 총회 등에서 결정한 사항과 조합의 관리처분계획 등을 보고 종합적으로 검토하여 판단할 사항으로써, 해당 조합의 협조 또는 조합설립 및 관리처분계획 인가권자이며 조합정관, 관리처분계획 등을 보유하고 있고 조합의 지도·감독권자인 자치구청장에게 문의바람.

공동주택 또는 근린생활시설에서 영 제52조(관리처분의 기준 등) 제1항 제6호의 분양면적(국토부 주택정비과 2016.9.23)

Q 도시정비법 시행령 제52조(관리처분의 기준 등) 제1항제6호의 분양면적과 관련하여 질의함 시행령 제52조(관리처분의 기준 등) 제1항제6호에 따르면 1필지의 대지위에 2인 이상에게 분양될 건축물이 설치된 경우에는 건축물의 분양면적의 비율에 의하여 그 대지소유권이 주어지도록 할 것. 이 경우 토지의 소유관계는 공유로 한다고 규정하고 있음
1) 공동주택에서 시행령 제52조(관리처분의 기준 등) 제1항 제6호의 분양면적이란 어떤 면적을 의미하는지?
2) 근린생활시설에서 시행령 제52조(관리처분의 기준 등) 제1항 제6호의 분양면적이란 어떤 면적을 의미하는지?

A 「도시정비법 시행령」 제52조제1항제6호에 따르면 1필지의 대지위에 2인 이상에게 분양될 건축물이 설치된 경우에는 건축물의 분양면적의 비율에 의하여 그 대지소유권이 주어지도록 하고 있으나, 질의하신 공동주택 및 근린생활시설 분양면적 기준에 대하여는 동법에 별도로 구분하여 명시하고 있지 않으며, 질의하신 주택 및 상가의 대지소유권 배분 등에 대한 구체적인 사항은 해당 관리처분계획인가권자인 관할 시장·군수·구청장에게 문의바람.

부대복리시설 공용면적 관련, 영 제52조제1항제5호 관련하여 신축 건축물 상가에 대하여 전용면적 외에 공용면적(주차장)을 공유로 하여 등기부등본에 등재가 맞는지(서울시 재생협력과 2016.6.28)

Q 당 사업구역은 준공이 완료되어 입주가 완료된 주택재건축사업으로서, 전용면적 외 공용면적(주차장)을 가지고 있지 않은 상가와 합의약정서에 의거하여 등기부등본 상 전용면적을 연면적으로 대물보상하고 상가에는 전용면적만 부여하여 재건축하기로 합의하고 상가에서 관리비 및 사용료를 지불하여 아파트 지하주차장을 같이 사용하려고 하나,

「도시정비법 시행령」 제52조제1항제5호 관련하여 신축 건축물 상가에 대하여 전용면적 외에 공용면적(주차장)을 공유로 하여 등기부등본에 등재하여야 한다는 의견이 맞는지?

A 「도시정비법 시행령」 제52조제1항제5호에 분양대상자가 공동으로 취득하게 되는 건축물의 공용부분은 각 권리자의 공유로 하되, 당해 공용부분에 대한 각 권리자의 지분비율은 그가 취득하게 되는 부분의 위치 및 바닥면적 등의 사항을 고려하여 정하도록 규정하고 있는바, 공동으로 취득하는 건축물의 공용부분은 각 권리자의 공유로 함이 원칙이며, 「도시정비법 시행령」 제52조제2항에 주택재건축사업의 경우 조합이 조합원 전원의 동의를 받아 그 기준을 따로 정하는 경우에는 그에 따르도록 규정하고 있는바 질의하신 내용은 인가된 관리처분계획에 따를 사항으로서 자세한 내용은 인가권자인 관할 자치구청과 협의바람.

판례

대법원 2020.2.27 선고 2018다232898 판결
【판결요지】
[1] 1동의 건물 중 구조상 구분된 수개의 부분이 독립한 건물로서 구분소유권의 목적이 되었으나 그 구분건물들 사이의 격벽이 제거되는 등의 방법으로 각 구분건물이 건물로서의 독립성을 상실하여 일체화되고 이러한 일체화 후의 구획을 전유부분으로 하는 1개의 건물이 되었다면 기존 구분건물에 대한 등기는 합동으로 인하여 생겨난 새로운 건물 중에서 위 구분건물이 차지하는 비율에 상응하는 공유지분 등기로서의 효력만 인정된다.
[2] 인접한 구분건물 사이에 설치된 경계벽이 일정한 사유로 제거됨으로써 각 구분건물이 구분건물로서의 구조상 및 이용상의 독립성을 상실하게 되었다고 하더라도, 각 구분건물의 위치와 면적 등을 특정할 수 있고 사회통념상 그것이 구분건물로서의 복원을 전제로 한 일시적인 것일 뿐만 아니라 그 복원이 용이한 것이라면, 각 구분건물은 구분건물로서의 실체를 상실한다고 쉽게 단정할 수는 없고, 아직도 그 등기는 구분건물을 표상하는 등기로서 유효하지만, 구조상의 구분에 의하여 구분소유권의 객체 범위를 확정할 수 없는 경우에는 구조상의 독립성이 있다고 할 수 없고, 구분소유권의 객체로서 적합한 요건을 갖추지 못한 건물의 일부는 그에 관한 구분소유권이 성립할 수 없으므로, 건축물관리대장상 독립한 별개의 구분건물로 등재되고 등기부상에도 구분소유권의 목적으로 등기되어 있더라도, 그 등기는 그 자체로 무효이다.

대법원 2017다230963 대지권지분 이전등기 등(가) 파기환송
【판결요지】
아파트를 신축·분양하는 갑 주식회사 등이 수분양자인 을 등에게 아파트의 전유부분에 대한 소유

권이전등기는 해주었으나 대지권이전등기는 해주지 않자, 을 등이 등기 지연에 따른 손해 배상을 구한 사안에서,
분양계약의 해석상 갑 회사 등의 소유권이전등기 관련 의무는 전유부분만을 대상으로 하는 것이 아니라 대지권을 포함한 해당 아파트 건물 전체를 대상으로 한다고 보아야 하고, 갑 회사등이 을 등에게 대지권등기를 포함하여 완전한 소유권이전등기를 이전하거나 또는 그 이전 준비를 마칠 의무는 늦어도 한국토지주택공사가 매매를 원인으로 갑 회사 등에 위 아파트 대지에 관한 소유권이전등기를 마쳐준 시점에는 이행기가 도래하였다고 볼 수 있는데도, 분양계약의 내용을 잘못 해석하여 갑 회사 등의 대지권이전등기의무가 이행기의 정함이 없는 채무라고 본 원심판결에 계약의 해석에 관한 법리오해 등의 잘못이 있다.

대법원 2010.3.25 자 2009무165 결정[집행정지]
【판시사항】
전유면적에 따라 대지소유권이 부여되도록 한 갑 재건축조합의 정관 규정 및 상가관리처분계획이 구 도시정비법 시행령 제52조 제2항에 위반하여 무효이므로, 상가조합원들로서는 위 분배기준이 확정됨으로 인하여 생길 회복하기 어려운 손해를 예방하기 위하여 위 상가관리처분계획의 효력을 정지할 긴급한 필요가 있다.

Ⅲ. 재건축과 상가, 어느 법으로 갈까

1. 집합건물법 적용(아파트 1동, 상가의 재건축)

아파트단지 내 아파트 1동 또는 상가 1동(또는 전체 상가)를 재건축하는 경우, 「도시 및 주거환경정비법」(이하 "도시정비법")을 적용하는 것으로 알기 쉽다.

아파트 1동이나 상가만을 위한 재건축사업은 공동주택 재건축사업과 그 근거 규정이 다르다.

아파트 1동이나 상가 1동만을 재건축할 경우, 도시정비법이 적용될까?

결론부터 얘기하면, 도시정비법이 아닌 집합건물법과 건축법의 적용을 받는다. 도시정비법을 적용받으면 소유권 확보 없이도 법률에서 요구하는 3/4 동의만 확보되면 가능하지만, 종전 건축법에는 이러한 규정이 없어 소유권확보를 전제로 하였다.

그러나 2021.8.10 건축법의 개정으로 2021.11.11부터 단일 아파트 동이나 상가에 대한 재건축사업을 위한 건축허가를 받을 경우에는 집합건물법에 의한 동의율 80%를 충족하면 전체 소유권 없이도 가능하므로, 전보다 활발하게 재건축이 추진될 것으로 보인다.

1) 관리단 구성·신고부터 해라

재건축결의를 받는 주체를 결성하는 것이 첫걸음이다.

상가 재건축을 추진하기 전에는 집합건물법에서 관리단이 있어야 한다(부록에서는 2023.6월 만든 ○○재건축사업 관리단 규약을 첨부함).

관리단이 없어 새로 구성할 경우에는 이 법에 의해 신고하도록 최근에 개정되었다.

그동안 집합건물법상 관리인이 선임[20]되었어도 신고 받는 제도가 없었다.

2020.2.4 집합건물법이 개정되면서 전유부분이 50개 이상인 건물 관리인은 자신의 선임사실을 특별자치시장, 특별자치도지사, 시장, 군수 또는 자치구청장에게 신고하도록 했다(집합건물법 §24⑥).

다만, 「공동주택관리법」에 따른 의무관리대상 공동주택 및 임대주택과 「유통산업발전법」에 따라 신고한 대규모점포 등 관리자가 있는 대규모점포 및 준 대규모점포는 이 법에서 제외된다.

관리단이 재건축결의 한 이후엔 상가재건축 추진단체가 만들어져 본격적으로 사업을 이끌어가게 된다.

※ 집합건물법

제24조(관리인의 선임 등) ① 구분소유자가 10인 이상[21]일 때에는 관리단을 대표하고 관리단의 사무를 집행할 관리인을 선임하여야 한다.
②~⑤ 생략
⑥ 전유부분이 50개 이상인 건물(「공동주택관리법」에 따른 의무관리대상 공동주택 및 임대주택과 「유통산업발전법」에 따라 신고한 대규모점포등 관리자가 있는 대규모점포 및 준대규모점포는 제외한다)의 관리인으로 선임된 자는 대통령령으로 정하는 바에 따라 선임된 사실

---

21. 구분소유자 10인 이상 반드시 관리인 선임신고하는 규정(서울시 건축기획과 2021.7.1)
    Q. 구분소유자 10인 이상 반드시 관리인 선임신고하는 규정, 신고(제출)서류나 신고 처리방법, 동의서 철회 등은?
    A. 집합건물법 제24조(관리인의 선임 등)에 의거 구분소유자가 10인 이상일 때에는 관리단을 대표하고 관리단의 사무를 집행할 관리인을 선임하여야 한다고 규정되어 있음. 그러나 이규정은 구분소유자 10인 이상일 경우 관리인을 선임해야 한다는 것으로, 의무적으로 소관청에 관리인 선임 신고를 규정하는 것이 아님.
    동 제24조(관리인의 선임 등) 제6항의 신설로 신고대상은 전유부분이 50개 이상인 건물(50개 미만일 경우 신고의무 없음)로, 개정법률 시행 이후(2021.2.5)에 선임된 경우에 적용되고 있음.

을 특별자치시장, 특별자치도지사, 시장, 군수 또는 자치구의 구청장(이하 "소관청")에게 신고하여야 한다. <신설 2020.2.4>

관리인이 없는 경우에 발생할 수 있는 집합건물의 관리공백이나 관리인 선임 관련 분쟁 예방 목적으로 2020.2.4 임시관리인 선임 청구 제도를 신설하였다(법 §24-2 신설).

이렇듯 선임된 관리인이 없는 경우에는 법원에 임시관리인의 선임을 청구할 수 있으며, 선임된 임시관리인은 선임된 날부터 6개월 이내에 관리인 선임을 위하여 관리단집회 또는 관리위원회를 소집하여야 한다.

Q 아파트와 상가 전체 관리인 선임이 어려워 공용부분(상가)관리단을 구성한 후 관리인을 선임할 수 있는지?

A 공용부분은 구분소유자 전원의 공유에 속함. 다만, 일부의 구분소유자만이 공용하도록 제공되는 것임이 명백한 공용부분(이하 "일부공용부분")은 그들 구분소유자의 공유에 속함(법 §10조). 또한 그 일부공용부분의 관리를 위해 별도로 규약을 설정하고 관리단(일부공용부분 관리단)을 설립할 수 있음(법 §23조②, §28조②). 또한, 일부공용부분 관리단은 당해 일부공용부분의 관리에 관한 사항을 결정할 수 있으며, 전체공용부분에 관한 사항이나 일부공용부분에 관한 사항 중 구분소유자 전원의 이해에 관계가 있는 사항을 당 집합건물의 관리단 집회 결의로써 결정해야 함(서울시 건축기획과 2021.10.26).

— **공동주택관리법 적용을 받게 되면 자치의결기구 의무적 구성해야**

공동주택관리법상 의무관리대상인 공동주택의 경우에는 전문적으로 관리하는 자를 두고 자치의결기구를 의무적으로 구성해야 하는데, 이 점이 집합건물법상 관리인과 구별된다.

"의무관리대상 공동주택"이란 해당 공동주택을 전문적으로 관리하는 자를 두고 자치 의결기구를 의무적으로 구성하여야 하는 등 일정한 의무가 부과되는 공동주택이다.

그 대상은 300세대 이상의 공동주택, 150세대 이상으로서 승강기가 설치된 공동주택, 150세대 이상으로서 중앙집중식 난방방식(지역난방방식을 포함한다)의 공동주택 등 어느 하나에 해당하는 공동주택을 말한다(공동주택관리법 §2-2).

즉 집합건물법의 적용을 받는 건축물은 149세대 이하 공동주택, 상가, 오피스텔 등이다. 다만, 149세대 이하 공동주택도 입주자등의 2/3 이상 동의 받으면 의무관리대상으로 전환이 가능하다.

Q 공동주택관리법에 따른 의무관리대상은?

A ①150세대 이상이면서 승강기 설치 또는 중앙난방 방식인 공동주택 ②300세대 이상 공동주택이고, 집합건물법에 적용받는 건축물은 149세대 이하 공동주택, 상가, 오피스텔 등임[다만, 149세대 이하 공동주택도 입주자등의 2/3 이상 동의 받으면 의무관리대상으로 전환 가능(공동주택관리법령 개정: '20.4.24)]
우선 장기수선충당금은 공동주택관리법에 규정된 사항으로 집합건물법에 따로 명시되어 있지 않음. 이에, 집합건물법 §28조①에 의거 건물과 대지 또는 부속시설의 관리 또는 사용에 관한 구분소유자들 사이의 사항 중 이 법에서 규정하지 아니한 사항은 규약으로써 정할 수 있으므로, 장기수선충당금 적립, 사용에 관한 사항은 관리규약으로 정하여 운영하시는 것이 바람직하다고 판단됨(서울시 주택정책과 2020.9.21).

2) 관리단집회 소집, 진행 절차[22]

관리단은 상가 등에 대한 유지보수나 재건축사업 등을 위한 집회를 소집하여야 한다.

또한 특별결의로 상가 등에 대한 재건축결의를 하게 되는데(집합건물법 §47①), 본격적인 재건축사업을 위해선 상가재건축조합을 결정해 진행하게 된다.

---

22. 집합건물 법령해설집(서울시)
'상가, 오피스텔, 소규모아파트, 당신만 모르는 법 이야기' 부록에서 발췌함

민법상 비법인 사단으로서 "○○상가재건축조합"이란 이름의 재건축 추진 주체가 되며 관할 세무서로부터 고유번호를 부여받고 향후 절차를 진행하게 된다.

왜냐하면 관리단의 목적은 한정되어 있어서 구분소유자들의 주도하에 재건축사업의 주체가 되어 이루어지기 때문이다. 이 부분은 집합건물법상 재건축의결권, 매도청구 편을 참조 바란다.

관리단집회는 다음과 같이 진행된다.

- 관리인이 있는 경우
관리단집회는 관리인이 필요하다고 인정될 때 또는 구분소유자 1/5 이상 소집요구로 집회를 소집해 관리단집회를 진행한다.
구분소유자의 소집요구에도 관리인이 불응 시에는 법원에 개최를 청구할 수 있다.

Q 임시 관리단집회 소집 절차는?

A 관리인이 있는 경우 임시관리단 집회 소집동의서는 첨부하신 양식에서 「집합건물법」 제33조 제4항 "관리인이 없는 경우에는 구분소유자의 1/5 이상은 관리단집회를 소집할 수 있다."는 부분을 「집합건물법」 제33조제2항 구분소유자의 1/5 이상이 회의의 목적 사항을 구체적으로 밝혀 관리단집회의 소집을 청구하면 관리인은 관리단집회를 소집하여야 한다."고 변경하여 사용하면 될 것으로 보임. 참고로 집합건물 통합정보마당의 임시관리단집회 소집 동의서 양식은 참고용으로 귀하의 집합건물의 상황에 맞춰 변경해 사용하면 됨.
「집합건물법」 §33조②에 따르면, 구분소유자의 1/5 이상이 회의의 목적 사항을 구체적으로 밝혀 관리단집회의 소집을 청구하면 관리인은 관리단집회를 소집하여야 한다고만 규정되어 있고, 관리단집회 소집 청구방법에 대해서는 규정되어 있지 않음(서울시 주택정책과 2021.6.3).

- 관리인이 없는 경우

구분소유자 1/5 이상 소집요구 또는 분양자인 시행자에 의해 집회를 소집해 관리단집회를 진행할 수 있다.

분양자인 시행자는 관리단이 구성될 때까지 임시로 건물 대지 및 부속시설 관리를 하여야 한다(법 §9의3).
이후 준공되어 입주한 경우 구분소유자는 집합건물에 대한 기본적인 권리를 가지고, 분양시행자를 대신하여 직접 자신의 재산을 사용, 변경, 보존의 권한을 행하게 된다.

Q 후임 관리인이 선임되지 않은 경우, 임기 만료된 관리인의 업무수행이 가능한지?

A 대규모점포가 아닌 상가 및 업무시설의 경우, 민사특별법인 집합건물법이 적용됨. 이 법은 건물의 소유관계나 대지사용권 등 구분소유에 관한 핵심사항만을 규정하고 그 나머지는 관리규약 또는 관리단집회 결의로 정하도록 하고 있음.
집합건물법 소관부처인 법무부에서 발간한 「집합건물법 해석사례집」에 안내된 내용 중, 다음 내용의 '관리단 임원, 관리단 위원, 감사 등'을 '관리인'으로 변경해서 이해하면 됨[안내 답변에 대한 질문은 임기만료 후의 임원의 업무수행(관리단 임원의 임기가 만료되었으며, 후임 임원이 선임되지 않은 경우 계속해서 업무를 할 수 있는지)임].
위임이 종료하였더라도 급박한 사정이 있는 때에는 위임인 등이 위임사무를 처리할 수 있을 때까지 수임인이 계속하여 사무를 처리하도록 규정하고 있음(민법 §691). 따라서 사안의 관리단 위원, 감사 등은 필요시 각각의 업무를 수행할 수 있을 것으로 생각된다고 안내하고 있음(서울시 건축기획과 2021.8.18).

① 관리단집회 소집공고

- 정기 관리단집회
  관리인은 매년 회계연도 종료 후 3개월 이내 관리단 집회 소집(법 §32)
  관리인은 정기 관리단집회에 출석, 관리단이 수행한 사무의 주요 내용과 예산, 결산 내역을 보고(영 §6③)

- 임시 관리단집회
관리인 단독, 구분소유자 1/5 이상 소집청구

관리인이 필요하다고 인정 시(법 §33①), 구분소유자 1/5 이상의 소집청구(규약으로 정수 감경가능)(법 §33②)

- 관리인 유무에 따른 소집
관리인 있는 경우: 구분소유자의 청구가 있은 후 1주일 내에 관리인이 청구일부터 2주일 이내의 날을 집회일로 하는 소집절차 불이행 시, 법원의 허가를 받은 구분소유자가 소집(법 §33③)
관리인이 없는 경우: 구분소유자 1/5 이상(규약으로 정수 감경가능)(법 §33④)

② 관리단집회 소집통지

- 정기 관리단집회
 관리단집회 1주일 전 구분소유권자(공용부문의 관리 등 점유자가 의결권을 행사할 수 있는 경우 점유자 포함)에게 4개 사항이 포함된 통지서를 발송(규약으로 기간을 달리 정할 수 있음)(법 §34①, 영 §13, §14, §15)
 회의일시, 장소, 목적사항/서면의결권 행사에 필요한 자료/전자투표에 필요한 기술적 사항/의결권 대리행사에 필요한 사항

- 전유부분을 여럿이 공유한 경우 정해진 의결권을 행사할 자에게 통지(법 §34②)
- 구분소유자가 관리인에게 통지된 장소로 발송, 장소 미 통지 시 구분소유자 소유의 전유부분으로 통지(법 §34③)
- 건물 내 주소를 가지는 구분소유자는 건물 내 게시로 소집통보 갈음(관리규약으로 정할 시)(법 §34④)
- 구분소유자 전원 동의 시 소집절차 생략 소집가능, 이 경우 통지사항 외 결

의 가능(법 §35)
- 관리단 집회는 통지한 사항만 결의(법 §36①)

③ 개의(開議, 의결정족수)

• **특별결의**
- 정기 관리단집회
    재건축결의(법 §47②), 건물이 일부 멸실 공용부분의 복구 결의(법 §50④)
    구분소유자의 4/5 이상 및 의결권 4/5 이상으로 결의
- 권리변동 있는 공용부분의 변경(법 §15의2①), 규약의 설정, 변경, 폐지(법 §29), 구분소유자의 점유부분 사용금지의 청구(법 §44②), 구분소유권의 경매 청(법 §45②), 전유부분의 점유자에 대한 인도청구(법 §46②)
    구분소유자의 3/4 이상 및 의결권의 3/4 이상 의결

• **통상 결의**
- 규약으로 정수 감경 가능(법 §15① 단서)
    공용부분의 변경(법 §15①: 구분소유자 수 및 의결권 3/4이상) 제외한 공용부분 관리는 구분소유자의 과반수 및 의결권 과반수로 의결(법 §38①)

④ 의결권 행사

• **구분소유자의 의결권**
- 각 구분소유자의 의결권은 규약에 특별한 규정이 없으면 구분소유자의 전유부분 지분비율에 따름(법 §37①, §12②)
- 전유부분을 여럿이 공유하는 경우에는 공유자는 관리단 집회에서 의결권을 행사할 1인을 정함(법 §37②)
- 구분소유자는 서면(관리단 집회 결의 전까지)이나 전자적 방법(관리단집회 결의 전까지) 또는 대리인을 통해 의결권 행사(법 §38②, 영 §13, §15)

- 법과 규약에 따라 구분소유자 4/5 및 의결권 4/5 이상 서면이나 전자적 방법 또는 서면과 전자적 방법으로 합의하면 관리단 집회에서 결의로 의제(법 §41①) 다만 공용부분의 변경은 구분소유자의 과반수 및 의결권의 과반수가 서면이나 전자적 방법 또는 서면과 전자적 방법으로 합의하면 관리단집회 결의로 의제(법 §41① 단서)
- 구분소유자 중 1인을 대리인으로 정하여 관리단에 신고한 경우 대리인은 구분소유자들을 대리하여 관리단집회에 참석하거나 서면 또는 전자적 방법으로 의결권 행사 가능(법 §41②)

- **점유자의 의결권**
  점유자는 공용부분의 관리 등에 관하여 다음 각 호의 경우 외에 의결권 행사 가능.
  - 구분소유자와 점유자가 달리 정하여 관리단에 통지한 경우
  - 구분소유자의 권리·의무에 특별한 영향을 미치는 사항을 결정하기 위한 집회인 경우 동일한 전유부분을 여럿이 점유하는 경우 의결권을 행사할 1인을 정해야 함(법 §37②)

- **점유자의 의견진술 등**
  구분소유자의 승낙을 받아 전유부분을 점유하는 점유자는 집회 목적에 관하여 이해관계가 있는 경우 집회에 출석하여 의견 진술 가능 소집통지 내역 게시판에 즉시 게시할 것(법 §40)

⑤ 집회의 운영 의사록 작성 및 날인

관리단집회의 의장: 관리인 또는 집회를 소집한 구분소유권자 중 연장자. 규약에 특별한 규정 또는 관리단집회의 다른 결의를 한 경우, 달리 정할 수 있다(법 §39①)
관리단집회 의사록 작성 및 의사록에는 의사의 경과와 그 결과를 적고 의장과

구분소유자 2인 이상이 서명날인한다(법 §39②, ③)

> **판례**
>
> 대법원 1995.12.26선고 94다44675판결, 지하주차장이 구분소유의 대상이 될 수 있는지
> 【판시사항】
> [1] 집합건물인 상가건물의 지하주차장이 독립된 구분소유의 대상이 될 수 있다고 한 사례
> [2] 미등기건물의 원시취득자와 그 승계취득자 사이의 합의에 의하여 직접 승계취득자 명의로 한 소유권보존등기의 효력
> 【판결요지】
> [1] 집합건물인 상가건물의 지하주차장이 그 건물을 신축함에 있어서 건축법규에 따른 부속주차장으로 설치되기는 하였으나, 분양계약상의 특약에 의하여 그 건물을 분양받은 구분소유자들의 동의 아래 공용부분에서 제외되어 따로 분양되었고, 그 구조상으로나 이용상으로도 상가건물의 지상 및 지하실의 점포, 기관실 등과는 독립된 것으로서, 이와 분리하여 구분소유의 대상이 될 수 있다.
> [2] 미등기건물을 등기할 때에는 소유권을 원시취득한 자 앞으로 소유권보존등기를 한 다음 이를 양수한 자 앞으로 이전등기를 함이 원칙이라 할 것이나, 원시취득자와 승계취득자 사이의 합치된 의사에 따라 그 주차장에 관하여 승계취득자 앞으로 직접 소유권보존등기를 경료하게 되었다면, 그 소유권보존등기는 실체적 권리관계에 부합되어 적법한 등기로서의 효력을 가진다.
>
> 서울행법 2007.3.16 선고 2006구합39086판결, 아파트의 명칭변경권
> 【판시사항】
> [1] 아파트 소유자에게 소유권의 권능으로서 아파트의 명칭변경권이 인정되는지(원칙적 적극)
> [2] 아파트 입주자대표회의가 아파트의 명칭변경권을 행사할 수 있는지(한정 적극)
> [3] 별도의 관리단이 조직되어 있지 않은 아파트의 입주자대표회의가 입주자 4분의 3 이상의 동의 아래 아파트 브랜드명에 대한 권리를 가진 회사로부터 명칭사용에 대한 승낙을 얻어 아파트 명칭 변경을 신청하였고, 아파트 외관상 변경할 브랜드명에 부합하는 실체적 유형적 변경이 있는 경우, 관할관청으로서는 그 수리를 거부할 수 없다.

3) 재건축결의 방법 및 매도청구

의결권은 전유부분의 면적비율(토지면적)

관리단은 재건축결의까지만 함

─ 의결권, 구분소유자 수

의결권은 전유부분의 면적비율(토지면적)

도시정비법상 재건축사업 대상은 주택단지 전체로, 여러 개 아파트와 상가가 그 대상이 된다. 이들로부터 조합설립 동의를 받아 정비조합설립 법인등기를 하여 법인격을 갖게 되는데, 단지 내 상가의 경우 독립정산(채산)제라 하더라도 재건축조합의 일원으로서 지위를 갖는다.

아파트, 상가 1동을 재건축하려면 도시정비법이 아닌 집합건물법의 적용을 받는데, 동의율 완화 등 도시정비법상 특례조항을 적용받지 못한다.

그 동의율은 도시정비법상 동의율보다 더 강화된 집합건물법에 의해 구분소유자의 수의 4/5 이상 및 의결권의 4/5 이상의 결의에 따라야 한다(집합건물법 §47②).

이렇듯 집합건물법상 재건축은 도시정비법과 다음과 같은 점에서 구별된다.
1동의 상가, 1동의 아파트 모두 구분소유자의 4/5 이상 및 의결권의 4/5 이상의 결의가 있어야 한다.

따라서 2개의 상가(아파트도 이와 같음)가 있는 경우, 위와 같이 각 4/5 이상 동의가 필요하다(하나의 동으로 본다는 규정이 없음). 재건축결의를 한 경우에는 지체 없이 재건축에 참가할 것인지를 촉구하고 2개월 이내에 회답하지 않은 구분소유자에게 매도청구를 하게 된다.

도시정비법상 재건축사업에서도 2018.2.9 전부개정 전까지는 집합건물법 제47조를 준용하였으나, 전부개정 후부터는 조합설립에 동의하지 않았더라도 사업시행계획인가 고시일부터 30일 이내에 촉구절차를 통해 매도청구가 진행된다(도시정비법 §64).

― **집합건물법 제37조의 의결권 의미**

의결권이란 집회에서 결의에 참가하는 권리를 말하며, 구분소유자 모두는 각

각 의결권을 가지고 있다. 집합건물법은 규약으로 별도로 정하지 않는 한 각 구분소유자가 같은 법 제12조에서 정하는 지분비율에 따라 의결권을 갖는다고 규정하고 있다(이 의결권을 도시정비법에선 토지면적이라고 함).

─ 재건축결의는 관리단, 본격적 시행은 상가재건축조합

재건축사업 시행주체는 재건축조합이지만, 사업 초창기에 구성한 상가관리단이 재건축사업의 결의를 하는 게 일반적이다. 일반적으로는 ○○○상가 재건축협의회란 명칭을 사용하지만 도시정비법과 달리 법인격 없는 비법인사단의 성격을 갖는다.

이렇게 관리단에서 재건축결의를 한 뒤, 본격적인 사업을 위해 재건축정비구역 아닌 상가, 오피스텔 등을 재건축사업 하려면, (상가)재건축조합이 관할구청 인가 없이 민법상 비법인사단의 성립요건을 갖추면 유효한 활동을 할 수 있다.

즉 민법상 비법인사단의 성립요건인 "① 사원(구성원) ② 대표기구 ③ 정관"을 갖추는 등 성립요건만 갖추면 유효하게 민법상 비법인사단인 "재건축조합"이 성립된다.

향후 진행절차는 민법상 비법인사단인 "재건축조합"이 추진 주체가 되어야 하며 관할 세무서로부터 고유번호를 부여받고 향후 절차를 진행하는 것이 일반적이다. 왜냐하면, 관리단에는 재건축사업 진행에 따른 세부적 절차를 두고 있지 않으며, 이 재건축사업에는 구분소유자들의 주도하에 사업의 주체가 되어 이루어지기 때문이다.

이후 세무서로부터 고유번호를 부여받아 "(상가)재건축조합"이 주체가 되어 추진하게 된다.

— **매도청구소송 절차**

도시정비법상 매도청구와는 시기 등이 다름

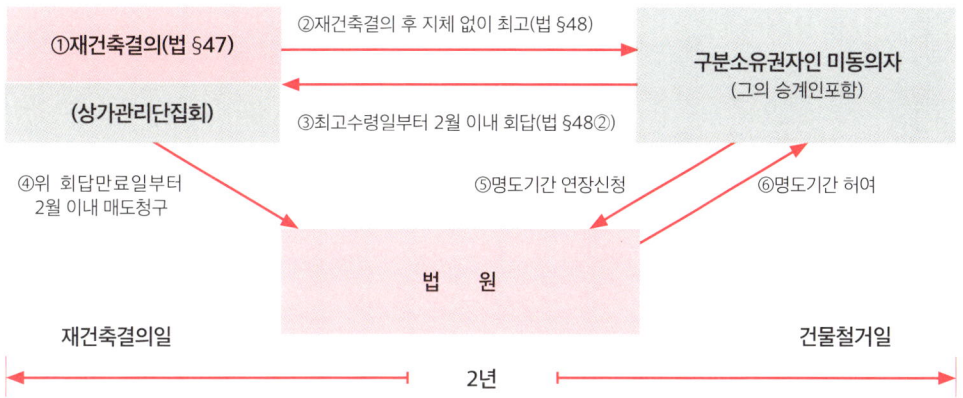

① **재건축결의**

건물을 재건축하면 재건축에 드는 비용에 비하여 현저하게 효용이 증가하게 되는 경우에 관리단집회는 그 건물을 철거하여 그 대지를 구분소유권의 목적이 될 새 건물의 대지로 이용할 것을 결의할 수 있다.

매수지정자는 결의하지 않는 자의 토지 및 건축물에 대해 매도청구를 할 수 있다(법 §48① 내지 ④).

• **재건축결의 4가지 요건**

재건축을 결의할 때에는 다음 각 호의 사항을 정하여야 한다(법 §47③).
1. 새 건물의 설계 개요
2. 건물의 철거 및 새 건물의 건축에 드는 비용을 개략적으로 산정한 금액
3. 제2호에 규정된 비용의 분담에 관한 사항
4. 새 건물의 구분소유권 귀속에 관한 사항

• **재건축 결의율**

구분소유자 수(數) 4/5 이상 및 의결권 4/5 이상의 결의에 따른다(법 §47②).

② 참가여부의 최고

재건축결의(조합설립의 동의)가 있은 때에는 집회를 소집한 자(사업시행자, 즉 재건축조합)는 지체 없이 그 결의에 찬성(동의)하지 아니한 구분소유자(그의 승계인을 포함한다)에 대하여 그 결의내용에 따른 재건축에의 참가여부를 회답할 것을 서면으로 최고하여야 한다(집합건물법 §48①).

③ 참가여부 최고를 받은 구분소유자는 2월 이내에 회답

위 제1항의 최고를 받은 구분소유자는 최고 수령일로부터 2월 이내에 회답하여야 하며, 이 기간 내에 회답하지 아니한 경우 그 구분소유자는 재건축에 참가하지 아니하는 뜻을 회답한 것으로 본다(동조 ②, ③).

※회답기간 = 최고 수령일 + 2월 이내

④ 재건축불참자에 대한 구분소유권·대지사용권의 매도청구소송 및 명도단행가처분의 제기

위 제2항의 기간이 경과한 때에는 재건축의 결의에 찬성한 각 구분소유자, 재건축의 결의내용에 따른 재건축에 참가할 뜻을 회답한 각 구분소유자(그의 승계인을 포함한다) 또는 이들 전원의 합의에 의하여 구분소유권 및 대지사용권을 매수하도록 지정된 자(이하 '매수지정자는 재건축조합')는 위 제2항의 기간만료일로부터 2월 이내[23]에 재건축에 참가하지 아니하는 뜻을 회답한 구분소유자(그의 승계인을 포함한다)에 대하여 구분소유권 및 대지사용권을 시가에 따라 매도할 것을 청구할 수 있다.

---

23. 이내(以內)와 간(間)은 기간이나 수량 등을 나타낼 때 사용하며, 이내는 기간의 최종일 또는 수량의 최대치를 포함하는데, 간은 이를 포함하지 않는다.
예를 들어 조합에는 조합장 1인과 9인 이내의 이사(조합장을 포함한다) 및 감사 2인의 임원을 둔다는 규정이 있을 경우 '9인 이내의 이사'란 9명까지이므로 위 규정과 관련 최대 구성인원은 이사 9인+감사 2인 즉 11명(조합장 1인 포함)이다.

재건축의 결의가 있은 후에 이 구분소유자로부터 대지사용권만을 취득한 자의 대지사용권에 대하여도 같다(동조 ④).

※ 매도청구소송 제기일= 최고 수령일+2월 이내+2월 이내

⑤ 건물명도 기간의 연기신청에 따른 허여(許與)

매도청구가 있는 경우에 재건축불참자가 건물명도시 생활상 현저한 곤란을 받을 우려가 있고 또한 재건축의 수행에 영향이 없을 때에는 법원은 재건축불참자의 청구에 따라 1년을 초과하지 않는 범위 내에서 건물의 명도에 관하여 상당한 기간을 연기할 수 있다(동조 ⑤).

⑥ 원소유자의 매도청구

재건축결의일(조합설립 동의일)로부터 2년 이내에 건물철거의 공사가 착수되지 않으면 구분소유권 등을 매도한 자는 이 기간의 만료일로부터 6월 이내에 매수인이 지급한 상당한 금액을 제공하고 이들의 권리를 매도 청구할 수 있다. 다만, 건물철거의 공사가 착수되지 아니한 것에 관하여 상당한 이유가 있는 때에는 그러하지 아니한다(동조 ⑥).

위 단서에 규정한 건물철거의 공사가 착수되지 아니한 것에 관한 상당한 이유가 없어진 날부터 6월 이내에 그 착수를 아니 하는 때에 이를 준용한다.

이 경우 동항 본문 중 '이 기간의 만료일부터 6월 이내'에는 '건물철거의 공사가 착수되지 아니한 것에 관한 상당한 이유가 없어진 것을 안 날로부터 6월 또는 그 이유가 없어진 날부터 2년 중 먼저 도래한 날까지'로 본다(동조 ⑦).

4) 건축법에 의한 "건축허가→착공→준공"으로 진행

집합건물법 제47조(재건축결의) 동의율 증명한 경우, 건축허가 가능

도시정비법 적용을 받게 되면 조합설립 동의율을 충족해야 창립총회를 개최할 수 있고, 조합설립인가를 받은 이후 사업시행자로서 사업시행계획인가를 신

청할 수 있다.

이 사업시행계획인가를 신청하려면 건축심의를 거쳐 그에 따른 사업시행계획서를 작성하여 총회를 개최한 다음, 전체 조합원의 과반수 찬성으로 의결(정비사업비가 10/100이상 증가하면 2/3 이상 동의)이 필요하다. 이렇듯 도시정비법의 적용을 받으면 별도의 소유권확보 규정이 없다.

반면, 주택단지 전체가 아닌 일부 아파트 동(棟)이나 상가를 재건축하려면, 집합건물법상 재건축결의를 한 뒤 상가 재건축사업을 위한 건축법 상 건축허가를 받아야 하지만, 소유권 100%를 확보해야 했기 때문에 재건축결의를 받는 게 사실상 무의미했다.

― 이젠 소유권 100% 확보 필요 없다

이를 해소하기 위해 2021.8.10 건축법 제11조를 개정하여, 집합건물법법상 소유자의 4/5 재건축결의가 있다는 증명만으로 별도의 소유권 확보 없이도 건축허가가 가능하도록 공포 후 3개월 후인 2021.11.11부터 시행되었다.

즉, 집합건물인 상가, 오피스텔 등 재건축 시에는 「집합건물법」 제47조에 따른 구분소유자의 4/5 이상 및 의결권의 4/5 이상(전체 토지지분의 80/100 이상에 해당함)의 재건축결의를 증명하면 건축허가를 받을 수 있다.

― 이 법 시행(2021.11.11) 이후 건축허가를 신청하는 경우부터 적용

2021.11.11 이전에 집합건물법에 의한 재건축결의 요건 충족하였어도 소유권 100%를 확보해야 건축허가 신청이 가능하였다.

즉, 개정 법 시행 이전에 재건축결의 요건 충족하였더라도 2021.11.11 이후 건축허가를 신청한 경우, 개정 조문의 혜택을 받을 수 있게 된다.

※ 건축법[시행 2021.11.11] [법률 제18383호, 2021.8.10 일부개정]

제11조(건축허가) ① ~ ⑩ (현행과 같음)

⑪ 제1항에 따라 건축허가를 받으려는 자는 해당 대지의 소유권을 확보하여야 한다. 다만, 다음 각 호의 어느 하나에 해당하는 경우에는 그러하지 아니하다.

1~ 5(현행과 같음)

6. 건축주가 집합건물을 재건축하기 위하여 「집합건물법」 제47조에 따른 결의가 있었음을 증명한 경우 <신설>

부칙

제1조(시행일) 이 법은 공포 후 3개월이 경과한 날부터 시행한다.

제2조(건축허가에 관한 적용례) 제11조제11항제6호의 개정규정은 이 법 시행 이후 건축허가를 신청하는 경우부터 적용한다.

 판례

대법원 2008.3.27자 2007마1734 결정[가처분이의]
【판시사항】
[1] 전유부분이 수인의 공유에 속하는 경우 관리단집회에서 의결권을 행사할 1인을 정하도록 규정한 집합건물법 제37조제2항이 강행규정인지(적극) 및 의결권 행사자를 정하는 방법
[2] 임시관리단집회의 결의 당시 건물 내 전유부분의 공유자로서 전유부분 지분의 과반수를 가지지 못한 자들이 의결권 행사자를 정하지 아니하고 집회에 참석하여 각 공유자의 지분비율에 해당하는 전유부분 면적에 따른 의결권을 행사한 경우, 위 의결권 행사는 집합건물법 제37조 제2항에 위배되어 무효이다.

【결정요지】
[1] 집합건물법 제37조제2항은 "전유부분이 수인의 공유에 속하는 경우에는 공유자는 관리단집회에서 의결권을 행사할 1인을 정한다"고 규정하고 있는바, 이 규정은 집합건물법이 구분소유자들 간의 법률관계를 합리적으로 규율하기 위한 법으로서, 같은 법 제28조제1항이 "건물과 대지 또는 부속시설의 관리 또는 사용에 관한 구분소유자 상호간의 사항 중 이 법에서 규정하지 아니한 사항은 규약으로써 정할 수 있다"고 규정하고 있는 점에 비추어,
관리단집회의 의결에 있어서 구분소유자의 수가 문제되는 경우 전유부분이 수인의 공유에 속하는 때라도 그 공유자 전원을 하나의 구분소유자로 계산하도록 하는 강행규정이다.
따라서 전유부분의 공유자는 서로 협의하여 공유자 중 1인을 관리단집회에서 의결권을 행사할 자로 정하여야 하고, 협의가 이루어지지 않을 경우 공유물의 관리에 관한 민법 제265조에 따라 전유부분 지분의 과반수로써 의결권 행사자를 정하여야 하며(또는 공유자 중 전유부분 지분의 과반수를 가진 자가 의결권 행사자가 된다),

의결권 행사자가 의결권을 행사한 경우 집합건물법 제38조제1항에 의하여 당해 구분소유자의 수는 1개로 계산되지만 의결권에 대하여는 집합건물법 제37조제1항에 따라 규약에 특별한 규정이 없는 경우에는 같은 법 제12조에 의하여 당해 전유부분의 면적 전부의 비율에 의한다고 할 것이고, 한편 지분이 동등하여 의결권 행사자를 정하지 못할 경우에는 그 전유부분의 공유자는 의결권을 행사할 수 없으며, 의결권 행사자가 아닌 공유자들이 지분비율로 개별적으로 의결권을 행사할 수도 없다.
[2] 임시관리단집회의 결의 당시 건물 내 전유부분의 공유자로서 전유부분 지분의 과반수를 가지지 못한 자들이 의결권 행사자를 정하지 아니하고 집회에 참석하여 각 공유자의 지분비율에 해당하는 전유부분 면적에 따른 의결권을 행사한 경우, 위 의결권 행사는 집합건물법 제37조 제2항에 위배되어 무효이다.

[대법원 2006.11.23선고, 2005다68769판결] 매도청구·재건축결의무효확인
【판시사항】
[1] 집합건물법 제49조에 의하여 의제된 합의 내용인 재건축결의 내용의 변경을 위한 의결정족수
[2] 집합건물법 제47조에 정한 재건축결의가 같은 법 제41조제1항에 의한 서면결의로 가능한지(적극) 및 그러한 서면결의를 함에 있어서 관리단집회의 소집·개최가 필요한지(소극)
[3] 집합건물법 제47조제3항에 규정된 재건축비용의 분담에 관한 사항을 정하는 방법
[4] 하나의 단지 내에 있는 여러 동의 집합건물을 재건축하는 경우에 일부 동에 재건축결의의 요건을 갖추지 못하였지만 나머지 동에 재건축결의의 요건을 갖춘 경우, 그 나머지 동의 구분소유자 중 재건축결의에 동의하지 아니한 구분소유자에 대하여 매도청구권을 행사할 수 있는지(적극)

대법원 2006.11.23.선고, 2004다44537판결, 구분소유권매도·재건축결의무효확인·재건축결의등무효확인
【판시사항】
[1] 재건축 실행단계에서 다시 비용 분담에 관한 합의를 하지 않아도 될 정도로 그 분담액 또는 산출기준을 정하지 아니한 재건축결의의 효력(무효)
[2] 재건축결의가 집합건물법 제47조제2항에 정한 정족수를 충족하지 못한 경우, 같은 법 제48조의 매도청구권을 행사할 수 있는지(소극) 및 그 후 재건축불참자 중 일부가 재건축결의에 찬성함으로써 정족수를 충족한 경우, 당초 재건축결의의 하자가 치유되는지(소극)

5) 건축법상 상가 재건축사업 추진

개포주공○○ 상가아파트(관리처분계획인가 등), 올림픽○○○상가 재건축(예정)

건축법에 의한 상가 재건축에는 「재건축초과이익 환수에 관한 법률」이 적용되지 않아 재건축부담금이 부과되지 않는다. 이제, 도시정비법과 같이, 재건축결

의 요건을 충족하면 소유권확보 하지 않아도 진행되도록 된 개정 건축법의 영향으로 상가 재건축 추진이 늘어날 것으로 보인다.

아파트단지와 별도로 상가만을 재건축하려면 집합건물법, 건축법에 의해 진행하게 됨은 앞서 설명한 바와 같다.

― 개포주공○○ 상가 재건축사업

추진 사항
2002.6.17 지구단위계획 결정(서울시 제2002-227호)
2004.6.15 정밀안전진단 통과, 2004.6.29 재건축 판정
2012.10.25 도시관리계획[개포택지개발지구 제1종지구단위계획 내 특별계획구역1(세부개발계획), 개포주공○○아파트 재건축정비계획구역 지정]결정 및 지형도면 고시(서울시)
2014.12.8 토지분할소송선고에 의해 개포주공○○아파트와 분리
2017.12.22 추진위원회 승인
2018.7.12 조합설립인가
2019.7.17 사업시행인가
2020.5.1 관리처분계획인가 고시
2020.7.31 사업시행계획(1차변경)인가 고시
2020.8.10 착공
2021.2.5 관리처분계획(변경1차)인가 고시

2014.12.8 토지분할소송에 의해 개포주공○○아파트 재건축사업과 분리돼, 별도로 상가 재건축사업을 추진하였다. 이를 위해선 '관리단 구성→집합건물법상 재건축결의→소유권 확보'의 순으로 사업이 진행되어야 함은 앞서 설명한 바와 같다.

그러나 도시정비법에 의한 추진위원회, 조합설립인가, 사업시행인가를 거쳐 관리처분계획인가를 받고 착공한 바 있다.

이 사업은 건축법에 의한 소유권확보 없이 동의만으로 도시정비법상 사업시행인가를 받았다는 점에서 인허가 관련 법률 적용에 문제가 있어 보인다.

― 올림픽○○○아파트 상가 재건축사업

아파트와 별도로 상가만을 위한 재건축이 추진되고 있다고 한다.
이 경우 상가 소유자들은 아파트와 별도 재건축을 추진하기 위해 관리단을 구성, 신고하게 된다. 이를 위해 상가 토지등소유자 명부가 작성되어야 하며, 재건축결의를 받기 위해 안내문을 발송하게 된다.

아파트 재건축사업에 상가 재건축이 통합되면서 독립정산제로서 도시정비법의 적용을 받아 진행되는 것이 일반적이다. 이 독립정산제는 아파트와 달리 상가의 수익은 상가에게만 적용하겠다는 것이지만, 실제로는 사업시행자인 아파트재건축조합의 구성원으로 자신들이 별도로 시공자, 설계자나 감정평가업체 자체도 선정할 수 없다.

이렇듯 상가 재건축은 안전진단을 받을 필요 없이, 개정된 건축법의 적용을 받아 소유자 동의(80%)를 받으면 재건축이 가능하게 되었다.
다만 아파트와 상가의 대지가 분리되어 있어야 한다는 점이다.

상업 지역에 위치한 경우에는 아파트와 상가의 필지가 분리돼 있으면 상가 외에 주상복합아파트 건설도 가능하다.

송파구 잠실의 ○○아파트의 경우 현재 독립정산제로서 재건축조합에 포함돼 있지만, 언제든지 상가 재건축사업으로 추진될 여지가 남아 있다.

2. 도시정비법 적용(주택단지 전체+상가 재건축)

주택단지 전체와 상가 재건축은 도시정비법 적용해야 가능
공동주택 재건축조합인가에서 상가 동의율 확보가 사업의 지름길

1) 조합설립동의와 재건축결의는 달라

도시정비법 전면개정 이전에는 재건축결의와 조합설립동의가 같은 의미로 사용되었다.

2018.2.9 전부개정 이후 더이상 집합건물법상 재건축결의를 준용하지 않고, 매도청구 시기 최고도 사업시행계획인가 이후로 변경되면서 각자 독자적으로 진행하게 되었다.

즉 아파트 1개의 동이나 상가 재건축결의는 집합건물법에 의하게 되지만, 아파트 단지 전체의 재건축이나 그 단지 내 상가 재건축은 도시정비법의 적용을 받는다.

종전 도시정비법상 재건축사업에선 집합건물법 제47조의 재건축결의, 제48조인 매도청구 규정을 준용한 바 있다. 그러나 2018.2.9 개정 도시정비법 시행으로 집합건물법을 더이상 준용하지 않고, 독자적인 도시정비법 제35조, 제64조를 적용하게 되었다.

참고로 상가나 오피스텔에 대한 재건축의 경우, 재건축결의를 받으려면 도시정비법이 아닌 집합건물법상 재건축결의와 더불어 건축법에 의한 건축허가를 받게 된다.

2) (아파트·상가) 재건축조합 설립동의율

각 개별법에 의한 조합설립 동의율을 다음과 같다.

도시정비법 제36조제3항 및 제4항 : 공동주택 재건축사업
③ 주택단지의 공동주택의 각 동(복리시설의 경우 주택단지의 복리시설 전체를 하나의 동으로 본다)별 구분소유자의 과반수 동의(공동주택의 각 동별 구분소유자가 5 이

하인 경우는 제외)와 주택단지의 전체 구분소유자의 3/4 이상 및 토지면적의 3/4 이상의 토지소유자의 동의를 받아 제2항 각 호의 사항을 첨부하여 시장·군수등의 인가를 받아야 한다.

④ 제3항에도 불구하고 주택단지가 아닌 지역이 정비구역에 포함된 때에는 주택단지가 아닌 지역의 토지 또는 건축물 소유자의 3/4 이상 및 토지면적의 2/3 이상의 토지소유자의 동의를 받아야 한다.

전통시장법 제34조제1항: 시장정비사업

사업추진계획을 수립하여 시장·군수·구청장에게 제출하려는 자는 시장정비구역 토지면적의 3/5이상에 해당하는 토지의 소유자의 동의 및 토지등소유자 총수의 3/5 이상의 동의를 받아야 한다.

소규모주택정비법 제33조: 가로주택정비조합(제1항), 소규모재건축사업(제2항), 소규모재개발사업(제4항)

(제1항) 가로주택정비사업: 토지등소유자의 8/10 이상 및 토지면적의 2/3 이상의 토지소유자 동의를 받은 후 창립총회를 개최하고 시장·군수등의 인가를 받아야 한다. 이 경우 사업시행구역의 공동주택은 각 동(복리시설의 경우 주택단지의 복리시설 전체를 하나의 동으로 본다)별 구분소유자의 과반수 동의(공동주택의 각 동별 구분소유자가 5명 이하인 경우는 제외)를, 그 외의 토지 또는 건축물은 해당 토지 또는 건축물이 소재하는 전체 토지면적의 1/2 이상의 토지소유자 동의를 받아야 한다.

(제2항) 소규모재건축사업: 주택단지의 공동주택의 각 동(복리시설의 경우 주택단지의 복리시설 전체를 하나의 동으로 본다)별 구분소유자의 과반수 동의(공동주택의 각 동별 구분소유자가 5명 이하인 경우는 제외)와 주택단지의 전체 구분소유자의 3/4 이상 및 토지면적의 3/4 이상의 토지소유자 동의를 받은 후 창립총회를 개최하고 제1항 각 호의 사항을 첨부하여 시장·군수등의 인가를 받아야 한다.

(제4항) 소규모재개발사업: 토지등소유자의 8/10 이상 및 토지면적의 2/3 이

상의 토지소유자 동의를 받은 후 창립총회를 개최하고 제1항 각 호의 사항을 첨부하여 시장·군수등의 인가를 받아야 한다.

① 집합건물법상 재건축결의

집합건물법 제47조제2항(구분소유자의 4/5 이상 및 의결권의 4/5 이상의 결의)

1984.4.10 집합건물법이 제정되어 그 이듬해인 1985.4.11 재건축 결의 조문이 시행되었다.

이 법에서는 구분소유건물 전체가 아닌 일부의 동(아파트나 상가)을 대상으로 한 것으로, 재건축결의는 구분소유자 수의 4/5 이상 및 의결권(도시정비법상 토지면적)의 4/5 이상의 결의가 필요했다.

이 법에서는 하나의 동으로 간주하는 규정이 없다.

② 도시정비법상 주택단지에 대한 재건축조합설립 동의

매입하려는 상가의 경우 현재의 재건축사업 진행사항을 파악하는 것이 좋다. 투자자들은 특히 사업 진행에 따라 동의범위가 달라 질 수 있음에 유의하여야 한다.

- 2002.12.30~2009.2.6

이 기간 내 상가(또는 아파트 1동)의 경우 "구분소유자 수의 2/3 이상 및 의결권(현재 토지면적을 말함)의 각 2/3 이상의 동의와 주택단지안의 전체 구분소유자 수 및 토지면적(의결권)의 각 4/5 이상"의 동의가 필요하였다. 이는 위 주택건설촉진법상 동의율과 같았다.

도시정비법[시행 2003.7.1] [법률 제6852호, 2002.12.30, 제정]
제16조(조합의 설립인가 등) ② 주택재건축사업의 추진위원회가 조합을 설립하

고자 하는 때에는 집합건물법 제47조제1항 및 제2항에 불구하고 주택단지안의 공동주택의 각 동(복리시설의 경우에는 주택단지안의 복리시설 전체를 하나의 동으로 본다)별 구분소유자 및 의결권의 각 2/3 이상의 동의와 주택단지안의 전체 구분소유자 및 의결권의 각 4/5 이상의 동의를 얻어 정관 및 건설교통부령이 정하는 서류를 첨부하여 시장·군수의 인가를 받아야 한다.
인가받은 사항을 변경하고자 하는 때에도 또한 같다. 다만, 제1항 단서에 의한 경미한 사항을 변경하고자 하는 때에는 조합원의 동의 없이 시장·군수에게 신고하고 변경할 수 있다.

- 2009.2.9~2016.1.26
상가 또는 아파트 1동의 경우 "구분소유자 수의 2/3 이상 및 토지면적(종전의 의결권을 말함)은 2/3→1/2 이상"의 동의가 필요했으나, 법 개정으로 주택단지안의 전체 구분소유자 수 및 토지면적(의결권)의 각 4/5→3/4 이상의 동의로 완화하였다.

이는 공동주택의 각 동별 의결권 2/3 이상을 1/2 이상으로 완화하여, 의결권(지분면적)이 큰 소수소유자의 알 박기 때문에 재건축사업이 지연을 방지하겠다고 개정 취지를 밝혔다.

도시정비법[시행 2009.2.6] [법률 제9444호, 2009.2.6, 일부개정]
제16조(조합의 설립인가 등) ②재건축사업의 추진위원회가 조합을 설립하고자 하는 때에는 집합건물법 제47조제1항 및 제2항의 규정에 불구하고 주택단지안의 공동주택의 각 동(복리시설의 경우에는 주택단지안의 복리시설 전체를 하나의 동으로 본다)별 구분소유자의 2/3 이상 및 토지면적의 1/2 이상의 토지소유자의 동의(공동주택의 각 동별 구분소유자가 5 이하인 경우는 제외한다)와 주택단지안의 전체 구분소유자의 3/4 이상 및 토지면적의 3/4 이상의 토지소유자의 동의를 얻어 정관 및 국토부령이 정하는 서류를 첨부하여 시장·군수의 인가를 받아야 한다. 인가받은 사항을 변경하고자 하는 때에도 또한 같다.

다만, 제1항 단서에 의한 경미한 사항을 변경하고자 하는 때에는 조합원의 동의 없이 시장·군수에게 신고하고 변경할 수 있다. <개정 2007.12.21, 2008. 2.29, 2009.2.6>

- 2016.1.27~ 현재
종전 조합설립 시 동별 구분소유자의 동의 요건인 "구분소유자 2/3 이상 및 의결권의 2/3 이상의 동의"→"구분소유자 수의 과반수이상"으로 완화하고, 동별(아파트, 복리시설)의 토지면적 1/2 이상의 토지소유자의 동의요건을 삭제하였다. 즉 동별(아파트 1개동, 상가동)의 경우 더 이상 구분소유자가 소유한 토지면적 2/3이상의 동의는 더 이상 필요 없게 되었고, 머릿수만 맞추면 되었다.

전체 동의율도 4/5 이상이 아닌 주택단지 안의 전체 구분소유자의 3/4 이상 및 토지면적(종전의 의결권)의 3/4 이상의 토지소유자의 동의로 완화되었다.

도시정비법[시행 2016.1.27.] [법률 제13912호, 2016.1.27 일부개정]
제16조(조합의 설립인가 등) ②재건축사업의 추진위원회(추진위원회를 구성하지 아니하는 경우에는 토지등소유자를 말한다)가 조합을 설립하고자 하는 때에는 「집합건물법」 제47조제1항 및 제2항에도 불구하고 주택단지 안의 공동주택의 각 동(복리시설의 경우에는 주택단지 안의 복리시설 전체를 하나의 동으로 본다)별 구분소유자의 과반수 동의(공동주택의 각 동별 구분소유자가 5 이하인 경우는 제외한다)와 주택단지 안의 전체 구분소유자의 3/4 이상 및 토지면적의 3/4 이상의 토지소유자의 동의를 얻어 제1항 각 호의 사항을 첨부하여 시장·군수의 인가를 받아야 한다. 인가받은 사항을 변경하고자 하는 때에도 또한 같다. 다만, 제1항 단서에 따른 경미한 사항을 변경하고자 하는 때에는 조합원의 동의없이 시장·군수에게 신고하고 변경할 수 있다. <개정 2007.12.21, 2008.2.29, 2009.2.6, 2012.2.1, 2016.1.27>

현재 이 조문은 35조제2항에서 규정하고 있다.

<2022.3. 주거환경신문 전연규 칼럼>

재건축사업은 상가와 큰 평형 아파트와의 화합이 중요하다.

현행 「도시 및 주거환경정비법」(이하 "도시정비법")이전인 2003년 6월 30일까지 재건축사업의 근거 법으로 주택건설촉진법이 있었다.

이 법에선, 구분건물이 여러 개의 동(棟)으로 구성된 주택단지에 대해선 집합건물법의 규정이 아닌 주택건설촉진법 제44조의2제7항인 "구분소유권자 수 및 의결권(지금의 토지면적을 말함) 각각 2/3이상의 결의(복리시설인 상가는 하나의 동으로 간주함)와 주택단지 전체의 구분소유자 수 및 의결권의 4/5 이상의 결의"로 재건축하도록 규정한 바 있다. 즉 조합설립을 위한 상가 동의율은 상가 소유자 수의 2/3 이상과 그 소유자가 가지고 있는 의결권 2/3 이상 동의를 받지 못하면 재건축사업의 진행이 불가능했다. 조합설립이 불가능해지면 건축심의나 사업시행계획인가 신청이 불가능했기 때문이다. 상가와 같이 아파트 각 동의 동의율도 상가와 같았다. 2003년 7월 1일 재건축사업과 함께 재개발사업이 도시정비법에 통합됐지만, 재건축 동의율은 달라진 것이 없었다.

재건축사업을 하려면 부대복리시설인 상가 소유자 머릿수 2/3 이상과 의결권의 2/3 이상을 동시에 충족해야 했다. 머릿수만으로는 안 되고, 그 소유자가 깔고 있던 전유면적인 의결권도 2/3 이상 동의를 얻어야 했다. 아파트 각 동의 경우, 특히 큰 평형의 아파트도 머릿수 외에도 의결권을 받아야 해서 작은 평형과 분쟁이 심했다. 그래서 강남의 재건축현장에서는 큰 평형의 아파트를 제척하거나, 제외시키는 현상까지 일어났던 것이다. 이런 현상의 반작용으로 상가와 아파트 각 동별 동의율 완화를 꾀한 움직임이 일었다. 결국 2009년 2월 6일 법 개정이 이뤄지면서 상가와 각 동별 아파트 동의율의 경우, 머릿수는 2/3 이상으로 같았지만 토지면적(종전의 의결권을 말함)은 2/3에서 1/2로 완화되었다. 여기에 주택단지 전체의 동의률도 4/5에서 3/4으로 완화되었다.

이제 상가나 큰 평형의 아파트에서 재건축사업을 반대하려면 그 수도 중요하지만 의결권인 토지면적을 그 지표로 삼게 되었다. 즉 상가 면적의 1/2 또는 한 동의 아파트도 1/2 이상 반대표 확보가 필요했던 것이다.

또다시 2016년 1월 27일 개정되었다.

상가와 큰 평형인 한 동의 아파트 종전 동의율이 머릿수 2/3 이상 및 토지면적 1/2이었다.

개정된 후에는 구분소유자 머릿수의 과반수 동의를 요하고, 토지면적의 동의는 필요 없게 되었다. 이에 대해 일부에서는 과하다는 의견이 있었으며, 한편으로는 그 반작용으로 상가의 경우 쪼개기 현상이 증가되었다.

아파트의 경우 쪼개기가 불가능했지만, 상가는 가능했기 때문이었다.

또 한 번의 개정이 이뤄져 2018년 2월 9일부터 시행되었다. 동의율은 개정되지 않았지만, 그동안 준용해 왔던 「집합건물의 소유 및 관리에 관한 법률」이 아닌 도시정비법의 독립적 조문 법 제36조(조합설립인가 등)를 근거규정으로 하였다. 그러면서 종전에는 조합설립 변경인가를 받으려면 같은 동의율을 받아야 했지만, 법 개정으로 인가받은 사항을 변경하려면 조합원의 2/3 이상의 찬성으로 의결하고, 구청장 인가를 받도록 완화했다. 얼마 전 강남의 OO재건축조합으로부터 무효확인 소송에서 문제된 상가 동의율의 확인 요청이 있었다.

그 조합은 2016.1월 조합설립인가를 받은 곳이다.

여러분 이 문제를 한번 풀어 보시라. 상가는 얼마의 동의율이 필요한지를.

3) 준공일이 다른 주택단지의 통합과 상가 동의

주택단지란 주택 및 상가 등 부대시설·복리시설을 건설하거나 대지로 조성되는 일단의 토지로서 다음의 어느 하나에 해당하는 것을 말한다(도시정비법 §2-7).

가. 「주택법」 제15조에 따른 사업계획승인을 받아 주택 및 부대시설·복리시설을 건설한 일단의 토지
나. 가목에 따른 일단의 토지 중 「국토계획법」 제2조제7호에 따른 도시·군계획시설인 도로나 그밖에 이와 유사한 시설로 분리되어 따로 관리되고 있는 각각의 토지
다. 가목에 따른 일단의 토지 둘 이상이 공동으로 관리되고 있는 경우 그 전체 토지
라. 법 제67조에 따라 분할된 토지 또는 분할되어 나가는 토지
마. 「건축법」 제11조에 따라 건축허가를 받아 아파트 또는 연립주택을 건설한 일단의 토지

위 주택단지를 하나로 통합하여야 하는 경우, 위 다목인 "일단의 토지 둘 이상이 공동으로 관리되고 있는 경우 그 전체 토지"라는 규정이 있음에 유의하여야 한다.

반대로 분할하는 경우(일부 대형평형의 아파트 또는 상가), 도시정비법 제67조에 따라 분할된 토지 또는 분할되어 나가는 토지에 대해 별개의 주택단지로 그 법적 지위가 달라진다.

도시정비법상 재건축사업 관련, 단일 주택단지 외에도 준공이 다른 주택단지를 통합하는 경우에 상가 등 복리시설의 동의율이 쟁점이 되는데, "주택단지의 복리시설 전체를 하나의 동으로 본다"는 조문이 그것이다(도시정비법 §35③).

주택단지를 통합한 재건축사업에서 상가의 동의율 산정은 주택단지별 과반수

의 동의를 받아야 하는지의 문제와 직결되기 때문이다. 만일 '하나의 동의로 본다.'면 하나의 단지에서 많이 받고 다른 쪽에서 과반수가 되지 않더라도 산술평균해 과반수이상이면 족하다.

도시정비법 제2조제7호 등 관련 규정을 종합하여 보면, 도시정비법상 하나의 주택단지에 해당하는지 여부는 당해 주택의 건설사업 또는 당해 주택이 건립된 부지의 대지조성사업 시행 당시 하나의 사업계획으로 승인받아 주택이 건설되거나 대지가 조성되었는지 여부에 의해 결정된다고 대법원은 판시하고 있다(대법원 2005.6.24선고 2003다55455판결 등 참조).

다만 도시정비법상 여러 개의 주택단지일 경우라도 '토지 둘 이상이 공동으로 관리되고 있는 경우'라면 하나의 동으로 하여 동의율을 산정할 수 있다. 이에 해당되는 사업장에는 서초구나 강남구의 아파트지구개발기본계획이나 지구단위계획에 의한 재건축사업장이 대표적 사례다.

대법원 2019.11.15선고 2019두46763판결[조합설립인가취소]
【판시사항】
공동주택 등에 관하여 구분소유가 성립하였으나, 공동주택 등이 구분건물이 아닌 일반건물로 등기되어 있어 구분소유자들이 구분등기를 마치지 못하고 형식상 공동주택 등에 관하여 공유등기를 마친 경우, 구 도시정비법 시행령 제28조 제1항 제2호 (가)목을 적용하여 구분소유자들을 대표하는 1명만을 소유자로 산정하여 동의 요건 충족 여부를 가려야 하는지(소극)

대법원 2013.7.11선고 2011두27544판결, 재건축조합설립인가처분취소
【판시사항】
[1] 선행처분의 취소를 구하는 소가 후속처분의 취소를 구하는 소로 교환적으로 변경되었다가 다시 선행처분의 취소를 구하는 소로 변경되고, 후속처분의 취소를 구하는 소에 선행처분의 취소를 구하는 취지가 그대로 남아 있었던 경우, 선행처분의 취소를 구하는 소의 제소기간 준수 여부의 결정 기준시기
[2] 재건축사업의 추진위원회가 조합을 설립하는데 정비구역에 주택단지가 포함되는지에 따른 재건축조합설립인가를 위한 동의정족수 및 도시정비법 제16조제3항에서 정한 '토지 또는 건축물 소유자'의 의미

> 대법원 2010.4.8선고 (2009다10881판결 소유권이전등기).
> 【판시사항】
> 구 도시정비법상 하나의 주택단지에 해당하는지의 결정 기준
> 【판결요지】
> 구 도시정비법(2007.12.21 법률 제8785호로 개정되기 전의 것) 제2조제7호, 구 도시정비법 시행령(2008.12.17 대통령령 제21171호로 개정되기 전의 것) 제5조제1호 등 관련 규정을 종합하여 보면, 구 도시정비법상 하나의 주택단지에 해당하는지 여부는 당해 주택의 건설사업 또는 당해 주택이 건립된 부지의 대지조성사업을 할 당시 하나의 사업계획으로 승인받아 주택이 건설되거나 대지가 조성되었는지 여부에 의해 결정된다.

4) 도시정비법상 토지분할, 재건축사업의 통합(분리)

분할된 상가 재건축은 집합건물법, 건축법으로 진행

독립정산제의 상가협의회 운영비 및 사업비 예산안, 조합총회 의결 필요

① 재건축사업과 상가의 토지분할 소송(분할된 상가 재건축은 집합건물법, 건축법)

- 도시정비법 제67조[24]

공동주택 재건축사업에서 단지 내 상가소유자들은 영업 손실을 이유로 사업을 반대하는 경우가 많다.

---

24. 도시정비법 제67조(재건축사업의 범위에 관한 특례) ① 사업시행자 또는 추진위원회는 다음 각 호의 어느 하나에 해당하는 경우에는 그 주택단지 안의 일부 토지에 대하여 건축법 제57조에도 불구하고 분할하려는 토지 면적이 같은 조에서 정하고 있는 면적에 미달되더라도 토지분할을 청구할 수 있다.
   1. 주택법 제15조제1항에 따라 사업계획승인을 받아 건설한 둘 이상의 건축물이 있는 주택단지에 재건축사업을 하는 경우
   2. 제35조제3항에 따른 조합설립의 동의요건을 충족시키기 위하여 필요한 경우
   ②~④ 생략

   도시정비법 제67조의 입법 취지는, 일부 동의 반대로 단지 전체로서의 재건축 동의요건을 충족하지 못해 장기간 지연되는 문제가 있어 미동의 토지등소유자 및 그들이 소유한 토지 등을 제외하고 찬성하는 토지등소유자들의 토지만을 사업구역으로 해 원활한 재건축사업을 추진할 수 있도록 할 목적이다.
   토지분할청구의 상대방은 분할 대상 토지의 구분소유자 뿐 아니라 추진위원회 및 조합설립에 미동의한 구분소유자들 전부를 피고로 해야 하는 필요적 공동소송이라는 점이다.

특히 상가소유자들은 도시정비법 제35조제3항의 복리시설 전체를 하나의 동으로 간주한다는 규정의 취지와 관련, 일부 상가에 대한 토지분할 소송의 위법성을 문제 삼는 사례가 적지 않지만 서울중앙지법 판례는 이와 의견을 달리하고 있다.

아파트 재건축추진위원회에서는 조합설립인가를 받기 위한 특례조항으로 활용하고 있는데, 서초구나 강남구에서 토지분할소송 사례가 종종 있다. 토지분할소송의 경우 준비를 철저히 해서 1심에서 승소를 하는 것이 많은 인지대 부담을 해소하는 길이 된다.

참고로 유치원의 경우 공유토지분할특례법에 의한 소송과는 구별해야 한다.

② **정비사업의 통합, 분리**

정비사업 중 주로 재건축사업에서 통합 또는 분리현상이 발생하는 것이 보통이다.

재건축사업의 대표적 통합 사례로 강남구 압구정 특별계획구역③, 개포6,7재건축사업, 서초구 신반포4지구 등이 있다. 이렇게 통합재건축을 하려는 이유는 단지의 규모를 키워서 사업성을 제고시키려는 것이기 때문이다.

이렇게 중심단지 재건축사업으로 통합되는 단지는 그 지위가 같아지게 된다. 즉 투기과열지구 내 중심단지가 재건축조합설립인가 이후이면, 그 즉시 조합원 지위승계 제한이 적용되거나, 다물권자가 되면 양수인이 조합원의 지위를 단독으로 갖지 못하는 등 여러 가지 문제가 발생된다.

따라서 메인 재건축사업이 이미 조합설립인가를 받았다면, 통합되는 단지도 조합원 지위승계 제한을 받게 되며, 양쪽에 아파트를 각각 소유하고 있었다면 다물권자가 되어 거래제한과 함께 분양신청 제한도 받을 수 있음(법 §39①3)에 유의하여야 한다.

— 재건축사업의 분리

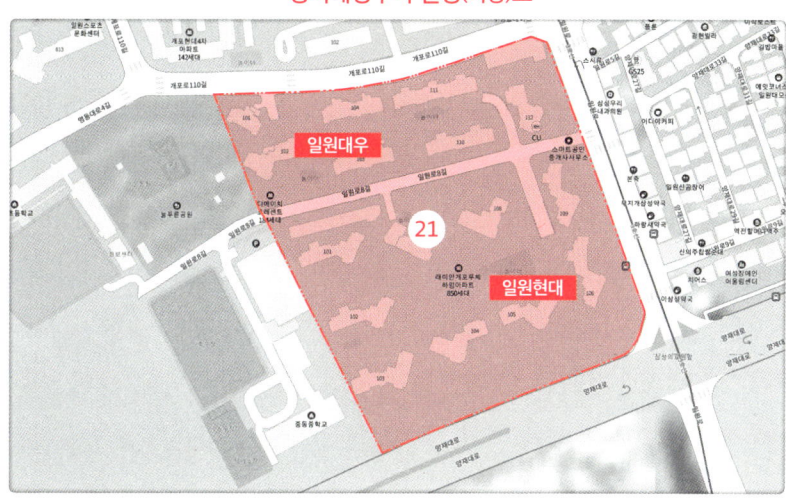

위는 당초 정비기본계획상 재건축정비예정구역인 일원대우·일원현대아파트사업을 통합한 단일 재건축사업이었다.

이후 양측의 요청으로 정비기본계획을 변경하여 일원대우재건축조합과 일원현대재건축조합으로 분리되어 진행되었다.

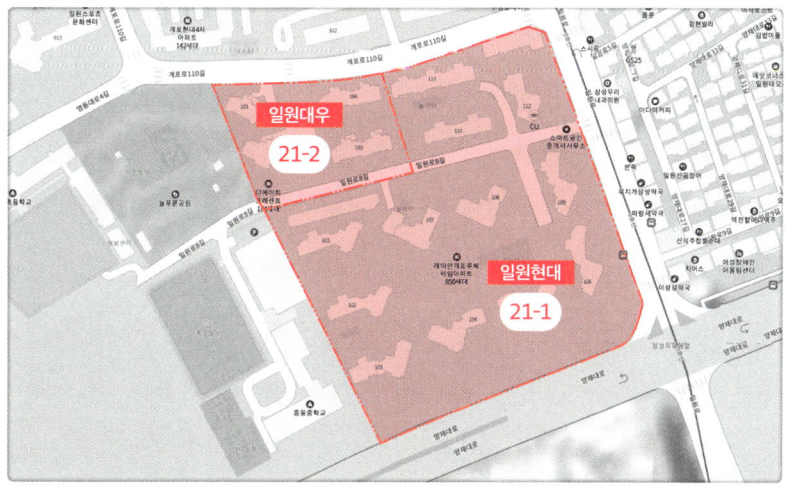

― 분할된 상가는 집합건물법, 건축법으로 진행

강남4구 재건축단지 내 상가의 경우, 감정평가액을 3~5배 상향 요구하면서 사업을 반대한 사례도 있다. 상가협의회나 상가관리단 등에서 상가 대신 아파트 공급 또는 높은 종전평가액 요구로 인해 아파트 소유자들은 조합설립인가를 위해 그 요구를 들어주거나, 상가에 대한 토지분할소송을 제기하게 된다.

이후 상호 간 협의에 의해 조정되기로 하지만, 그 간극이 좁혀지지 않는 경우 아파트단지는 상가에 대해 분리절차를 밟게 된다. 이 경우 집합건물법에 의한 관리단을 통해 재건축결의와 건축법상 건축허가를 받아 자체 사업을 진행하게 된다.

 판례

대법원 2018.3.13선고 2016두35281판결[관리처분계획 취소청구의 소]
【판시사항】
재건축조합이 아파트와 상가를 분리하여 개발이익과 비용을 별도로 정산하고 상가협의회가 상가에 관한 관리처분계획안의 내용을 자율적으로 마련하는 것을 보장한다는 내용으로 상가협의회와 합의하는 경우, 그 내용이 조합의 정관에 규정하여야 하는 사항인지(원칙적 적극)/
위 내용을 조합이 채택하기로 결정하는 조합 총회결의가 정관 변경의 요건을 완전히 갖추지는 못했으나 총회결의로서 유효하게 성립하였고 정관 변경을 위한 실질적인 의결정족수를 갖춘 경우, 조합 내부적으로 업무집행기관을 구속하는 규범으로서의 효력을 가지는지(적극)

대법원 2010.5.27선고 2008다53430판결[상가관리처분 총회결의 무효확인]
【판시사항】
[1] 재건축조합 총회의 권한대행기관이자 조합원 전체의 대의기관인 대의원회가 한 결의에 대한 무효확인을 시공사 겸 공동사업주체를 상대로 소구할 수 있는지(소극)
[2] 재건축조합의 조합규약이나 총회에서 신축 상가건물의 권리 귀속 등에 관한 사항을 재건축조합과 상가조합원들 간의 협의 내지 약정을 거쳐 대의원회에서 인준하는 방식으로 결정하도록 하는 것이 허용되는지(원칙적 소극) 및 그 허용 요건

대법원 2013.12.12선고 2011두12900판결[정비사업조합설립인가 승인처분취소]
【판시사항】
구 도시정비법 제41조에 따라 조합설립인가를 하는 경우, 토지분할을 전제로 한 새로운 조합설립 동의서나 특별결의, 정관변경 등이 요구되는지(원칙적 소극)

> **【판결요지】**
> '재건축사업의 범위에 관한 특례'를 정한 구 도시정비법(2010.4.15 법률 제10268호로 개정되기 전의 것, 이하 '법') 제41조는 주택단지 안의 일부 토지 및 그 위의 건축물과 관련된 토지 등 소유자의 반대 등으로 조합설립인가나 사업시행인가를 받지 못하여 그 밖에 다수의 토지 등 소유자들에게 피해가 발생하는 것을 방지하고 재건축사업을 원활하게 시행할 수 있도록 하기 위하여 마련된 특별규정이므로, 이러한 입법 취지나 법원에 토지분할을 청구한 상태에서 바로 조합설립인가가 가능하도록 한 점 등에 비추어 보면, 법 제41조에 따라 조합설립인가를 하는 경우에는 그 제3항에 의한 토지분할이 청구되고 분할되어 나갈 토지 및 건축물과 관련된 토지 등 소유자의 수가 전체의 10분의 1 이하일 것 등 제4항이 정한 요건이 갖추어지면 되는 것이고,
> 특별한 사정이 없는 한 토지분할을 전제로 한 새로운 조합설립동의서나 특별결의, 정관변경 등이 요구되는 것은 아니다.

5) 투기과열지구 내 아파트, 상가 조합원 자격 승계

투기과열지구 상가(건축물)도 조합원 지위승계 제한

도시정비법 제39조제1항, 제2항, 영 제37조

— **상가·아파트 소유자 조합원 자격(지위) 승계 제한**

건축물에는 공동주택인 아파트 외에도 단독주택 제1종, 제2종 근린생활시설, 판매시설, 노유자시설, 숙박시설 등이 있다(건축법 §2 참조).

아래 조문 중 건축물에는 공동주택인 아파트 및 상가 등 판매시설도 포함되므로, 이 조문의 영향을 받게 된다.

도시정비법상 투기과열지구에서 주택단지 내 아파트와 건축물에 속하는 상가도 조합원 지위승계가 제한된다. 전통시장법에 의한 경우에도 투기과열지구 내 재개발사업의 규정을 준용하므로 관리처분계획 인가 이후에 조합원 지위승계가 제한된다.

예외규정인 도시정비법 시행령 제37조의 경우, 주택만 해당하는 규정을 제외하고는 건축물로 규정되어 있으면 당연히 상가 등은 그에 해당된다(아래 조문 중 '토지 또는 건축물'에 상가가 포함되어 적용됨).

※ 도시정비법

제39조(조합원의 자격 등) ① 정비사업의 조합원(사업시행자가 신탁업자인 경우에는 위탁자를 말한다. 이하 이 조에서 같다)은 토지등소유자(재건축사업의 경우에는 재건축사업에 동의한 자만 해당한다)로 하되, 다음 각 호의 어느 하나에 해당하는 때에는 그 여러 명을 대표하는 1명을 조합원으로 본다.

1. 토지 또는 건축물의 소유권과 지상권이 여러 명의 공유에 속하는 때
➡ 토지 또는 건축물이므로 주택이 포함된 큰 개념으로, 주택은 물론이고 상가, 기타 근린생활시설이나 판매시설 등도 포함해서 공유인 경우에는 대표하는 1인을 조합원으로 선정해야 함
2. 생략
3. 조합설립인가(조합설립인가 전에 신탁업자를 사업시행자로 지정한 경우에는 사업시행자의 지정을 말한다. 이하 이 조에서 같다) 후 1명의 토지등소유자로부터 토지 또는 건축물의 소유권이나 지상권을 양수하여 여러 명이 소유하게 된 때

「주택법」 제63조제1항에 따른 투기과열지구로 지정된 지역에서 재건축사업을 시행하는 경우에는 조합설립인가 후, 재개발사업을 시행하는 경우에는 제74조에 따른 관리처분계획의 인가 후 해당 정비사업의 건축물 또는 토지를 양수(매매·증여, 그 밖의 권리의 변동을 수반하는 모든 행위를 포함하되, 상속·이혼으로 인한 양도·양수의 경우는 제외한다.[25] 이하 이 조에서 같다)한 자는 제1항에도 불구하고 조합원이 될 수 없다.
다만, 양도인이 다음 각 호의 어느 하나에 해당하는 경우 그 양도인으로부터 그 건축

---

25. 2022.4.1 서울행정법원 2021구합63921 조합설립변경인가 신고반려처분 취소 청구소송의 판례에서 "1순위 법정상속인에 대한 유증"의 경우 조합원 지위 승계제한 예외로 보았다.
다만, 국토부는 유증에 대해 조합원 지위승계 제한 예외규정에 해당되지 않는다며 부정적인 해석으로 일관하였다.

투기과열지구 내 재건축 조합설립인가 후 토지등소유자로부터 동생 또는 조카에게 유증으로 소유한 자가 조합원이 될 수 있는지(건교부 주환 2006.5.26).
Q. 투기과열지구 안에서 재건축 조합설립인가 후 토지등소유자로부터 동생 또는 조카에게 유증으로 토지 및 건축물을 소유한 자가 조합원이 될 수 있는지?
A. 질의의 경우 도시정비법 시행령 제30조제3항제4호에 의한 토지등소유자로부터 상속, 이혼으로 인하여 토지 또는 건축물을 소유한 자로 볼 수 없으므로 조합원이 될 수 없음.

물 또는 토지를 양수한 자는 그러하지 아니하다(동조 ②).
➡ 제2항의 조합원 지위승계 제한 대상은 "건축물 또는 토지"이므로, 주택은 아래 1호 내지 7호 모두에 해당됨

(이하 생략)

영 제37조(조합원) ① 법 제39조제2항제4호에서 "대통령령으로 정하는 기간"이란 다음 각 호의 구분에 따른 기간을 말한다. 이 경우 소유자가 피상속인으로부터 주택을 상속받아 소유권을 취득한 경우에는 피상속인의 주택의 소유기간 및 거주기간을 합산한다.
➡ 10년 소유. 5년 거주의 경우 주택 또는 아파트만 해당되며, 상가나 기타 근생 등은 이 조항의 적용을 받지 못함
1. 소유기간: 10년
2. 거주기간(「주민등록법」 제7조에 따른 주민등록표를 기준으로 하며, 소유자가 거주하지 아니하고 소유자의 배우자나 직계존비속이 해당 주택에 거주한 경우에는 그 기간을 합산한다): 5년

② 생략
③ 제39조제2항제7호에서 "대통령령으로 정하는 경우"란 다음 각 호의 어느 하나에 해당하는 경우를 말한다. <개정 2020.6.23, 2021.7.13>
1. 조합설립인가일부터 3년 이상 사업시행인가 신청이 없는 재건축사업의 건축물을 3년 이상 계속하여 소유하고 있는 자(소유기간을 산정할 때 소유자가 피상속인으로부터 상속받아 소유권을 취득한 경우에는 피상속인의 소유기간을 합산한다. 이하 제2호 및 제3호에서 같다)가 사업시행인가 신청 전에 양도하는 경우
➡ 건축물이므로, 주택, 상가, 기타 근생 등은 이 조항의 적용을 받음
  "이하 이 조에서 같다"고 규정한 바에 따라, 신탁회사가 지정개발자로 지정받은 후 3년 이내에 사업시행인가 신청이 없는 경우에도 이 조문의 적용을 받음
2. 사업시행계획인가일부터 3년 이내에 착공하지 못한 재건축사업의 토지 또는 건축물을 3년 이상 계속하여 소유하고 있는 자가 착공 전에 양도하는 경우
➡ 건축물이므로, 주택, 상가, 기타 근생 등은 이 조항의 적용을 받음
3. 착공일부터 3년 이상 준공되지 않은 재개발·재건축사업의 토지를 3년 이상 계속

하여 소유하고 있는 경우
- ▶ 멸실되었으므로 건축물이 아닌 토지로 표현하고 있으며, 주택, 상가, 기타 근생 등은 이 조항의 적용을 받음

4. 법률 제7056호 도시정비법 일부개정법률 부칙 제2항에 따른 토지등소유자로부터 상속·이혼으로 인하여 토지 또는 건축물을 소유한 자
- ▶ 건축물이므로, 주택, 상가, 기타 근생 등은 이 조항의 적용을 받음

5. 국가·지방자치단체 및 금융기관(「주택법 시행령」 제71조제1호 각 목의 금융기관을 말한다)에 대한 채무를 이행하지 못하여 재개발·재건축사업의 토지 또는 건축물이 경매 또는 공매되는 경우상속·이혼으로 인하여 토지 또는 건축물을 소유한 자
- ▶ 건축물이므로, 주택, 상가, 기타 근생 등은 이 조항의 적용을 받음

6. 「주택법」 제63조제1항에 따른 투기과열지구로 지정되기 전에 건축물 또는 토지를 양도하기 위한 계약(계약금 지급 내역 등으로 계약일을 확인할 수 있는 경우로 한정한다)을 체결하고, 투기과열지구로 지정된 날부터 60일 이내에 「부동산거래신고법」 제3조에 따라 부동산 거래의 신고를 한 경우
- ▶ 건축물이므로, 주택, 상가, 기타 근생 등은 이 조항의 적용을 받음

6) 신탁회사가 지정개발자(단독, 공동)인 경우 조합원 자격 승계

얼마 전 필자는 신탁회사를 지정개발자로 하는 신탁등기업무를 처리한 바 있다. 독자들도 잘 아시겠지만, 단독시행자인 지정개발자 지정을 받으려면 먼저 조합설립에 해당하는 동의율(도시정비법 §36③)을 충족하여야 한다.

이 조합설립 동의율(동별 요건과 함께 토지등소유자 수 및 토지면적의 각 3/4 이상) 요건을 충족함과 동시에 선(先)신탁(토지면적의 1/3 이상)이 되어야 사업시행자 지정을 받게 된다.

문제는 상가 2층 소유자가 1명으로 이를 분할하여 매매를 할 계획이라는 것이다.

언제까지 분할해야 매매가 가능할까?

도시정비법 제39조제1항제3호에서 "조합설립인가(조합설립인가 전에 법 제27조제1항제3호에 따라 신탁업자를 사업시행자로 지정한 경우에는 사업시행자의 지정을 말한다. 이하 이 조에서 같다) 후 1명의 토지등소유자로부터 토지 또는 건축물의 소유권이나 지상권을 양수하여 여러 명이 소유하게 된 때"에는 그 여러 명을 대표하는 1명만 조합원으로 본다고 규정하고 있다(법 §39①).

조합설립인가(조합설립인가 전에 신탁업자를 사업시행자로 지정한 경우에는 사업시행자 지정일이 조합설립인가일임)의 경우, 신탁업자를 사업시행자로 지정받으면, 조합설립인가로 본다(간주, 의제).

법률에서 A와 B가 다른 성격이지만 같은 것으로 보겠다는 것이 간주(의제)며, 이는 다른 반증을 들이대도 뒤집을 수 없는 것이다.

따라서 신탁회사를 지정개발자로 지정된 이후에 자산의 상가를 여러 개로 분할하여 매도는 할 수 없으며, 만약 이를 위배해 매매한 경우에도 매도·매수인 중에서 대표하는 1인만 조합원이 된다.

즉 매매가 불가능하며, 사업시행자 지정 이전에 분할해서 매매해야 양수인이 토지등소유자 지위를 승계받아 분양신청이 가능하다.

— "이하 이조에서 같다"의 의미

법 제39조제1항제3호에서 말하는 신탁회사를 지정개발자로 지정하는 경우에는 그 지정고시일이 조합설립인가일이므로, 다물권자의 토지등소유자는 지정고시일 이전에 양도해야 한다.

"이하 이 조에서 같다."고 규정함에 따라 제1항과 함께 제2항에서도 지정개발자로 지정된 경우, 조합설립인가 후인 지정개발자 지정고시 이후에 다물권자 아닌 조합원도 그 지위를 양도하지 못하게 한다는 뜻이다.

―「소규모주택정비법」상 지정개발자의 경우 조합원 자격(지위) 승계

현재 신탁회사가 지정개발자로 지정 받아도 이를 조합설립인가로 간주하는 규정이 없다.

2022.8.4부터 간주규정이 발효되므로 시행자지정 이전에 다물권자는 처분해야 되며, 그렇지 않으면 대표하는 1명만 조합원이 된다.

이 규정은 제2항에도 적용되며 2022.8.4부터는 신탁회사의 지정개발자 지정 이후에는 가로주택정비사업, 소규모재개발사업도 승계 제한을 받게 된다.

한편, 소규모재개발사업의 경우 권리산정기준일 조문을 신설했다.

※「빈집 및 소규모주택정비에 관한 특례법」(이하 "소규모주택정비법")

제24조(조합원의 자격 등) ① 조합원(사업시행자가 신탁업자인 경우에는 위탁자를 말한다. 이하 이 조에서 같다)은 토지등소유자(소규모재건축사업의 경우에는 소규모재건축사업에 동의한 자만 해당한다)로 하되, 다음 각 호의 어느 하나에 해당하는 때에는 그 여러 명을 대표하는 1명을 조합원으로 본다. <개정 2022.2.3>

1~2. 생략

3. 조합설립인가(조합설립인가 전에 제19조제1항에 따라 신탁업자를 사업시행자로 지정한 경우에는 사업시행자의 지정을 말한다. 이하 이 조에서 같다) 후 1명의 토지등소유자로부터 토지 또는 건축물의 소유권이나 지상권을 양수하여 여러 명이 소유하게 된 때

②「주택법」제63조제1항에 따른 투기과열지구로 지정된 지역에서 가로주택정비사업, 소규모재건축사업 또는 소규모재개발사업을 시행하는 경우 조합설립인가 후 해당 사업의 건축물 또는 토지를 양수(매매·증여 그 밖의 권리의 변동을 수반하는 모든 행위를 포함하되, 상속·이혼으로 인한 양도·양수의 경우는 제외한다. 이하 이 조에서 같다)한 자는 제1항에도 불구하고 조합원이 될 수 없다. 다만, 양도인이 다음 각 호의 어느 하나에 해당하는 경우 그 양도인으로부터 그 건축물 또는 토지를 양수한 자는 그러하지 아니하다. <개정 2020.6.9, 2021.7.20, 2022.2.3>

각 호 생략

3. 윤석열정부에서 조합원 자격 승계 제한, 더 강화될 수 있다
정비사업 조합원 지위양도 제한시기 조기화(서울시 보도자료 2021.6.24)

2021년 4월 재선된 서울시장은 재건축사업의 활성화 예상으로 투기과열의 조짐이 있자, 정비사업(재개발, 재건축)의 조합원 자격 승계 제한시기를 앞당기겠다고 하였다(도시정비법 개정안도 발의됨).[26]

2021년 6월 도시정비법에 대한 송석준의원의 개정안에 따르면 재건축조합설립인가일 전에 "재건축조합원 자격 취득제한일"을 고시하는 경우, 그 다음날부터 건축물 또는 토지를 양수(매매·증여, 그 밖의 권리의 변동을 수반하는 모든 행위를 포함하되, 상속·이혼으로 인한 양도·양수의 경우는 제외)한 자는 조합원이 될 수 없도록 하겠다는 것이다.[27]

---

26. 도시정비법 일부개정법률안(송석준의원 대표발의), 발의연월일: 2021.6.7
제39조(조합원의 자격 등) ②「주택법」제63조제1항에 따른 투기과열지구로 지정된 지역에서 재건축사업을 시행하는 경우에는 조합설립인가 후[이 경우 시·도지사가 투기를 억제하기 위하여 도시계획위원회 심의를 거쳐 안전진단 통과 후 조합설립인가 전 따로 정하는 날(이하 이 조에서 "재건축 조합원 자격취득 제한 기준일"이라 함)을 고시하는 경우에는 재건축 조합원 자격취득 제한 기준일의 다음날부터] 재개발사업을 시행하는 경우에는 제74조에 따른 관리처분계획의 인가 후[이 경우 시·도지사가 투기를 억제하기 위하여 도시계획위원회 심의를 거쳐 조합설립인가 후 관리처분계획인가 전 따로 정하는 날(이하 이 조에서 "재개발 조합원 자격취득 제한 기준일"이라 함)을 고시하는 경우에는 재개발 조합원 자격취득 제한 기준일의 다음날부터]해당 정비사업의 건축물 또는 토지를 양수(매매·증여, 그 밖의 권리의 변동을 수반하는 모든 행위를 포함하되, 상속·이혼으로 인한 양도·양수의 경우는 제외한다. 이하 이 조에서 같다)한 자는 제1항에도 불구하고 조합원이 될 수 없다. 다만, 양도인이 다음 각 호의 어느 하나에 해당하는 경우 그 양도인으로부터 그 건축물 또는 토지를 양수한 자는 그러하지 아니하다.
1. ~ 5. (생략)

27. <문화일보 2022.4.4>
인수위가 재건축 규제 완화 움직임에 따라 들썩이는 부동산 가격 상승을 차단하기 위해 현재 조합설립인가 이후인 조합원 지위 양도 시점을 안전진단 통과 이후로 앞당기는 방안을 추진키로 했다.
이는 '도시정비법' 개정 사안으로 지난해 6월 송석준 국민의힘 의원이 개정안을 발의한 상태다. 더불어민주당도 개정취지에는 공감하고 있다.
인수위는 도심 공급 촉진 차원에서 윤 당선인이 후보시절 공약한 안전진단 완화 등 재건축 규제 완화책을 적극 검토하고 있다.
구조 안선성 가중치 등 정밀안전진단 기준문턱을 낮추는 방안이 핵심이다.
준공 30년 이상 재건축 단지에 대한 안전진단 일괄폐지는 시장불안 유발가능성으로 인해 폐지 대신 완화로 가닥이 잡힌 것이다.

2022년 4월 정권인수위원회가 발족되면서 재건축사업의 경우 안전진단을 통과하면 그때부터 조합설립인가일 전까지 시·도지사가 지정하는 날(예, 안전진달 통과한 날)을 조합원 지위 승계 제한일로 정하겠다고 밝혔다.

단독주택 재건축사업의 경우도 걱정하는 이들이 있으나, 이 경우에는 안전진단 과정이 없으므로, 종전과 같은 적용을 받게 될 것으로 보인다.

2021.6.24 서울시는 보도자료에서 구체적 내용을 밝혔다.

투기과열지구 내 재건축은 종전의 조합설립인가이었으나 안전진단 통과 이후, 재개발은 관리처분계획인가 이후에서 구역지정 이후로 정해 시·도지사가 기준일을 지정하겠다는 것이다.

새로운 지정일 이후 건축물 또는 토지를 양수한 자는 조합원 자격 취득이 제한되고 현금청산 토록 하겠다는 것이다.

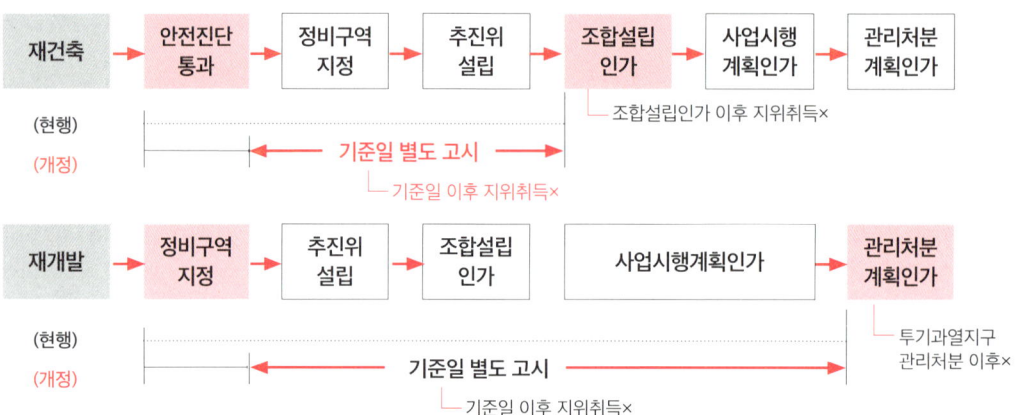

1) 지위승계 제한 예외규정

현재 서울시에서는 토지거래허가구역으로 지정된 곳과 미지정 구역으로 구분하여 조합원지위승계 제한이 조기화되는 경우의 예외규정 1, 2의 적용여부를 설명하고 있다.

- **예외규정1(재건축·재개발 공통)**
① 1주택자로서 장기 소유자(5년 거주, 10년 소유)인 경우
② 상속·이혼으로 인한 양도·양수, 근무 상, 생업 상 사정이나 질병치료, 취업, 결혼,

세대원 해외이주로 세대원 모두 이전하는 경우

　③ 공공 및 금융기관에 채무불이행에 따른 경매·공매 등

위의 경우는 공동주택 재건축사업을 그 대상으로 하고 있으며, 안전진단의 대상이 아닌 단독주택재건축사업에는 해당되지 않을 것으로 보인다.

- **예외규정2**

재건축

안전진단 통과(안전진단 통과일 이후 정비계획 입안 전에 기준일을 정한 경우에는 기준일) 후 2년 이상 정비계획 입안 없는 경우

정비구역 지정(정비구역 지정일 이후 추진위설립 신청 전에 기준일을 정한 경우에는 기준일) 후 2년 이상 추진위 설립 신청 없는 경우

추진위 설립(추진위설립일 이후 조합설립 신청 전에 기준일을 정한 경우에는 기준일) 후 2년 이상 조합설립 신청 없는 경우

재개발

조합설립 후 3년 이상 사업시행인가 신청 없는 경우

사업시행인가 후 3년 이상 착공하지 못한 경우

착공 후 3년 이상 준공하지 못한 경우 등

- 재건축

구분			안전진단통과 ~ 조합설립인가	조합설립인가 ~ 소유권 이전등기	비고
기준일 지정	토지거래 허가구역	지정	예외규정① 적용	예외규정② 미적용	
		미지정	예외규정① 적용	예외규정② 적용	
기준일 미지정	토지거래 허가구역	지정	조합원 지위양도 가능	예외규정① 적용 예외규정② 미적용	
		미지정		예외규정① 적용 예외규정② 적용	

예외규정① 적용 장기보유, 불가피한 이주, 매매 등
예외규정② 적용 장기보유, 불가피한 이주, 매매 등

- 재개발

구분			정비구역지정 ~ 관리처분인가	관리처분인가 ~ 소유권 이전등기	비고
기준일 지정	토지거래 허가구역	지정	예외규정① 적용	예외규정② 미적용	
		미지정	예외규정① 적용	예외규정② 적용	
기준일 미지정	토지거래 허가구역	지정	조합원 지위양도 가능	예외규정① 적용 예외규정② 미적용	
		미지정		예외규정① 적용 예외규정② 적용	

예외규정① 적용 장기보유, 불가피한 이주, 매매 등
예외규정② 적용 장기보유, 불가피한 이주, 매매 등

2) 재건축·재개발조합원 지위양도 제한 조기화 Q&A

국토부, 서울시 2021.6.24 보도자료에서 발췌

Q 조합설립 후 3년 이상 사업시행인가 신청이 없는 아파트단지 중 이미 토지 거래허가구역으로 지정된 단지는 개정법령이 시행되면 즉시 제한되는지?

A 현행 법령상 재건축단지는 조합설립인가 후에는 조합원 지위양도 제한이 되나, 조합설립 후 3년 이상 사업시행인가 신청이 없는 경우 적용을 제외토록 하고 있음. 그러나, 개정 법령은 이 경우라도 토지거래허가구역으로 지정된 단지는 예외 규정을 적용하지 않도록 하고 있으므로, 개정법이 시행되면 즉시 조합원 지위취득이 제한될 것임

Q 기준일 지정 전 건축물 또는 토지를 양수한 경우에도 조합원 지위양도가 제한되는지?

A 조합원 자격취득 제한 강화는 법 시행 이후 기준일을 지정하는 경우부터 적용되고, 기준일은 고시일 이후로만 지정할 수 있어 장래에 대해서만 효력이 미침
따라서, 법 시행 전이나, 법 시행 이후 기준일이 지정되기 전에 건축물 또는 토지를 양수한 경우에는 조합원 자격취득이 제한되지 않음

Q 공공재개발·재건축 사업에도 조합원 지위양도 제한 강화가 적용되는지?

A 공공재개발·재건축도 민간 재개발·재건축과 동일하게 기준일 지정이 가능하며, 특히, 조합방식이 아닌 공공재개발·공공재건축도 투기수요 유입을 억제하기 위해 조합원 지위취득 제한과 동일한 기준으로 "분양받을 권리" 취득이 제한됨
다만, 공공직접시행 정비사업은 대책발표일('21.2.4) 이후 사업구역 내 기존 부동산에 대한 신규 매입계약을 체결한 자는 우선공급권을 부여하지 않으므로, 조합원 지위취득 제한은 별도 적용할 필요가 없음

판례

대법원 2010.7.29선고 2008다6328 판결[재건축조합 총회결의 무효확인의 소]
【판시사항】
[1] 도시정비법이 시행된 후 조합설립결의, 조합설립변경 결의, 사업시행계획이나 관리처분계획 등에 의하지 아니한 '재건축결의'가 이루어진 경우, 그 재건축결의의 무효확인을 구할 법적 이익이 있는지(소극)
[2] 재건축조합을 상대로 조합설립변경 결의 또는 사업시행계획 결의의 효력 등을 다투는 소송의 법적 성질(=행정소송법상 당사자소송)
[3] 구 주택건설촉진법에 따라 조합설립인가를 받은 후 도시정비법 하에서 새로이 '사업시행계획에 대한 동의 및 재건축결의서'라는 동의서에 의하여 이루어진 재건축결의의 무효확인을 구하는 소를 민사소송으로 제기한 사안에서, 그 무효확인 청구를 조합설립변경 결의 또는 사업시행계획 결의의 무효확인을 구하는 취지로 해석될 여지가 있으므로 관할 법원인 행정법원으로 이송함이 상당하다.

대법원 2007.10.11선고 2005다58786 판결[소유권신탁등기절차 이행 등]
【판시사항】
재건축 비용의 분담에 관한 사항을 정하지 아니한 재건축결의의 효력(=무효) 및 그 비용 분담에 관한 사항을 정하는 방법
집합건물법 제47조제3항은 재건축의 결의를 할 때에는 건물의 철거 및 신건물의 건축에 소요되는 비용의 분담에 관한 사항과 신건물의 구분소유권의 귀속에 관한 사항 등을 정하여야 한다고 규정하고 있는바, 위 재건축 비용의 분담에 관한 사항은 구분소유자들로 하여금 상당한 비용을 부담하면서 재건축에 참가할 것인지, 아니면 시가에 의하여 구분소유권 등을 매도하고 재건축에 참가하지 않을 것인지를 선택하게 하는 기준이 되는 것이고,
재건축 결의의 내용 중 가장 중요하고 본질적인 부분으로서, 재건축의 실행단계에서 다시 비용 분담에 관한 합의를 하지 않아도 될 정도로 그 분담액 또는 산출기준을 정하여야 하고 이를 정하지 아니한 재건축 결의는 특별한 사정이 없는 한 무효라고 할 것이나(대법원 2005. 4. 29. 선고 2004다7002 판결 등 참조), 이 때 비용 분담에 관한 사항은 재건축 참가자가 확정될 경우에 자동적으로 그 부담비율이 결정될 정도로 재건축 결의 단계에서 이를 정하여 놓음으로써 석어노 장차 새건축에 참가할 경우에 재건축 비용을 어떻게 분담할 것인지를 예측할 수 있을 만큼 비용 분담의 기준을 제시하면 충분하다(대법원 2005.7.8 선고 2005다21036 판결 참조).

4. 시장(市場)이나 인정시장이면, 시장정비사업으로 갈아타라
「전통시장 및 상점가 육성을 위한 특별법(이하 "전통시장법")」 적용

한 동의 아파트나 상가의 재건축은 주택단지 전체가 아니므로 집합건물법·건축법에 의하게 된다. 같은 상가(또는 시장이라는 표현도 사용하기도 함)라도 시장 또는 시장으로 인정받으면 전통시장법에 의한 시정정비사업[28]으로 진행할 수 있다.

이 사업에 의하는 경우 관리단 집회보다는 먼저 추진위원회를 구성하는 것이 일반적이다. 그 이유로 추진계획 승인, 고시(이것이 정비구역임) 이전에 추진위원회 구성이 가능하기 때문이다. 이후 진행은 도시정비법을 준용하게 된다.

시장정비사업이 아닌 경우에는 도시정비법이 아닌 건축법의 적용을 받는다는 점에서 일반상가 재건축과 다르다.

전통시장법을 선호하는 이유는 용적률, 조세 감면 등 특례 때문이라는 것이 통설이다.

건축법에 의한 대표적 사례로 강남구 대치동에 있는 ○○상가 대치클래시아를 들 수 있다.

바로 인근에 있으면서, 상가지만 시장으로 인정받아 전통시장법상 시장정비사업을 진행한 곳이 있다. 건축법에 의한 상가재건축과 비교 기사를 확인해 보면 그 차이를 알 수 있다.

---

28. 전통시장법
    제2조(정의) 이 법에서 사용하는 용어의 뜻은 다음과 같다.
    6. "시장정비사업"이란 제41조에 따른 시장정비사업시행자가 시장의 현대화를 촉진하기 위하여 상업기반시설 및 도시정비법 제2조제4호에 따른 정비기반시설을 정비하고, 대규모점포가 포함된 건축물을 건설하기 위하여 이 법과 도시정비법 등에서 정하는 바에 따라 시장을 정비하는 모든 행위를 말한다.

> **<매일경제 2019.10.24>**
>
> **대치동 노른자위 상가, 재건축 시동**
> **특별법상 용적률 400% 노려 14층 주상복합으로 탈바꿈**
>
> 서울 강남구 대치동 한복판에 자리 잡은 3층짜리 노후 상가 건물이 '전통시장 전용 재건축 특별법'을 적용받아 14층 규모 대형 주상복합으로 탈바꿈할 전망이다. 24일 정비업계에 따르면 남서울종합시장 시장정비사업추진위원회는 지난 11일부터 한 달간 정비계획안(추진계획안) 변경사항에 대한 주민 공람에 들어갔다. 상가 소유주 동의율이 60%를 넘어 신청요건은 이미 달성했다.
> 강남구 '래미안 대치팰리스' 아파트 정문 바로 앞에 위치한 이 상가는 원래 전통시장으로 구분된다. 주변 아파트와 상가는 2015년에 재건축됐지만 이 상가는 그대로 남아 있다가 이제서야 정비사업에 속도를 내고 있다. 전통시장인 상가는 시장정비사업으로서 '전통시장 및 상점가 육성을 위한 특별법 시행령'을 따른다. 이 때문에 상가 재건축으로는 드물게 용적률이 최대 400%까지 가능하다. 이 상가는 14층짜리 주상복합으로 재건축할 예정이다. 현재 상가는 지하 1층~지상 3층 건물로 소유주 190여 명, 상점 250여 개로 구성돼 있다.

1) 사업주체

집합건물법, 건축법에 의한 상가 재건축을 추진 시, 관리단을 구성하여 재건축 결의를 하면서 출발하게 된다.

반면 전통시장법에 의한 시장정비사업(이를 "시장재건축사업"이라고도 하지만 정확한 명칭은 아님)의 경우, 관리단이 있으면 재건축결의를 하기도 하지만, 추진위원회를 구성하여 추진하기도 한다.

도시정비법에 의하면 정비계획 및 정비구역이 지정고시된 이후 추진위원회를 구성하게 되지만, 전통시장법에서는 먼저 추진위원회를 구성한 뒤 사업추진계획 승인신청 및 고시(정비구역으로 의제됨) 이후에 조합을 구성하는 방식을 취한다는 점에서 구별된다.

2) 시장정비사업의 진행절차도

사업 특성 상 다음과 같이 진행된다.

시장정비사업추진위원회의 구성은 정비사업과는 달리, 구역지정이 되지 않은 상태에서도 토지등소유자 수의 과반수 동의로 구성 승인을 받을 수 있으며, 이후 시장정비사업 추진계획 승인, 고시받게 되면 정비구역으로 의제된다. 이렇게 정비구역 지정고시로 의제받으면. 시장정비사업조합 인가→사업시행계획 인가→관리처분계획의 순으로 진행된다.

단계	절차	내용
사업추진계획 승인 단계	시장정비사업추진위원회 설립 (토지등 소유자 5인 이상)	• 토지등 소유자 과반수 이상의 동의 설립
	시장정비사업추진위원회 승인 (시장·군수·구청장)	• 도시정비법 제31조에 의하여 승인
	시장정비사업추진위원회 수립 (시장·군수·구청장)	
	사업추진계획 추천 신청 (추진위원회 → 시장·군수·구청장)	• 토지면적의 3/5이상의 동의 및 토지등 소유자 총수의 3/5이상의 동의
	사업추진계획 승인 신청 (시장·군수 → 시·도지사)	• 이해관계인 의견 청취
	시장정비사업심의위원회 심의	
	사업추진계획 승인·고시 (시·도지사)	• 도시정비법 제2조제1호에 의한 정비구역으로 지정된 것으로 봄
조합설립 단계	시장정비사업조합인가 신청 (추진위원회 → 시장·군수·구청장)	• 토지면적의 3/5이상의 동의 및 토지등 소유자 총수의 3/5이상의 동의
	시장정비사업조합인가 (시장·군수·구청장)	• 도시정비법 제35조에 의하여 인가
사업시행 단계	사업시행계획 수립 (사업시행자)	• 토지면적의 3/5이상의 동의 및 토지등 소유자 총수의 3/5이상의 동의(조합은 총회에서 조합원 과반수의 동의)
	사업시행계획 신청 및 인가 (사업시행자 → 시장·군수·구청장)	• 공람공고, 의견청취, 인가 및 고시
	관리처분계획 신청 및 인가 (사업시행자 → 시장·군수·구청장)	• 토지등 소유자의 분양신청 현황을 기초로 관리처분 계획 수립
	공사 착공 및 이주 (사업시행자)	• 일반분양
완료 단계	사업준공 및 소유권이전 (사업시행자)	• 준공 인가 및 고시 → 확정측량 및 토지분할 → 소유권이전 고시 → 등기촉탁 → 대규모점포 등록
	청산 (사업시행자)	• 청산금 징수 및 지급
	조합해산 (사업시행자)	• 서류이관(조합 → 구청장) • 조합해산결의 → 조합해산

― 사업 단계별 동의율

도시정비법상 동의율을 준용하지 않고 전통시장법에서 별도로 규정하고 있다.

① 추진위원회 구성승인
토지등소유자(토지 또는 건축물의 소유자 또는 그 지상권자)의 과반수 동의(법 §32①) 추진위원회와 관련된 사항은 도시정비법 §31부터 §34조까지의 규정을 준용(법 §32④)

② 사업추진계획 수립승인 추천신청
다른 법률의 규정에도 불구하고 시장정비구역 토지면적의 3/5 이상 토지소유자의 동의 및 토지등소유자 총수의 3/5 이상 동의(법 §34①)

③ 인접지역을 포함한 사업시행구역 신청
사업시행자가 인접지역 토지등소유자의 3/4 이상 및 토지면적의 2/3 이상에 해당하는 토지의 소유자의 동의와 구청장의 추천 필요(법 §45①)

④ 시장정비사업조합
시장정비구역 토지면적의 3/5 이상 토지소유자의 동의 및 토지등소유자 총수의 3/5 이상의 동의(법 §34②)

⑤ 사업시행계획인가 신청
시장정비구역 토지면적의 3/5 이상 토지소유자의 동의 및 토지등소유자 총수의 3/5 이상의 동의(법 §34①)/조합설립인가와 동일

⑥ 관리처분계획 수립
시장정비사업의 토지등소유자는 도시정비법상 재개발사업의 토지등소유자와 그 개념이 같다. 이 시장정비사업의 관리처분계획 수립은 도시정비법 제74조를 준용한다.

⑦ **조합 해산**

총회 의결을 거쳐야 하고, 의결정족수는 시장정비사업조합정관등이 정하는 바에 따름

3) 시장정비사업 특례

시장정비사업으로 진행하게 되면, 집합건물법·건축법·도시정비법에 의한 진행과 달리 다음과 같은 특례 규정이 있다.

※ 전통시장법

제40조의2(인·허가등 의제를 위한 일괄협의회) ① 시장·군수·구청장은 제40조제3항에 따라 관계 행정기관의 장과 협의하기 위하여 인·허가등 의제를 위한 일괄협의회를 개최할 수 있다.
② 관계 행정기관의 장은 소속 공무원을 제1항에 따른 일괄협의회에 참석하게 하여야 한다.

제43조(환지 및 보류지 등) 시장정비사업이 끝나 준공완료 고시가 된 후 대지나 건축물의 소유권을 이전함에 따라 취득하는 대지나 건축물 중 토지등 소유자에게 분양하는 대지나 건축물은 「도시개발법」에 따른 환지로 보며, 「도시정비법」에 따른 보류지와 일반에게 분양하는 대지나 건축물은 「도시개발법」에 따른 보류지나 체비지로 본다.

제45조(인접지역을 포함한 시장정비사업에 관한 특례) ① 시·도지사는 시장에 상점가 등이 인접하여 이를 포함하지 아니하고는 시장정비사업을 효율적으로 추진하기가 어렵다고 인정되는 경우에만 그 인접지역을 포함하여 사업추진계획을 승인할 수 있다. 이 경우 사업시행자가 인접지역 토지등 소유자의 3/4 이상 및 토지면적의 2/3 이상에 해당하는 토지의 소유자의 동의와 시장·군수·구청장의 추천을 받아야 한다.
② 시·도지사는 인접지역을 포함하여 사업추진계획을 승인하였을 때에는 사업시행자가 인접지역의 입점상인에 대하여도 입점상인 보호대책을 수립·시행하도록 하여야 한다.

제47조(공설시장의 시장정비사업 특례) ① 시장·군수·구청장은 공설시장으로서 시장정비구역의 국·공유지 면적이 전체 토지면적의 1/2 이상인 경우 시장정비사업을 직접 시행하거나 다음 각 호에서 정한 자에게 대행하게 할 수 있다.

1. 토지등 소유자가 설립한 시장정비사업조합 또는 시장정비사업법인
2. 제41조제2항 각 호의 어느 하나에 해당하는 자
3. 시·군·구와 시장상인 등이 시장정비사업을 추진하기 위하여 공동으로 출자하여 설립한 법인
4. 그밖에 시장·군수·구청장이 시장정비사업을 수행하기에 적합하다고 인정하는 공공법인

제48조(지구단위계획구역 등에 관한 특례) 시·도지사가 사업추진계획의 승인을 고시할 때 제33조제1항제3호 각 목에서 규정한 사항 및 「건축법」에 따른 건축허가의 제한에 대하여 결정한 사항이 없으면 「국토계획법」에 따른 지구단위계획구역의 지정에 관한 도시·군관리계획 및 「건축법」에 따른 건축허가의 제한규정에도 불구하고 사업시행인가를 받아 시장정비사업을 시행할 수 있다. 다만, 해당 시장정비구역에 지구단위계획이 결정되어 있는 곳은 이 법에서 특례로 규정하지 아니한 사항에 대해서는 그 지구단위계획을 따른다.

제51조(용적률에 관한 특례) 시장정비사업구역 중 「국토계획법」에 따른 주거지역과 공업지역 중 대통령령으로 정하는 지역에 있는 시장의 용적률은 같은 법 제78조제1항 및 제2항에도 불구하고 주거지역은 500% 이하의 범위에서, 공업지역은 400% 이하의 범위에서 대통령령으로 따로 정한다.

제52조(건폐율에 관한 특례) 시장정비사업구역 중 「국토계획법」에 따른 주거지역, 상업지역 및 공업지역 중 대통령령으로 정하는 지역에 있는 시장의 건폐율은 같은 법 제77조에도 불구하고 주거지역과 공업지역은 70% 이하의 범위에서, 상업지역은 90% 이하의 범위에서 대통령령으로 따로 정한다.

제53조(일조 등의 확보를 위한 건축물의 높이제한에 관한 특례) 시장정비사업시행인가를 받

아 주거지역과 공업지역 중 대통령령으로 정하는 지역에서 공동주택을 갖춘 복합형 상가건물을 건축하는 경우에는 「건축법」에도 불구하고 건축물의 각 부분의 높이는 건축물의 채광을 위한 창문 등이 있는 벽면에서 직각 방향으로 인접 대지 경계선까지의 수평거리의 4배 이하의 범위에서 각각 대통령령으로 따로 정한다.

제53조의2(대지의 공지에 관한 특례) 시장정비사업구역 중 상가건물을 건축하는 경우 「건축법」에 따른 건축선 및 인접 대지 경계선으로부터 떨어야 하는 거리는 같은 법 제58조에도 불구하고 용도지역, 용도지구 및 건축물의 용도·규모·층수·도로상황 등을 고려하여 6미터 이내의 범위에서 대통령령으로 따로 정한다.

제56조(국세 및 지방세 감면에 관한 특례) ① 정부와 지방자치단체는 시설현대화사업을 함에 따라 새로 설치하거나 확장하는 시설물 등에 대하여 부과하는 취득세 및 재산세 등의 지방세를 「지방세특례제한법」이나 지방자치단체의 조례로 정하는 바에 따라 감면할 수 있다.
② 정부와 지방자치단체는 사업시행자가 시장정비사업에 직접 사용하기 위하여 취득하는 사업용 부동산에 대하여 취득세 및 재산세 등의 지방세를 「지방세특례제한법」이나 지방자치단체의 조례로 정하는 바에 따라 감면할 수 있다.
③ 정부는 제43조에 따른 환지, 보류지 및 체비지에 대해서는 국세에 관한 법률에서 정하는 바에 따라 소득세를 면제할 수 있다.

제57조(과밀부담금 감면) 시장정비구역에서 시장정비사업으로 건축된 건축물에 대해서는 「수도권정비계획법」 제12조에도 불구하고 그 과밀부담금의 50/100에 해당하는 금액을 감액한다.

― 시장정비사업으로 공동주택을 분양하는 경우 분양대상자의 범위(도시정비법 시행령 §63①3)

시장정비사업으로 공동주택을 분양하는 경우 분양대상자의 범위에 관하여

「도시정비법 시행령」 제63조제1항제3호 단서가 준용되는지(「도시정비법 시행령」 제63조제1항제3호 등)(법제처 2022.9.2, 서울 강남구)

Q 전통시장법 제4조제1항에서는 시장정비사업과 관련하여 이 법에서 정하지 아니한 사항은 「도시정비법」 중 재개발사업에 관한 규정을 준용하고, 그 밖의 사항에 관하여는 같은 법 및 「집합건물법」의 관련 규정을 각각 준용한다고 규정하고 있는 한편,

도시정비법 제74조제1항에 따르면 사업시행자(각주: 정비사업을 시행하는 자를 말하며(도시정비법 제2조제8호), 이하 같음.)는 분양신청기간이 종료된 때에는 분양신청의 현황을 기초로 분양설계(제1호) 등이 포함된 관리처분계획을 수립하여 시장·군수 등의 인가를 받아야 한다고 규정하고 있고, 같은 법 제74조제6항에서는 관리처분계획의 내용, 관리처분의 방법 등에 필요한 사항은 대통령령으로 정한다고 규정하고 있으며, 그 위임에 따른 같은 법 시행령 제63조제1항제3호에서는 법 제23조제1항제4호의 방법으로 시행하는 주거환경개선사업과 재개발사업의 관리처분 방법을 정비구역의 토지등소유자(각주: 지상권자는 제외하며, 이하 같음.)에 대한 분양(본문)으로 규정하면서, 공동주택을 분양하는 경우 시·도 조례(각주: 특별시·광역시·특별자치시·도·특별자치도 또는 「지방자치법」 제198조제1항에 따른 서울특별시·광역시 및 특별자치시를 제외한 인구 50만 이상 대도시의 조례를 의미하며(도시정비법 시행령 §2②), 이하 같음.)로 정하는 금액·규모·취득 시기 또는 유형에 대한 기준에 부합하지 아니하는 토지소유자는 시·도조례로 정하는 바에 따라 분양대상에서 제외할 수 있다(단서)고 규정하고 있는바,

1) 도시정비법 시행령 제63조제1항제3호 단서에 따라 특정한 토지등소유자를 공동주택의 분양대상에서 제외하는 내용의 시·도조례가 있는 경우 사업시행자는 반드시 해당 시·도조례에 따라야 하는지?

2) 전통시장법 제2조제6호에 따른 시장정비사업의 관리처분계획 수립에 관하여 도시정비법 제74조 및 같은 법 시행령 제63조제1항제3호 단서가 준용되는지?

A1 도시정비법 시행령 제63조제1항제3호 단서에 따라 특정한 토지등소유자를 공동주택의 분양대상에서 제외하는 내용의 시·도 조례가 있는 경우 사업시행자는 해당 시·도 조례에 따라야 함.

A2 전통시장법 제2조제6호에 따른 시장정비사업의 관리처분계획 수립에 관하여 도시정비법 제74조 및 같은 법 시행령 제63조제1항제3호 단서가 준용됨.

3부

아파트·상가 분양 및 전매

1. 입주권, 분양권

분양권과 입주권, 어떻게 다른지
상가가 아파트 입주권 되는 시기

1) 조합원입주권과 분양권

— 조합원입주권

재개발, 재건축, 소규모재건축사업 등 관련 사업의 조합원이 새 아파트에 입주할 수 있는 권리이다. 대표적으로 정비사업, 소규모주택정비사업 등의 조합원 분양분을 말하는데, 관련 법령에 따라 '조합원 입주권 또는 입주자로 선정된 지위'라고 부르기도 한다.

부동산거래신고법 제3조제1항제3호 나목의 「도시정비법」 제74조에 따른 관리처분계획인가 및 「소규모주택정비법」 제29조에 따른 사업시행계획인가로 취득한 '입주자로 선정된 지위'로 표기하고 있다.

소득세법 제88조(정의)제9호에서 "조합원입주권"이란 도시정비법에 따른 관리처분계획의 인가 및 소규모주택정비법에 따른 사업시행계획인가로 인하여 취득한 입주자로 선정된 지위를 말한다.
이 경우 「도시정비법」에 따른 재건축·재개발사업, 「소규모주택정비법」에 따른 가로주택정비사업, 소규모재건축사업, 소규모재개발사업을 시행하는 정비조합의 조합원으로서 취득한 것(그 조합원으로부터 취득한 것을 포함)으로 한정된다.

조합원 입주권과 관련, 지방세법 상 관리처분계획인가가 있는 경우라도 해당 주거용 건축물이 멸실되기 전까지는 주택으로 간주(행정안전부 지방세운영과-1, 2018.1.2)하므로, 조합원입주권 취득(전환)시점은 주거용 건축물 멸실 이후로 판단(행정안전부 부동산세제과-2469, 2020.9.17)함으로써 조합원분을 입주권이라는 것이다(서울시 세무과 2021.11.30).

분양권

재개발·재건축·소규모재건축사업 등 관련 일반분양분 및 건설사에서 자체 건설 공급하는 주택의 입주자로 선정된 권리로서, "분양권, 주택분양권"이라고 하며, 정비사업이나 소규모주택정비사업의 일반분양분을 말한다.

소득세법 제88조제10호에서 "분양권"이란 「주택법」 등 대통령령으로 정하는 법률에 따른 주택에 대한 공급계약을 통하여 주택을 공급받는 자로 선정된 지위(해당 지위를 매매 또는 증여 등의 방법으로 취득한 것을 포함한다)라고 규정하고 있다.

※ 부동산거래신고법

제3조(부동산 거래의 신고) ① 거래당사자는 다음 각 호의 어느 하나에 해당하는 계약을 체결한 경우 그 실제 거래가격 등 대통령령으로 정하는 사항[29]을 거래계약의 체결일부터 30일 이내에 그 권리의 대상인 부동산등(권리에 관한 계약의 경우에는 그 권리의 대상인 부동산을 말한다)의 소재지를 관할하는 시장·군수 또는 구청장(이하 "신고관청")에게 공동으로 신고하여야 한다. 다만, 거래당사자 중 일방이 국가, 지방자치단체, 대통령령으로 정하는 자의 경우(이하 "국가등")에는 국가등이 신고를 하여야 한다. <개정 2017.2.8, 2019.8.20>

1. 부동산의 매매계약
2. 「택지개발촉진법」, 「주택법」 등 대통령령으로 정하는 법률에 따른 부동산에 대한 공급계약
3. 다음 각 목의 어느 하나에 해당하는 지위의 매매계약
가. 제2호에 따른 계약을 통하여 부동산을 공급받는 자로 선정된 지위

---

29. 부동산거래신고법 시행령
제3조(부동산 거래의 신고) ③ 법 제3조제1항제2호에서 "택지개발촉진법, 주택법 등 대통령령으로 정하는 법률"이란 다음 각 호의 법률을 말한다. <개정 2018.2.9>
1.「건축물의 분양에 관한 법률」 2.「공공주택 특별법」 3.「도시개발법」 4.「도시정비법」 4의2.「소규모주택정비법」 5.「산업입지 및 개발에 관한 법률」 6.「주택법」 7.「택지개발촉진법」

나. 「도시정비법」 제74조에 따른 관리처분계획인가 및 「소규모주택정비법」 제29조에 따른 사업시행계획인가로 취득한 입주자로 선정된 지위

소득세법

법 제88조(정의) 이 장에서 사용하는 용어의 뜻은 다음과 같다.
9. "조합원입주권"이란 「도시정비법」 제74조에 따른 관리처분계획의 인가 및 「소규모주택정비법」 제29조에 따른 사업시행계획인가로 인하여 취득한 입주자로 선정된 지위를 말함. 이 경우 「도시정비법」에 따른 재건축사업 또는 재개발사업, 「소규모주택정비법」에 따른 가로주택정비사업, 소규모재건축사업 또는 소규모재개발사업을 시행하는 정비조합의 조합원으로서 취득한 것(그 조합원으로부터 취득한 것을 포함함)으로 한정하며, 이에 딸린 토지를 포함한다.
10. "분양권"이란 「주택법」 등 대통령령으로 정하는 법률에 따른 주택에 대한 공급계약을 통하여 주택을 공급받는 자로 선정된 지위(해당 지위를 매매 또는 증여 등의 방법으로 취득한 것을 포함)를 말한다.

영 제152조의4(분양권의 범위) 법 제88조제10호에서 "주택법 등 대통령령으로 정하는 법률"이란 다음 각 호의 법률을 말한다.
1. 「건축물의 분양에 관한 법률」,   2. 「공공주택 특별법」,   3. 「도시개발법」
4. 「도시정비법」,   5. 「소규모주택정비법」
6. 「산업입지 및 개발에 관한 법률」,   7. 「주택법」,   8. 「택지개발촉진법」
[본조신설 2021.2.17]

지방세법

제13조의3(주택 수의 판단 범위) 제13조의2를 적용할 때 다음 각 호의 어느 하나에 해당하는 경우에는 다음 각 호에서 정하는 바에 따라 세대별 소유 주택 수에 가산한다.
2. 「도시정비법」 제74조에 따른 관리처분계획의 인가 및 「소규모주택정비법」 제29조에 따른 사업시행계획인가로 인하여 취득한 입주자로 선정된 지위[「도시정비법」에 따른 재건축·재개발사업, 「소규모주택정비법」에 따른 소규모재건축사업을 시행하는 조

합원으로서 취득한 것(그 조합원으로부터 취득한 것을 포함한다)으로 한정하며, 이에 딸린 토지를 포함한다. 이하 이 조에서 "조합원입주권"]는 해당 주거용 건축물이 멸실된 경우라도 해당 조합원입주권 소유자의 주택 수에 가산한다.

3. 「부동산 거래신고 등에 관한 법률」 제3조제1항제2호에 따른 "부동산에 대한 공급계약"을 통하여 주택을 공급받는 자로 선정된 지위(해당 지위를 매매 또는 증여 등의 방법으로 취득한 것을 포함한다. 이하 이 조에서 "주택분양권")는 해당 주택분양권을 소유한 자의 주택 수에 가산한다.

4. 제105조에 따라 주택으로 과세하는 오피스텔은 해당 오피스텔을 소유한 자의 주택 수에 가산한다.

[본조신설 2020.8.12]

2) 주택 수

(1) 지방세법령 상 주택 수 산정
취득세 등 중과에 해당하는지 여부에 대한 기준

국세에서는 오피스텔을 주거용으로 사용하고 있다면, 무조건 주택으로 본다.

반면, 지방세인 취득세에서는 오피스텔에 대한 재산세가 주택분으로 과세되는 경우에 한하여 주택으로 본다. 즉, 오피스텔에 대한 재산세가 주택분으로 과세되고 있지 않다면 오피스텔을 실제 주거용으로 사용하고 있더라도 주택으로 보지 않는다.

① 주택 수 포함여부

― 오피스텔에 대한 주택 수 포함여부
오피스텔에 대해 재산세가 주택분으로 과세되고 있다고 해서 무조건 주택으로 보지는 않는다.

2020.8.12 개정 지방세법 시행령 시행일 이후 취득한 오피스텔부터 주택 수에 포함(다만, 2020.8.11 이전에 매매계약을 체결하고 같은 해 8.12 이후에 취득한 오피스텔은 제외)되기 때문에, 2020.8.11 이전에 취득한 오피스텔은 재산세가 주택으로 과세되고 있다고 할지라도 주택 수에 포함되지 않는다.

― **오피스텔에 대한 주택 수 판정**

❶ 재산세가 업무용으로 과세되는 오피스텔(취득시기, 실제 사용용도 무관): 주택 수 제외
❷ 재산세가 주택분으로 과세되는 오피스텔: 취득시기에 따라 구분됨
- 2020.8.11 이전에 취득: 주택 수에서 제외
- 2020.8.12 이후에 취득: 주택 수에 포함(다만, 2020.8.11 이전에 매매계약을 체결하고 2020.8.12 이후에 취득한 오피스텔은 제외)

2020.8.12 전에 계약을 체결한 분양권의 주택 수에 포함되는지에 대해 서울시는 다음과 같이 판단하고 있다.

Q 2020.7.20 경기도 조정대상지역 내 계약을 한 분양권(이하 "a주택분양권")이 1개 있는 상태에서, 서울시 소재 아파트(이하 "b주택")를 올 해안에 구매하려 하는바, 분양권도 1주택으로 보아 b주택에 대하여 취득세율 8%가 적용되는지?

A 만일, a주택분양권에 대한 분양계약이 2020.8.12 전에 체결된 경우라면, a주택분양권은 주택 수 산정에서 제외될 수 있는 것이므로(지방세법 부칙 제7조), b주택은 1~3%(농어촌특별세 및 지방교육세 별도)의 취득세율이 적용될 수 있을 것(단, b주택이 고급주택인 경우 중과)으로 사료됨(서울시 세무과 2020.11.17).

② 1세대
- 1세대(영 §28의3①)

❶ 주택 취득자와 「주민등록법」 제7조에 따른 세대별 주민등록표에 함께 기재되어 있는 가족(동거인은 제외한다)으로 구성된 세대
❷ 주택 취득자의 배우자(사실혼은 제외함. 법률상 이혼을 했으나 생계를 같이 하는 등 사실상 이혼한 것으로 보기 어려운 관계에 있는 사람은 포함), 취득일 현재 미혼인 30세 미만의 자녀 또는 부모(주택 취득자가 미혼이고 30세 미만인 경우로 한정)는 주택을 취득하는 사람과 같은 세대별 주민등록표에 기재되어 있지 않더라도 1세대로 봄

— 1세대 예외, 별도의 세대(영 §28의3①)

배우자와 미혼인 30세 미만의 자녀는 세대분리하고 거주하여도 동일세대인 1세대로 간주됨
미혼인 30세 미만인 자녀의 소득이 중위소득의 40% 이상이고, 소유하고 있는 주택을 관리·유지하면서 독립된 생계를 유지할 수 있는 경우에는 별도세대로 간주됨.
미성년자(만 18세 이하)인 경우에는 소득요건인 40% 이상이라도 부모의 세대원으로서 별도세대가 아닌 1세대로 간주됨

— 65세 이상 부모 합가 시 세대 판정(영 §28의3②)

❶ 부모와 같은 세대별 주민등록표에 기재 안 된 30세 미만의 자녀로서 주택 취득일이 중위소득금액의 40% 이상이고, 소유주택을 관리·유지하면서 독립된 생계를 유지할 수 있는 경우에는 65세 이상 직계존속과 자녀의 세대를 각각의 독립된 세대로 별도 세대로 봄
• 다만, 미성년자인 경우는 제외
❷ 취득일 현재 65세 이상의 부모(부모 중 어느 한 사람이 65세 미만인 경우도 포함)를 동거봉양(同居奉養)하기 위하여 30세 이상의 자녀, 혼인한 자녀 또는 제1호에 따른 소득요건을 충족하는 성년인 자녀가 합가(合家)한 경우 각각

별도 세대로 봄

65세 이상 해당 여부는 주택을 취득한 날을 기준으로 판단함

③ 1세대 주택 수 산정방법(1가구1주택의 범위, 영 §29)

지방세법령(법 §15①2가, 영 §29①)에서 "1가구 1주택"

상속인(「주민등록법」에 따른 재외국민은 제외)과 같은 법에 따른 세대별 주민등록표에 함께 기재되어 있는 가족(동거인은 제외)으로 구성된 1가구(상속인의 배우자, 상속인의 미혼인 30세 미만의 직계비속 또는 상속인이 미혼이고 30세 미만인 경우 그 부모는 각각 상속인과 같은 세대별 주민등록표에 기재되어 있지 않더라도 같은 가구에 속한 것으로 봄)가 국내에 1개의 주택[주택(법 §11①8에 따른 주택을 말한다)으로 사용하는 건축물과 그 부속토지를 말하되, 고급주택은 제외]을 소유하는 경우를 말한다(영 §29①).

― **공동소유 주택(영 §29②)**

❶ 동일 세대에 해당하는 자와 공동 소유한 주택: 1주택 소유
❷ 별도 세대에 해당하는 자와 공동 소유한 주택: 각각 1주택 소유
❸ 주택의 부속토지만을 소유하거나 취득하는 경우에도 주택을 소유하거나 취득한 것으로 간주

― **오피스텔**

❶ 취득시기 및 실제 사용 용도에 관계없이 재산세가 업무용으로 과세되는 오피스텔: 주택 수에서 제외
❷ 2020.8.11 이전에 취득한 재산세가 주택분으로 과세되는 오피스텔: 주택 수 제외
❸ 2020.8.11 이후에 취득한 재산세가 주택분으로 과세되는 오피스텔: 주택

수에 포함(다만, 2020.8.11 이전에 매매계약을 체결하고 2020.8.12 이후 취득한 오피스텔은 제외)

❹ 주거용으로 사용하고 있던 오피스텔을 매매로 취득하는 경우에도 건축물대장상 용도대로 건축물에 대한 취득세율(4%) 적용

❺ 시가표준액 1억 원 이하인 주거용(재산세가 주택분으로 과세) 오피스텔은 주택 수에서 제외(영 §28의4⑤4)

— **오피스텔에 대한 재산세가 주택분으로 과세되는 경우**

❶ 지자체에 임대주택으로 등록한 경우
❷ 지자체에 재산세 과세대상 변동신고를 한 경우[30]

— **상속주택**

❶ 2020.8.11 이전에 상속받은 주택: 2020.8.12부터 5년 동안 주택 수에서 제외
❷ 2020.8.12 이후에 상속받은 주택
- 상속개시일로부터 5년 이내 상속주택: 주택 수에서 제외
- 상속개시일로부터 5년 이후 상속주택: 주택 수에 포함.
❸ 공동상속주택은 다음 순서에 대한 주된 상속인의 소유주택으로 판단
(상속지분이 가장 큰 자→당해 주택에 거주한 자→최연장자)

---

30. [헤럴드경제 2022.1.7]
대학생 A씨는 3월 개강 전 마포구의 대학가 인근 주거용 오피스텔 월세를 알아보는 중이다. 그런데 매물을 소개하는 포털 사이트에는 적혀있지 않았지만 중개사무소에 전화로 문의해보면 열에아홉은 '전입신고는 안 된다'고 말한다. A씨는 만약 전입신고가 안되는 매물을 잡았다간 불이익을 입을까봐 섣불리 계약하지 못하는 중이다. 6일 공인중개업계에 따르면 최근 보유세 부담이 커진 다주택자 오피스텔 소유주들이 전입신고를 하지 않을 임차인을 가려 받는 추세다. 집주인의 보유세 부담이 커지면서 소형 오피스텔 월세를 구하는 임차인들에게까지 '전입신고 불가'라는 제약으로 부담이 전가되고 있는 셈이다.

─ 조합원입주권·분양권

❶ 조합원입주권 및 분양권은 취득세 과세대상이 아니지만, 주택을 취득하는 것이 예정되어 있으므로 소유 주택 수에 포함하여 주택 수에 계산
❷ 2020.8.11 이전에 취득한 조합원입주권 및 분양권: 주택 수에서 제외
❸ 2020.8.11 이후에 취득한 조합원입주권 및 분양권: 주택 수에 포함
  (다만, 2020.8.11 이전에 매매계약을 체결하고 같은 해 8.12 이후 취득한 조합원입주권 등은 제외)
❹ 분양권은 주택분양권에 한하여 적용되며, 오피스텔 분양권은 주택 수에 미포함
❺ 조합원입주권 및 분양권에 의하여 취득하는 주택은 조합원입주권 및 분양권의 취득일을 기준으로 주택 수 산정

※ 지방세법

제13조의3(주택 수의 판단 범위) 제13조의2를 적용할 때 다음 각 호의 어느 하나에 해당하는 경우에는 다음 각 호에서 정하는 바에 따라 세대별 소유 주택 수에 가산한다.

1. 「신탁법」에 따라 신탁된 주택은 위탁자의 주택 수에 가산한다.

2. 「도시정비법」에 따른 관리처분계획인가 및 「소규모주택정비법」에 따른 사업시행계획인가로 인하여 취득한 입주자로 선정된 지위[「도시정비법」에 따른 재건축·재개발사업, 「소규모주택정비법」에 따른 소규모재건축사업을 시행하는 조합원으로서 취득한 것(그 조합원으로부터 취득한 것을 포함)으로 한정하며, 이에 딸린 토지를 포함. 이하 이 조에서 "조합원입주권"]는 해당 주거용 건축물이 멸실된 경우라도 해당 조합원입주권 소유자의 주택 수에 가산한다.

▶ 도시정비법상 관리처분계획인가이지만, 소규모주택법 상 사업시행계획인가인 것은 이 법에서는 사업시행계획인가에 관리처분계획인 포함되어 있기 때문임.

3. 「부동산 거래신고 등에 관한 법률」 제3조제1항제2호에 따른 "부동산에 대한 공급계약"을 통하여 주택을 공급받는 자로 선정된 지위(해당 지위를 매매 또는 증여 등의 방법으로 취득한 것을 포함한다. "주택분양권")는 해당 주택분양권을 소유한 자의 주택 수에 가산한다.

4. 제105조에 따라 주택으로 과세하는 오피스텔은 해당 오피스텔을 소유한 자의 주택 수에 가산한다.
[본조신설 2020.8.12]

법 부칙 <법률 제17473호, 2020.8.12>
제1조(시행일) 이 법은 공포한 날부터 시행한다. 다만, 제103조의3제10항제2호 및 제4호, 제103조의31제1항의 개정규정은 2021.1.1부터 시행하고, 제93조제4항, 제103조의3제1항 및 같은 조 제10항 각 호 외의 부분의 개정규정은 2021.6.1부터 시행한다.
제2조(일반적 적용례) 이 법은 이 법 시행 이후 납세의무가 성립하는 분부터 적용한다.
제3조(주택 수의 판단 범위에 관한 적용례) 제13조의3제2호부터 제4호까지의 개정규정은 이 법 시행 이후 조합원입주권, 주택분양권 및 오피스텔을 취득하는 분부터 적용한다.
제7조(주택 수의 판단 범위에 관한 경과조치) 부칙 제3조에도 불구하고 제13조의3제2호부터 제4호까지의 개정규정은 이 법 시행 전에 매매계약(오피스텔 분양계약을 포함한다)을 체결한 경우는 적용하지 아니한다.

영 제29조(1가구 1주택의 범위) ① 법 제15조제1항제2호 가목에서 "대통령령으로 정하는 1가구 1주택"이란 상속인(주민등록법 제6조제1항제3호에 따른 재외국민은 제외. 이하 이 조에서 같음)과 같은 법에 따른 세대별 주민등록표에 함께 기재되어 있는 가족(동거인은 제외)으로 구성된 1가구(상속인의 배우자, 상속인의 미혼인 30세 미만의 직계비속 또는 상속인이 미혼이고 30세 미만인 경우 그 부모는 각각 상속인과 같은 세대별 주민등록표에 기재되어 있지 아니하더라도 같은 가구에 속한 것으로 봄)가 국내에 1개의 주택[주택(법 제11조제1항제8호에 따른 주택을 말함)으로 사용하는 건축물과 그 부속토지를 말하되, 제28조제4항에 따른 고급주택은 제외함]을 소유하는 경우를 말한다.
② 제1항을 적용할 때 1주택을 여러 사람이 공동으로 소유하는 경우에도 공동소유자 각각 1주택을 소유하는 것으로 보고, 주택의 부속토지만을 소유하는 경우에도 주택을 소유하는 것으로 본다.
③ 제1항 및 제2항을 적용할 때 1주택을 여러 사람이 공동으로 상속받는 경우에는 지분이 가장 큰 상속인을 그 주택의 소유자로 본다. 이 경우 지분이 가장 큰 상속인이

두 명 이상일 때에는 지분이 가장 큰 상속인 중 다음 각 호의 순서에 따라 그 주택의 소유자를 판정한다.

1. 그 주택에 거주하는 사람
2. 나이가 가장 많은 사람

영 제28조의4(주택 수의 산정방법) ① 법 제13조의2제1항제2호 및 제3호를 적용할 때 세율 적용의 기준이 되는 1세대의 주택 수는 주택 취득일 현재 취득하는 주택을 포함하여 1세대가 국내에 소유하는 주택, 법 제13조의3제2호에 따른 조합원입주권, 같은 조 제3호에 따른 주택분양권(이하 "주택분양권") 및 같은 조 제4호에 따른 오피스텔의 수를 말한다.
이 경우 조합원입주권 또는 주택분양권에 의하여 취득하는 주택의 경우에는 조합원입주권 또는 주택분양권의 취득일(분양사업자로부터 주택분양권을 취득하는 경우에는 분양계약일)을 기준으로 해당 주택 취득 시의 세대별 주택 수를 산정한다.
② 제1항을 적용할 때 주택, 조합원입주권, 주택분양권 또는 오피스텔을 동시에 2개 이상 취득하는 경우에는 납세의무자가 정하는 바에 따라 순차적으로 취득하는 것으로 본다.
③ 제1항을 적용할 때 1세대 내에서 1개의 주택, 조합원입주권, 주택분양권 또는 오피스텔을 세대원이 공동으로 소유하는 경우에는 1개의 주택, 조합원입주권, 주택분양권 또는 오피스텔을 소유한 것으로 본다.
④ 제1항을 적용할 때 상속으로 여러 사람이 공동으로 1개의 주택, 조합원입주권, 주택분양권 또는 오피스텔을 소유하는 경우 지분이 가장 큰 상속인을 그 주택, 조합원입주권, 주택분양권 또는 오피스텔의 소유자로 보고, 지분이 가장 큰 상속인이 두 명 이상인 경우에는 그 중 다음 각 호의 순서에 따라 그 주택, 조합원입주권, 주택분양권 또는 오피스텔의 소유자를 판정한다. 이 경우, 미등기 상속 주택 또는 오피스텔의 소유지분이 종전의 소유지분과 변경되어 등기되는 경우에는 등기상 소유지분을 상속개시일에 취득한 것으로 본다.

1. 그 주택 또는 오피스텔에 거주하는 사람
2. 나이가 가장 많은 사람

⑤ 제1항부터 제4항까지의 규정에 따라 1세대의 주택 수를 산정할 때 다음 각 호의 어느 하나에 해당하는 주택, 조합원입주권, 주택분양권 또는 오피스텔은 소유주택 수에서 제외한다.

1. 다음 각 목의 어느 하나에 해당하는 주택
 가. 제28조의2제1호에 해당하는 주택으로서 주택 수 산정일 현재 같은 호에 따른 해당 주택의 시가표준액 기준을 충족하는 주택
 나. 제28조의2제3호·제5호·제6호 및 제12호에 해당하는 주택으로서 주택 수 산정일 현재 해당 용도에 직접 사용하고 있는 주택
 다. 제28조의2제4호에 해당하는 주택
 라. 제28조의2제8호 및 제9호에 해당하는 주택. 다만, 제28조의2제9호에 해당하는 주택의 경우에는 그 주택의 취득일부터 3년 이내의 기간으로 한정한다.
 마. 제28조의2제11호에 해당하는 주택으로서 주택 수 산정일 현재 제28조제2항제2호의 요건을 충족하는 주택

2. 「통계법」 제22조에 따라 통계청장이 고시하는 산업에 관한 표준분류에 따른 주거용 건물 건설업을 영위하는 자가 신축하여 보유하는 주택. 다만, 자기 또는 임대계약 등 권원을 불문하고 타인이 거주한 기간이 1년 이상인 주택은 제외한다.

3. 상속을 원인으로 취득한 주택, 조합원입주권, 주택분양권 또는 오피스텔로서 상속개시일부터 5년이 지나지 않은 주택, 조합원입주권, 주택분양권 또는 오피스텔.

4. 주택 수 산정일 현재 법 제4조에 따른 시가표준액(지분이나 부속토지만을 취득한 경우에는 전체 건축물과 그 부속토지의 시가표준액을 말한다)이 1억원 이하인 오피스텔.

[본조신설 2020.8.12]

영 부칙 <대통령령 제30939호, 2020.8.12>

제1조(시행일) 이 영은 공포한 날부터 시행한다.

제2조(조합원입주권 또는 주택분양권에 의하여 취득하는 주택에 관한 적용례) 제28조의4제1항 후단의 개정규정은 이 영 시행 이후 조합원입주권 또는 주택분양권을 취득하는 경우부터 적용한다.

지방세법 시행령

영 제28조의3(세대의 기준) ① 법 제13조의2제1항부터 제4항까지의 규정을 적용할 때 1세대란 주택을 취득하는 사람과 「주민등록법」 제7조에 따른 세대별 주민등록표 또는 「출입국관리법」 제34조제1항에 따른 등록외국인기록표 및 외국인등록표에 함께 기재되어 있는 가족(동거인은 제외한다)으로 구성된 세대를 말하며 주택을 취득하는 사람의 배우자(사실혼은 제외하며, 법률상 이혼을 했으나 생계를 같이 하는 등 사실상 이혼한 것으로 보기 어려운 관계에 있는 사람을 포함한다. 이하 제28조의6에서 같다), 취득일 현재 미혼인 30세 미만의 자녀 또는 부모(주택을 취득하는 사람이 미혼이고 30세 미만인 경우로 한정한다)는 주택을 취득하는 사람과 같은 세대별 주민등록표 또는 등록외국인기록표 등에 기재되어 있지 않더라도 1세대에 속한 것으로 본다.

② 제1항에도 불구하고 다음 각 호의 어느 하나에 해당하는 경우에는 각각 별도의 세대로 본다. <개정 2021.12.31>

1. 부모와 같은 세대별 주민등록표에 기재되어 있지 않은 30세 미만의 자녀로서 주택 취득일이 속하는 달의 직전 12개월 동안 발생한 소득으로서 행정안전부장관이 정하는 소득이 「국민기초생활 보장법」에 따른 기준 중위소득을 12개월로 환산한 금액의 100분의 40 이상이고, 소유하고 있는 주택을 관리·유지하면서 독립된 생계를 유지할 수 있는 경우. 다만, 미성년자인 경우는 제외한다.

2. 취득일 현재 65세 이상의 부모(부모 중 어느 한 사람이 65세 미만인 경우를 포함한다)를 동거봉양(同居奉養)하기 위하여 30세 이상의 자녀, 혼인한 자녀 또는 제1호에 따른 소득요건을 충족하는 성년인 자녀가 합가(合家)한 경우

3. 취학 또는 근무상의 형편 등으로 세대전원이 90일 이상 출국하는 경우로서 「주민등록법」 제10조의3제1항 본문에 따라 해당 세대가 출국 후에 속할 거주지를 다른 가족의 주소로 신고한 경우

4. 별도의 세대를 구성할 수 있는 사람이 주택을 취득한 날부터 60일 이내에 세대를 분리하기 위하여 그 취득한 주택으로 주소지를 이전하는 경우

[본조신설 2020.8.12]

제28조의5(일시적 2주택) ① 법 제13조의2제1항제2호에 따른 "대통령령으로 정하는

일시적 2주택"이란 국내에 주택, 조합원입주권, 주택분양권 또는 오피스텔을 1개 소유한 1세대가 그 주택, 조합원입주권, 주택분양권 또는 오피스텔(이하 이 조 및 제36조의3에서 "종전 주택등")을 소유한 상태에서 이사·학업·취업·직장이전 및 이와 유사한 사유로 다른 1주택(이하 이 조 및 제36조의3에서 "신규 주택")을 추가로 취득한 후 3년(종전 주택등과 신규 주택이 모두 「주택법」 제63조의2제1항제1호에 따른 조정대상지역에 있는 경우에는 1년으로 한다. 이하 이 조에서 "일시적 2주택 기간") 이내에 종전 주택등(신규 주택이 조합원입주권 또는 주택분양권에 의한 주택이거나 종전 주택등이 조합원입주권 또는 주택분양권인 경우에는 신규 주택을 포함한다)을 처분하는 경우 해당 신규 주택을 말한다.

② 제1항을 적용할 때 조합원입주권 또는 주택분양권을 1개 소유한 1세대가 그 조합원입주권 또는 주택분양권을 소유한 상태에서 신규 주택을 취득한 경우에는 해당 조합원입주권 또는 주택분양권에 의한 주택을 취득한 날부터 일시적 2주택 기간을 기산한다.

③ 제1항을 적용할 때 종전 주택등이 「도시정비법」 제74조제1항에 따른 관리처분계획의 인가 또는 「소규모주택정비법」 제29조제1항에 따른 사업시행계획인가를 받은 주택인 경우로서 관리처분계획인가 또는 사업시행계획인가 당시 해당 사업구역에 거주하는 세대가 신규 주택을 취득하여 그 신규 주택으로 이주한 경우에는 그 이주한 날에 종전 주택등을 처분한 것으로 본다. <신설 2020.12.31>

[본조신설 2020.8.12]

시행령 부 칙 <대통령령 제30939호, 2020.8.12>

제1조(시행일) 이 영은 공포한 날부터 시행한다.

제2조(조합원입주권 또는 주택분양권에 의하여 취득하는 주택에 관한 적용례) 제28조의4제1항 후단의 개정규정은 이 영 시행 이후 조합원입주권 또는 주택분양권을 취득하는 경우부터 적용한다.

제3조(상속 주택 등의 주택 수 산정에 관한 특례) 이 영 시행 전에 상속을 원인으로 취득한 주택, 조합원입주권, 주택분양권 또는 오피스텔에 대해서는 제28조의4제5항제3호의 개정규정에도 불구하고 이 영 시행 이후 5년 동안 주택 수 산정 시 소유주택 수에서 제외한다.

제4조(주택 취득세율에 관한 경과조치) 생략

3) 「주택공급에 관한 규칙」에 의한 주택 수 판정

재건축·재개발사업 관련, 1인의 다물권자, (상속)조합원 지위승계 등 주택 공급 관련 기준

① 주택공급신청자의 공급순위 또는 무주택기간의 사실 여부 확인 증명
주택공급신청서 교부 및 신청서류

사업주체는 주택공급신청자의 공급순위 또는 무주택기간의 사실 여부 등을 확인하기 위하여 필요한 경우에는 주택 소유여부를 증명할 수 있는 다음 각 호의 어느 하나에 해당하는 서류를 제출하게 할 수 있다.

이 경우 주택 소유 또는 무주택기간은 다음 각 호에서 정한 날을 기준으로 하되, 제1호와 제2호의 처리일자가 다를 경우에는 먼저 처리된 날을 기준으로 한다(동 규칙 §23④).

1. 건물 등기사항증명서: 등기접수일
2. 건축물대장등본: 처리일
2의2. 분양권등에 관한 계약서: 「부동산 거래신고 등에 관한 법률」 제3조에 따라 신고된 공급계약체결일.
2의3. 제2조제7호의2 다목에 따른 분양권등의 매매계약서
  가. 분양권등의 매매 후 「부동산 거래신고 등에 관한 법률」 제3조에 따라 신고된 경우에는 신고서상 매매대금 완납일.
  나. 분양권등을 증여나 그 밖의 사유로 처분한 경우 사업주체와의 계약서상 명의변경일.
3. 그밖에 주택 소유여부를 증명할 수 있는 서류: 시장 또는 군수 등 공공기관이 인정하는 날.

② 주택소유 여부 판정기준

주택소유 여부를 판단할 때 분양권등을 갖고 있거나 주택 또는 분양권등의 공유지분을 소유하고 있는 경우에는 주택을 소유하고 있는 것으로 보되, 다음

각 호의 어느 하나에 해당하는 경우에는 주택을 소유하지 아니한 것으로 본다(동 규칙 §53).

다만, 공공임대주택의 공급, 제46조,「공공주택특별법 시행규칙」별표6 제2호 라목에 따른 특별공급의 경우 무주택세대구성원에 해당하는지 여부를 판단할 때에는 제6호를 적용하지 아니한다.

1. 상속으로 주택의 공유지분을 취득한 사실이 판명되어 사업주체로부터 제52조제3항에 따라 부적격자로 통보받은 날부터 3개월 이내에 그 지분을 처분한 경우.

2. 도시지역이 아닌 지역 또는 면의 행정구역(수도권은 제외함)에 건축되어 있는 주택으로서 다음 각 목의 어느 하나에 해당하는 주택의 소유자가 해당 주택건설지역에 거주(상속으로 주택을 취득한 경우에는 피상속인이 거주한 것을 상속인이 거주한 것으로 봄)하다가 다른 주택건설지역으로 이주한 경우.

   가. 사용승인 후 20년 이상 경과된 단독주택

   나. 85㎡ 이하의 단독주택

   다. 소유자의「가족관계의 등록 등에 관한 법률」에 따른 최초 등록기준지에 건축되어 있는 주택으로서 직계존속 또는 배우자로부터 상속 등에 의하여 이전받은 단독주택.

3. 개인주택사업자가 분양을 목적으로 주택을 건설하여 이를 분양 완료하였거나 사업주체로부터 제52조제3항에 따른 부적격자로 통보받은 날부터 3개월 이내에 이를 처분한 경우.

4. 세무서에 사업자로 등록한 개인사업자가 그 소속 근로자의 숙소로 사용하기 위하여 법 제5조제3항에 따라 주택을 건설하여 소유하고 있거나 사업주체가 정부시책의 일환으로 근로자에게 공급할 목적으로 사업계획 승인을 받아 건설한 주택을 공급받아 소유하고 있는 경우.

5. 20㎡ 이하의 주택 또는 분양권등을 소유하고 있는 경우. 다만, 2호 또는 2세대 이상의 주택 또는 분양권등을 소유하고 있는 사람은 제외한다.

6. 60세 이상의 직계존속(배우자의 직계존속을 포함함)이 주택 또는 분양권등을

소유하고 있는 경우.

7. 건물등기부 또는 건축물대장등의 공부상 주택으로 등재되어 있으나 주택이 낡아 사람이 살지 아니하는 폐가이거나 주택이 멸실되었거나 주택이 아닌 다른 용도로 사용되고 있는 경우로서 사업주체로부터 제52조제3항에 따른 부적격자로 통보받은 날부터 3개월 이내에 이를 멸실시키거나 실제 사용하고 있는 용도로 공부를 정리한 경우.

8. 무허가건물[종전의 건축법(법률 제7696호 건축법 일부개정 법률로 개정되기 전의 것을 말함) 제8조 및 제9조에 따라 건축허가 또는 건축신고 없이 건축한 건물을 말함]을 소유하고 있는 경우. 이 경우 소유자는 해당 건물이 건축 당시의 법령에 따른 적법한 건물임을 증명하여야 한다.

9. 소형·저가주택등을 1호 또는 1세대만을 소유한 세대에 속한 사람으로서 제28조에 따라 주택의 공급을 신청하는 경우

10. 제27조제5항 및 제28조제10항제1호에 따라 입주자를 선정하고 남은 주택을 선착순의 방법으로 공급받아 분양권등을 소유하고 있는 경우(해당 분양권등을 매수한 사람은 제외함).

2. 분양신청 및 분양신청 제한

"상가→아파트 입주권" 대상자로 되면 분양신청 제한 대상

도시정비법 제72조제6항과, 「주택공급에 관한 규칙」 제54조(재당첨 제한)와 구별

정비사업 재당첨 제한 제도 운영 방안(국토부 주택정비과-4362, 2019.8.30)

    초판에서 필자는 "투기과열지구 내 아파트와 달리 상가는 분양신청 제한에 해당되지 않는다. 다만, 최근 아파트로 입주권을 받는 경우에는 분양신청 제한을 받게 되므로 주의를 요한다."고 기술한 바 있다.

    국토부는 이 법을 개정하면서 2017.12.6 정비사업의 5년 재당첨 제한 관련 "Q&A"에서 주택이 아닌 상가, 오피스텔 등 분양분을 양수하는 경우에는 재당첨 규정 적용이 불가하다는 해석을 내렸기에 그에 따라 바로잡는다.[31]

1) 2017.10.24 분양신청 제한 신설

재분양 신청, 2회 이상도 가능

2017년 8·2 대책으로 법 제39조제2항 개정, 법 제72조제6항 신설

2018.5.4 주택공급규칙 개정(재당첨 제한)

---

31. 정비사업의 5년 재당첨 제한 관련 Q&A(국토부 주택정비과 2017.12.6)
   ※ 투기과열지구 내 정비사업 일반분양 또는 조합원 분양에 당첨된 세대에 속한 자는 5년간 투기과열지구 내의 정비사업 일반분양 또는 조합원 분양의 분양 신청을 할 수 없음
   ※ 법 시행(2017.10.24) 전에 투기과열지구 내 주택을 소유하고 있더라도 법 개정 후 투기과열지구 내 정비사업 일반분양에 당첨된 경우, 법 개정 후 투기과열지구 내 추가로 정비사업 예정주택을 취득한 경우에는 5년간 분양신정이 제한됨
   Q1. 법 시행(2017.10.24)이후 투기과열지구 내 주택을 취득한 경우
   법 시행 이전에 취득한 주택에 대하여도 같이 적용함
   먼저 관리처분인가를 득한 일자를 기준으로 5년 이내에는 분양신청 불가함
   Q2. 주택법에 의한 일반 분양을 받은 경우
   조합원분양과는 연계되지 않아 재당첨제한 규정 적용 않됨
   정비사업 일반분양과는 연계되어 5년내 분양신청 불가함
   Q3. 관리처분인가를 받았거나 정비사업 일반분양에 당첨된 주태글 양수하는 경우
   재당첨재한 규정 적용 불가
   Q4. 정비사업 일반분양 미분양분 및 주택이 아닌(상가, 오피스텔 등) 분양분을 양수하는 경우
   제당첨제한 규정 적용 불가
   Q5. 일부 지분공유의 경우 법 시행 이후 공유받은 자도 해당되는지
   공유 주택의 관리처분인가 여부에 따라 결정(관리처분인가 이후 주택을 공유받은 경우 적용 불가)
   Q6. 관리 처분 인가 후 재 분양신청을 할 경우
   제당첨제한 규정 적용

— 재분양 신청, 2회 이상도 가능

2018.2.9 도시정비법 전부개정으로 1회에 그쳤던 분양신청에 대해 재분양 신청이 가능하게 되었다. 법 개정 취지는 직권해제나 일몰제 등으로 정비사업의 부진으로 정체된 곳을 위한 배려였다.

그러나 이후 다주택자에 대한 중과세로 1+1 인기가 줄고 똑똑한 1채를 선호하면서 강남3구 대부분 재건축사업장과 일부 재개발사업장까지 재분양 신청이 증가하였다.

서초구 주거개선과에서는 아래 해석과 같이 3차 분양신청도 가능하다고 판단한 바 있다.

3차 분양신청이 가능한지(서울시 서초구 주거개선과 2022.5.16)

Q 서초구 모 재건축조합은 2017.10월 사업시행계획인가 후 조합원 분양신청을 받아 2018. 12월 관리처분인가를 받았음.

이후 2021.8월 사업시행변경인가에 따라 2차 2021.12월 조합원 분양신청을 새로 받은 바 있으며, 변경되는 조합원 분양 계획(안)을 2022년 말 관리처분계획 변경을 통하여 결정할 계획임. 그러나 분양신청자 중 희망평형 배정이 안 되는 일부분 조합원을 위하여 세대수 및 주택 규모 변경을 수반하는 건축계획 변경을 통하여, 3차 분양신청 절차를 진행할 예정임.

위와 같이 세대수 및 주택 규모 변경을 수반하는 건축계획 변경을 통하여, 3차 분양신청 절차를 진행할 수 있는지?

A 도시정비법 제72조제4항에 따라 사업시행계획의 변경으로 세대수 또는 주택규모가 달라지는 경우 분양공고 등의 절차를 다시 거칠 수 있도록 규정하고 있음. 따라서, 사업시행자인 재건축조합이 조합원들의 의견을 수렴한 후 정비계획, 건축계획 등에 대한 관련 규정의 적합한 범위 내에서 정비계획, 사업시행계획 등 변경절차를 거쳐 재분양이 가능함.

단, 해당 사업지의 사업일정(착공, 준공 등)을 고려하여 사업시행자인 재건축조합에서 충분히 검토한 후 진행할 사항임.

— 분양신청 제한

투기억제책으로 재개발조합원 지위승계 제한(법 §39② 본문)과 분양신청 제한(법 §74⑥) 규정이 2018.1.25부터 신설, 시행되었다.

종전과 달리 투기과열지구 내 재개발사업에도 관리처분계획인가 이후 조합원 지위 승계를 제한하고, 투기과열지구 내 재개발사업도 재건축사업과 같이 조합원 및 일반분양을 받으면 5년간 분양신청을 금지하는 시스템을 도입하였다.

이게 8.2대책의 골격이다.

분양신청 제한 기산일은 조합원 분양대상자는 최초 관리처분계획 인가일, 정비사업의 일반분양 대상자는 당첨일이지만, 분양신청 제한 5년 종기일은 분양신청 만료일임에 유의해야 한다.
또한 세대주뿐만 아니라 세대원 모두가 대상이 될 수 있어 주택 구입 전 세대원 전체의 조합원 분양분 매입여부나 당첨 여부를 확인하는 것이 좋다.

도시정비법상 분양신청 제한과 비교되는 규정은 「주택공급에 관한 규칙」의 재당첨 제한이다.

도시정비법상 분양신청 제한에 해당되면 손실보상(현금청산) 대상이 되지만, 「주택공급에 관한 규칙」의 재당첨 제한에 해당되면 당첨 자체가 무효가 되는 것이지 손실보상이 되는 건 아니다.
정비사업 분양대상자가 정비구역이 아닌 일반분양신청을 하게 되는 경우라면 「주택공급에 관한 규칙」 제54조에 따라 5년에서 10년간 다른 분양주택의 입주자로 선정될 수 없다.

투기과열지구 내 재개발·재건축사업에서 조합원분이나 일반분양분을 받으면 5년 내에 같은 투기과열지구에서는 도시정비법 제72조제6항에 의한 "분양신청 제한"을 받게 된다. 투기과열지구라도 소규모주택정비법상 가로주택이나 소규모 재건축·재개발사업의 경우에는 도시정비법이 적용되지 않는다.

다만, 「주택공급에 관한 규칙」에 따른 재당첨제한을 받을 수 있음은 앞서 설명한 바와 같다.

정비사업의 5년 재당첨 제한(국토부 주택정비과 2020.12.2)

Q 투기과열지구 정비사업에서 조합원 분양을 받은 상태에서 정비구역이 아닌 곳의 일반분양을 신청할 경우, 재당첨 제한에 적용되는지?

A 투기과열지구 정비사업에서 조합원분양을 받고 투기과열지구 내 정비구역이 아닌 곳의 일반분양을 신청할 경우 도시정비법 제72조제6항에 의한 재당첨제한 규정을 적용 받지 않으나, 「주택공급에 관한 규칙」의 적용을 받아 5년간 재당첨 제한 적용을 받게 됨(국토부 주택정비과 2020.12.2).

※ 정비사업이 아닌 곳의 일반분양에는 「주택공급에 관한 규칙」(제54조)의 '재당첨 제한'에 해당됨.

※ 도시정비법[법률 제14943호, 2017.10.24 일부개정]

제39조(조합원의 자격 등) ② 「주택법」 제63조제1항에 따른 투기과열지구로 지정된 지역에서 재건축사업을 시행하는 경우에는 조합설립인가 후, 재개발사업을 시행하는 경우에는 제74조에 따른 관리처분계획의 인가 후 해당 정비사업의 건축물 또는 토지를 양수(매매·증여, 그 밖의 권리의 변동을 수반하는 일체의 행위를 포함하되, 상속·이혼으로 인한 양도·양수의 경우는 제외한다. 이하 이 조에서 같다)한 자는 제1항에도 불구하고 조합원이 될 수 없다. 다만, 양도인이 다음 각 호의 어느 하나에 해당하는 경우 그 양도인으로부터 그 건축물 또는 토지를 양수한 자는 그러하지 아니하다. <개정 2017.10.24>

제72조(분양공고 및 분양신청) ③ 대지 또는 건축물에 대한 분양을 받으려는 토지등소유자는 제2항에 따른 분양신청기간에 대통령령으로 정하는 방법 및 절차에 따라 사

업시행자에게 대지 또는 건축물에 대한 분양신청을 하여야 한다.
④ 사업시행자는 제2항에 따른 분양신청기간 종료 후 제50조제1항에 따른 사업시행계획인가의 변경(경미한 사항의 변경은 제외한다)으로 세대수 또는 주택규모가 달라지는 경우 제1항부터 제3항까지의 규정에 따라 분양공고 등의 절차를 다시 거칠 수 있다.
⑤ 사업시행자는 정관등으로 정하고 있거나 총회의 의결을 거친 경우 제4항에 따라 제73조제1항제1호 및 제2호에 해당하는 토지등소유자에게 분양신청을 다시 하게 할 수 있다
⑥ 제3항부터 제5항까지의 규정에도 불구하고 투기과열지구의 정비사업에서 제74조에 따른 관리처분계획에 따라 같은 조 제1항제2호 또는 제1항제4호 가목의 분양대상자 및 그 세대에 속한 자는 분양대상자 선정일(조합원 분양분의 분양대상자는 최초 관리처분계획 인가일을 말한다)부터 5년 이내에는 투기과열지구에서 제3항부터 제5항까지의 규정에 따른 분양신청을 할 수 없다. 다만, 상속, 결혼, 이혼으로 조합원 자격을 취득한 경우에는 분양신청을 할 수 있다. <신설 2017.10.24>

2) 도시정비법 제72조제6항 해설

① 제3항부터 제5항까지의 규정에도 불구하고 투기과열지구의 정비사업

청약과열지역인 조정대상지역 아닌, 투기과열지구 내 도시정비법에 의한 재개발·재건축사업을 말한다.
따라서 조합원분·일반분양분 중 어느 하나가 소규모주택정비법에 의한 가로주택·소규모 재건축·소규모재개발사업이나 지역주택조합이나 민영주택에는 분양신청 제한 규정이 적용되지 않는다.
단 투기과열지구 내 주택공급규칙에 의한 재당첨제한의 적용을 받을 수는 있지만, 이는 분양신청제한과는 다르다.

② 관리처분계획에 따라 같은 조 제1항제2호(조합원분) 또는 제1항제4호 가목(일반분양분)의 분양대상자 및 그 세대에 속한 자는 분양대상자 선정일(조합원 분양분의 분양대상자는 최초 관리처분계획 인가일을 말한다)

관리처분계획인가를 받아 분양계약을 체결한 조합원분이나 일반분양분의 분양대상자를 포함하여 세대별 주민등록표상 세대에 속한 자가 그 대상이다.

다만 조합원분양분에 대해서는 "최초 관리처분계획 인가일"로 한정함에 따라, 일반분양분은 최초 관리처분계획인가일이 아닌 "당첨공고일(당첨된 날)"이다.

― 세대에 속한 자

세대의 기준에 대해서는 구체적으로 명시된 것은 없으나, 일반분양 재당첨 제한을 규정하고 있는 「주택공급에 관한 규칙」 별표1에 따라 주민등록표상에 등재된 세대원【배우자, 진계존속(배우자의 직계존속을 포함), 직계비속, 주민등록이 분리된 배우자 및 배우자와 동일한 세대를 이루고 있는 세대원】을 기준으로 해야 할 것이다(국토부 주택정비과 2017.10.27).

「주택공급에 관한 규칙」 제2조제3호에 따르면 "세대주"란 세대별 주민등록표에 배우자, 직계존속 또는 직계비속인 세대원으로 이루어진 세대의 세대주를 말하며, 이들은 동일한 세대별 주민등록표상에 등재되어 있는 자이다(서울시 재생협력과).

Q 도시정비법 제19조제2항제4호에 1세대1주택에서 1주택의 범위는 정비구역 내에, 국내에 어떤 걸 의미하는지?

A 도시정비법 제19조제2항제4호에 따라 1세대(제1항제2호에 따라 1세대에 속하는 때를 말한다) 1주택자로서 양도하는 주택에 대한 소유기간 및 거주기간이 대통령령으로 정하는 기간 이상인 경우에는 투기과열지구 내 조합원 지위양도가 허용되며, 이때 1주택은 세대원 모두가 우리나라에서 보유한 주택의 수를 말함(국토부 주택정비과 2018.1.29).

※ 소득세법 시행령 제154조(1세대1주택의 범위) 제1항

③ 5년 이내에는 투기과열지구에서 제3항부터 제5항까지의 규정에 따른 분양신청을 할 수 없다

토지등소유자는 분양신청기간 내에 분양신청을 하고(법 §72③), 분양신청기간 종료 후 사업시행계획인가의 변경(경미한 변경은 제외)으로 세대수 또는 주택규모가 달라지는 경우 분양공고 등의 절차를 다시 거칠 수 있으며(동조 ④), 정관등으로 정하거나 총회 의결을 거친 경우 토지등소유자에게 분양신청을 다시 할 수 있다(동조 ⑤).

— 분양신청을 할 수 없다

조합원분은 최초 관리처분계획인가일을 기산점이며, 종기는 분양신청기간 만료일인 관리처분계획 기준일이다(예, 2018.5.2이면~종기는 2023.5.1까지 분양신청이 불가/관리처분계획을 받지 못한다는 것이 아님).

일반분양분은 당첨공고일(당첨일)을 기산점으로 하여 5년 내 당첨될 수 없다 (예, 2018.5.2이면 ~ 종기는 2023.5.1까지 당첨될 수 없음)

④ 다만, 상속, 결혼, 이혼으로 조합원 자격을 취득한 경우에는 분양신청을 할 수 있다

조합원의 자격을 취득한 경우란 당초 토지등소유자는 아니지만, 상속·결혼·이혼에 의해 조합원분양분의 지위를 획득한 경우 예외를 인정한 경우다.
분양신청 제한에 해당돼도, 상속·결혼·이혼에 의한 경우에는 분양신청이 가능하다.

도시정비법 부칙 <법률 제14943호, 2017.10.24>

제1조(시행일) 이 법은 공포한 날부터 시행한다. 다만, 제48조제2항제7호의 개정규정은 2017년 11월 10일부터 시행하고, 제19조제2항의 개정규정은 공포 후 3개월이 경과한 날부터 시행하며, 법률 제14567호 도시정비법 전부개정법률 제39조제2항, 제72조제6항, 제73조제1항 및 제76조제1항의 개정규정은 2018.2.9부터 시행한다.

제4조(투기과열지구 내 분양신청 제한에 관한 경과조치) 이 법 시행 전에 투기과열지구의 토지등소유자는 제46조제3항의 개정규정에도 불구하고 종전의 규정을 적용한다. 다만, 다음 각 호의 어느 하나에 해당하는 경우에는 그러하지 아니하다.
  1. 토지등소유자와 그 세대에 속하는 자가 이 법 시행 후 투기과열지구의 정비사업구역에 소재

> 한 토지 또는 건축물을 취득하여 해당 정비사업의 관리처분계획에 따라 제48조제1항제3호 가목의 분양대상자로 선정된 경우
> 2. 토지등소유자와 그 세대에 속하는 자가 이 법 시행 후 투기과열지구의 정비사업의 관리처분계획에 따라 제48조제1항제3호 나목의 분양대상자로 선정된 경우

3) 도시정비법 부칙 해설

① 이 법 시행 전에 투기과열지구의 토지등소유자

— **이 법 시행 전**

분양신청 제한 규정인 법 제72조제6항은 2017.10.24부터 시행·적용되므로, "이 법 시행 전"이란 2017.10.23까지를 말한다.

— **투기과열지구의 토지등소유자**

개정법 시행 전(2017.10.23)에 투기과열지구 내 정비사업에서의 토지등소유자를 말한다. 분양신청은 조합원이 아닌 토지등소유자가 신청하도록 규정하고 있다(법 §72① 등). 이는 토지등소유자를 보호하기 위한 조문으로, 분양신청 전까지 동의하는 경우 조합원의 자격을 부여하겠다는 취지이다.

② 제46조제3항의 개정규정에도 불구하고 종전의 규정을 적용한다

— **구 도시정비법 제46조제3항의 개정규정**
신설된 분양신청 제한 규정이다.

※ **도시정비법[시행 2017.11.10] [법률 제14943호, 2017.10.24 일부개정]**

제46조(분양공고 및 분양신청) ③ 제2항에도 불구하고 투기과열지구에서의 정비사업(가로주택정비사업은 제외한다)에서 제48조에 따른 관리처분계획에 따라 같은 조 제1항제3호 가목 또는 나목의 분양대상자 및 그 세대에 속한 자는 분양대상자 선정일(조합원

분양분 분양대상자는 최초 관리처분계획 인가일을 말한다)부터 5년 이내에는 투기과열지구에서 분양신청을 할 수 없다. 다만, 상속, 결혼, 이혼으로 조합원 자격을 취득한 경우에는 분양신청을 할 수 있다. <신설 2017.10.24>

— 종전의 규정을 적용

2017.10.23까지 투기과열지구 내 정비사업의 경우라도 분양신청 제한을 적용받지 않는다.

※ 도시정비법[시행 2016.7.28] [법률 제13912호, 2016.1.27, 일부개정]

제46조(분양공고 및 분양신청) ① 사업시행자는 제28조제4항에 의한 사업시행인가의 고시가 있은 날(사업시행인가 이후 시공자를 선정한 경우에는 시공자와 계약을 체결한 날)부터 60일 이내에 개략적인 부담금내역 및 분양신청기간 그밖에 대통령령이 정하는 사항을 토지등소유자에게 통지하고 분양의 대상이 되는 대지 또는 건축물의 내역 등 대통령령이 정하는 사항을 해당 지역에서 발간되는 일간신문에 공고하여야 한다. 이 경우 분양신청기간은 그 통지한 날부터 30일 이상 60일 이내로 하여야 한다. 다만, 사업시행자는 제48조제1항에 의한 관리처분계획의 수립에 지장이 없다고 판단하는 경우에는 분양신청기간을 20일의 범위 이내에서 연장할 수 있다. <개정 2005.3.18, 2007.12.21, 2009.2.6>

② 대지 또는 건축물에 대한 분양을 받고자 하는 토지등소유자는 제1항에 의한 분양신청기간 이내에 대통령령이 정하는 방법 및 절차에 의하여 사업시행자에게 대지 또는 건축물에 대한 분양신청을 하여야 한다.

③ 다만, 다음 각 호의 어느 하나에 해당하는 경우에는 그러하지 아니하다

2017.10.23까지 투기과열지구 내 정비사업의 경우라도 분양신청 제한을 적용받지 않지만, 아래 1호, 2호의 어느 하나에 해당하면 분양신청 제한을 받는다.

④ 조합원분양분(1호)

토지등소유자와 그 세대에 속하는 자가 이 법 시행 후 투기과열지구의 정비구역에 소재한 토지 또는 건축물을 취득하여 해당 정비사업의 관리처분계획에 따라 제48조제1항제3호 가목의 분양대상자로 선정된 경우

2017.10.23까지 투기과열지구 내 정비사업의 경우 분양신청 제한을 적용받지 않는 토지등소유자라도 본인이나 그 세대에 속하는 사람이 이 법이 시행된 2017.10.24부터 투기과열지구 내 조합원지위를 취득하여 조합원분양분을 받게 된 경우에는 분양신청 제한을 받는다.

⑤ 일반분양분(2호)
토지등소유자와 그 세대에 속하는 자가 이 법 시행 후 투기과열지구의 정비사업의 관리처분계획에 따라 제48조제1항제3호 나목의 분양대상자로 선정된 경우

2017.10.23까지 투기과열지구 내 정비사업의 경우라도 분양신청 제한을 적용받지 않는 토지등소유자라도 본인이나 그 세대에 속하는 사람이 이 법이 시행된 2017.10.24부터 투기과열지구 내 일반분양분을 받게 된 경우(당첨된 자)에는 분양신청 제한을 받는다.

4) 투기과열지구 내 정비사업 분양분 재당첨제한 해석 안내
국토부 주택정비과 2018.8.30

국토부 정비사업 재당첨 제한 제도 영방안은 다음과 같다.

□ (운영방안) 투기과열지구 지정 후 분양받은 경우에만 실적으로 적용
'투기과열지구 지정 후 분양받은 경우'란 조합원 분양의 경우 최초 관리처분계획인가일이 투기과열지구 지정일 이후인 경우를 말한다.

● 투기과열지구 지정일보다 최초 관리처분계획인가일이 빠른 경우에는

재당첨 제한규정 적용 제외
- 2017.8.3(서울시, 과천시, 세종시), 2017.9.6(대구 수성구, 성남시 분당구), 2018.8.28(광명, 하남) 이후 최초 관리처분계획 인가받은 경우에는 이후 5년간 투기과열지구 정비사업 분양신청 제한
- 투기과열지구 지정 전 정비사업 주택 등을 매수한 경우에도 투기과열지구 지정 후 분양받게 되는 경우에는 재당첨제한 적용

예) 2017.8.3 인가된 강남구 재건축사업의 최초 관리처분계획에 포함된 조합원이 2017.10.23까지 광명시 재건축조합원 주택을 매수한 경우
 →재당첨 제한 미적용
예) 2017.8.3 인가된 강남구 재건축사업의 최초 관리처분계획에 포함된 조합원이 2017.10.24 이후 광명시 재건축조합원 주택을 매수한 경우
 → 2018.8.27까지 광명시 재건축사업의 분양신청이 마감된 경우 재당첨 제한 미적용
 → 2018.8.28 이후 광명시 재건축사업의 분양신청 마감일인 경우 투기과열지구 지정 전에 매수하였더라도 재당첨 제한 적용

● 다만, 2017.10.23까지 소유하고 있던 주택에 대하여는 수와 무관하게 재당첨 제한 미적용
- 단, 2017.10.24 이후 투기과열지구의 정비사업구역에 소재한 토지 또는 건축물을 취득하여 해당 정비사업의 관리처분계획에 따라 조합원 분양대상자로 선정된 경우 또는 2017.10.24 이후 투기과열지구의 정비사업의 관리처분계획에 따라 일반분양 대상자로 선정된 경우에는 재당첨 제한 적용

3. 공동주택 재건축사업의 아파트 관리처분계획 기준

수도권 투기과열지구 내 재건축사업의 경우, 관리처분계획 세부 공급기준은 "1세대 또는 1명이 하나 이상의 주택 또는 토지를 소유한 경우 1주택을 공급하고, 같은 세대에 속하지 아니하는 2명 이상이 1주택 또는 1토지를 공유한 경우에는 1주택만 공급(법 §76①6)."하는 것이 기본원칙이다.

또한, 1+1공급의 경우, 투기과열지구 내 재건축·재개발사업이 공통 적용된다.

1) 과밀억제권역 아닌 투기과열지구·조정대상지역
수도권정비계획법상 수도권[32]: 서울시, 인천시, 경기도

2017.11.10.부터 사업시행계획인가(최초 사업시행계획인가를 말함)를 신청하는 재건축사업의 토지등소유자에게 소유한 주택 수만큼 공급한다(법 §76①7 나목 1)

▶ 과밀억제권역(수도권정비계획법 시행령 §9 관련)
1. 서울특별시
2. 인천광역시[강화군, 옹진군, 서구 대곡동·불로동·마전동·금곡동·오류동·왕길동·당하동·원당동, 인천경제자유구역(경제자유구역에서 해제된 지역을 포함한다) 및 남동 국가산업단지는 제외한다], 3. 의정부시, 4. 구리시
5. 남양주시(호평동, 평내동, 금곡동, 일패동, 이패동, 삼패동, 가운동, 수석동, 지금동 및 도농동만 해당)
6. 하남시, 7. 고양시, 8. 수원시, 9. 성남시, 10. 안양시, 11. 부천시 12. 광명시, 13. 과천시, 14. 의왕시, 15. 군포시 16. 시흥시[반월특수지역(반월특수지역에서 해제된 지역을 포함한다)은 제외한다]

---

32. 수도권정비계획법
   제2조(정의) 이 법에서 사용하는 용어의 뜻은 다음과 같다.
   1. "수도권"이란 서울특별시와 대통령령으로 정하는 그 주변 지역을 말한다.
   영 제2조(정의) 이 법에서 사용하는 용어의 뜻은 다음과 같다.
   1. "수도권"이란 서울특별시와 대통령령으로 정하는 그 주변 지역을 말한다.

— 과밀억제권역 아닌 투기과열지구·조정대상지역 지정 전 양수한 경우

2022.2.3부터 효력 발생(법 §76①7 다목)

과밀억제권역 외의 조정대상지역·투기과열지구에서 조정대상지역 또는 투기과열지구로 지정되기 전에 1명의 토지등소유자로부터 토지 또는 건축물의 소유권을 양수하여 여러 명이 소유하게 된 경우에는 양도인과 양수인에게 각각 1주택을 공급할 수 있다(동조동호 다목)

부 칙 <법률 제18830호, 2022.2.3>
제1조(시행일) 이 법은 공포한 날부터 시행한다.
제2조(관리처분계획인가에 관한 적용례) §76①7 다목의 개정규정은 이 법 시행 이후 최초로 관리처분계획인가(변경인가는 제외)를 신청하는 경우부터 적용한다.

이는 재건축구역이 조정대상지역 또는 투기과열지구로 지정될지를 사전에 알기 어려운 상황에서 1주택을 공급받을 것으로 예상하고 사업구역 내 다물권자로부터 주택 또는 토지를 양수한 자의 신뢰를 보호하기 위한 목적이다.

과밀억제권역 외의 재건축구역이 속한 지역이 조정대상지역 또는 투기과열지구로 지정되기 전에 1명의 토지등소유자로부터 주택 등을 양수한 토지등소유자에 대해서는 1주택을 공급할 수 있다.

2) 1+1 공급
과밀억제권역, 투기과열지구, 조정대상지역, 재개발·재건축사업 모두 적용(법 §76①7 라목)

"종전자산 감정가격의 범위 또는 종전 주택의 주거전용면적"의 범위에서 2주택을 공급할 수 있고, 이 중 1주택은 주거전용면적을 60㎡ 이하로 한다.
다만, 60㎡ 이하로 공급받은 1주택은 이전고시일 다음 날부터 3년이 지나기

전에는 주택을 전매(매매·증여나 그 밖에 권리의 변동을 수반하는 모든 행위를 포함하되 상속의 경우는 제외)하거나 전매를 알선할 수 없다.

Q 1+1로 진행하는 A, B 공유인 재건축사업 공동주택을, 분양계약 시점에 각 주택 (1+1)을 A명의와 B명의로 분리할 수 있는지?

A 도시정비법 §76①7 다목에 따르면, §74①5에 따른 가격의 범위 또는 종전 주택의 주거전용면적의 범위에서 2주택을 공급할 수 있다고 규정하고 있고, 도시정비법 시행령 §63②에서 "재건축사업의 경우 법 §74④에 따른 관리처분은 다음 각 호의 방법에 따른다. 다만, 조합이 조합원 전원의 동의를 받아 그 기준을 따로 정하는 경우에는 그에 따른다."고 규정하고 있음.

또한, 서울시 도시정비조례 제34조에서 법 §74①에 따른 정비사업의 관리처분계획은 다음 각 호의 기준에 적합하게 수립하여야 한다고 규정하고 있는바,

질의 내용은 상기 규정과 분양설계 내용, 관련공부의 확인 등을 통한 관리처분계획에 따라 검토·판단하여야 할 사항임(서울시 주거정비과 2021.8.24).

3) 투기과열지구, 조정대상지역이 아닌 과밀억제권역의 재건축사업

과밀억제권역이라도 투기과열지구, 조정대상지역이 아닌 곳에서는 토지등소유자가 소유한 주택 수의 범위에서 3주택까지 공급할 수 있다(법 §76①7 마목).

투기과열지구, 조정대상지역에서 사업시행계획인가(최초 사업시행계획인가를 말함)를 신청하는 재건축사업의 경우에는 1주택만 공급한다.

Q 재건축구역 내 2주택을 공유로 소유하고 있는 A, B가 구 도시정비법 §48②7 마목에 따라 2주택을 공유로 분양신청하여 관리처분계획인가 됨.
이후 1주택씩 A, B가 각각 개별소유(등기)하기 위해 관리처분계획 변경이 가능한지?

A 구 도시정비법 제48조(관리처분계획의 인가 등)제2항에서 관리처분계획의 내용은 다음 각 호(제1호~제7호)의 기준에 따른다고 규정하면서, 제7호 마목에서 제6호(1세대 또는 1인이 하나 이상의 주택 또는 토지를 소유한 경우 1주택을 공급하고, 같은 세대에 속하지 아

니하는 2인 이상이 1주택 또는 1토지를 공유한 경우에는 1주택만 공급)에도 불구하고 「수도권정비계획법」제6조제1항1에 따른 과밀억제권역에 위치한 재건축사업의 경우에는 토지등소유자가 소유한 주택 수의 범위에서 3주택까지 공급할 수 있다. 다만, 투기과열지구 또는 「주택법」 제63조의제2제1항에 따라 지정된 조정대상지역에서 사업시행인가(최초 사업시행인가를 말함)를 신청하는 재건축사업의 경우에는 그러하지 아니하다고 규정하고 있으며, 같은 항 제1호에서는 종전의 토지 또는 건축물의 면적·이용 상황·환경, 그 밖의 사항을 종합적으로 고려하여 대지 또는 건축물이 균형 있게 분양신청자에게 배분되고 합리적으로 이용되도록 한다고 규정하고 있음.

또한, 舊 도시정비법 시행령 제52조제2항에서 재건축사업의 경우 법 제48조제7항에 따른 관리처분은 다음 각 호의 방법 및 기준에 따른다. 다만, 조합이 조합원 전원의 동의를 받아 그 기준을 따로 정하는 경우에는 그에 따른다고 규정하고 있음.

따라서, 귀 구 질의사항은 상기 규정에 적합하면서 관계규정, 분양설계 내용 및 변경 사유의 적정성, 관련공부의 검토·확인 등을 통한 관리처분계획에 따라 처리할 사항임(서울시 주거정비과 2022.5.17)

▲ **서초구 OO재건축조합 관리처분계획 기준**

2인 이상이 1주택 공유 시 1주택 공급(법 §76①6)

종전 건축물을 2인 이상 공유지분의 공동소유 시, 대표하는 1인 조합원에 1주택 공급한다(법 §76①6), §39①1).

종전 2 이상 건축물 소유 조합원은 2이상 건축물 권리가액 합산액이 조합원 종전권리로 의제 1주택 소유자(다주택자는 종전주택의 합산가격 or 합산면적)의 분양대상자별 종전 건축물의 명세 및 사업시행인가 고시일을 기준으로 2주택 공급이 가능하다(법 §76①7라).

기타 분양기준 관련 필요한 세부사항은 법령 및 「서울시 도시정비조례」에 따른다.

4) 관련 유권해석

서울 강남구 소재 동일 정비구역 내 아파트와 상가를 부부가 공동으로 소유하고 있는 경우 상가, 아파트 각 1채씩 분양받는지 또는 아파트를 2개 받을 수 있는지(강남구 재건축사업과 2023.2.27)

> **Q** 서울 강남구 소재 같은 정비구역 내 아파트와 상가를 부부가 공동소유하고 있는 경우 상가, 아파트 각 1채씩 분양받는지 또는 아파트를 2개 받을 수 있는지?
>
> **A** 재건축사업 추진 중인 단지 내 아파트의 경우 「도시정비법」 등 관련 규정에 따라 관리처분계획을 수립할 때 법 제76조제1항제6호에 따라 1주택을 공급하며, 상가의 경우 영 제63조제2항에 따라 부대·복리시설의 소유자에게는 부대·복리시설을 공급하는 것으로 규정됨.
> 다만, 영 제63조제2항제2호에서 정관에서 정한 비율 등을 고려하여 부대복리시설을 주택으로 공급할 수 있는 등 별도 규정이 있사오니, 귀하가 소유하고 있는 단지의 정관등을 참고하여 아파트와 상가 각 1개씩 분양 또는 아파트 2개 분양(추가 공급하는 주택은 주거전용 주택면적 60㎡ 이하) 등이 가능 여부를 확인하여야 할 것으로 판단됨.

재건축구역 내 A주택는 부부 공유이고 B주택은 남편 소유로 2주택 중 A주택은 현금청산, B주택만으로 재분양신청 가능한지, 공유지분만 현금청산을 신청할 수 있는지(서울시 주거정비과 2022.11.15)

> **Q** 재건축구역 내 A주택는 부부 공유이고 B주택은 남편 소유임('22.10월 관리처분계획 신청, 향후 총회 의결 후 설계변경, 재분양신청, 관리처분계획 변경인가, 인가 후 분양계약예정)
> 1) 2주택 중 A주택은 현금청산, B주택만으로 재분양신청 가능한지?
> 2) A주택을 양수한 자는 조합원자격을 가질 수 없어 현금청산대상인지?
> 3) 공유지분만 현금청산을 신청할 수 있는지?
>
> **A** 법제72조 및 영 제59조에 따른 분양신청서 서식(「서울시 도시정비조례 시행규칙」 제14조)에는 신청서와 함께 수인이 1인의 분양대상자로 신청하는 경우에는 함께 신청하는 자의 분양신청서를 포함하고 있음.
> 질의에 따른 사항은 상기 규정에 따라 분양신청절차에 따라 분양신청 가능하며, 조합원 자격 관련 단서조항 해당 여부, 손실보상 협의대상 등을 객관적인 자료를 통해 종합적으로 검토하여 최종 분양대상 및 현금청산자 등을 결정하여야 함

투기과열지구 내 재건축사업에서 공동소유로 1+1을 분양받은 경우, 공유자 각각 보존등기가 가능한지(국토부 주택정비과 2021.3.26)

Q 투기과열지구 내 재건축조합원들로, 큰 평형의 아파트를 A와 B가 공동소유하고 있음. 관리처분계획에서 1+1으로, 25평형 2주택을 공급받도록 계획되어 있음. 이전고시 후 1+1에 대해 A와 B는 각자의 명의로 보존등기가 가능한지?

A 토지 및 주택의 공유자인 경우 여러 명을 대표하는 1인이 대표 조합원으로서 분양신청을 할 수 있으며, 관리처분계획에 따라 조합원 분양을 받는 경우 종전의 형태와 동일하게 공급받아 관리처분계획에 따라 소유권을 이전하는 것이 타당한 것으로 판단됨.

이때 관리처분계획에서 별도로 정하는 경우 그에 따라 처분 및 소유권을 이전할 수 있을 것으로 보임

재건축사업에서 주택, 상가를 소유한 자가 공동주택 분양으로 "1+1"이 가능한지(서울시 주거정비과 2021.1.8)

Q 재건축구역에서 주택, 상가를 소유한 자가 공동주택 분양으로 "1+1"으로 받을 수 있는지?

A 법 제76조제1항제7호 다목 및 제5호에 따르면 분양대상자별 종전의 토지 또는 건축물 명세 및 사업시행계획인가 고시가 있은 날을 기준으로 한 가격의 범위 또는 종전 주택의 주거전용면적의 범위에서 2주택(이 중 1주택은 60㎡ 이하)을 공급할 수 있다고 규정하고 있는바,
질의사항은 상기 규정의 범위에 해당하는 경우 2주택(이 중 1주택은 60㎡ 이하)을 공급할 수 있을 것임.

동일한 세대를 이루고 있는 모자(母子) 관련, 재건축사업의 상가 및 주택 분양 여부(서울시 주거정비과 2020.4.24)

Q 동일한 세대를 이루고 있는 모자(母子) A(모), B(자, 19세 이상)에 대하여 A가 2016년에 조합설립인가 된 재건축구역 내에 주택을 소유하고 있고, B는 같은 단지 내 다른 주택과 상가를 소유하던 중 B가 소유하고 있던 주택을 투기과열지구 지정 전에 C, D(부부, 공유)에게 매도함
1) A, B, C, D를 대표하는 1인을 대표 조합원으로 선정해야 하는지?
2) A에게 상가 1호를, B, C, D에게 2주택 공급이 가능한지?

A1 대표조합원 선임에 대한 사항은 여러 명을 대표하는 1인을 조합원으로 봐야할 것으로 사료되며, 법 제76조제1항제7호 다목, 동조동항 제5호에 따른 가격의 범위 또는 종전 주택의 주거전용면적의 범위에서 2주택을 공급할 수 있고, 이 중 1주택은 주거전용면적을 60㎡ 이하로 한다고 규정하고 있고,

재건축사업의 경우 관리처분은 영 제63조제1항 제5호 및 제6호를 적용하고, 부대·복리시설의 소유자에게는 부대시설·복리시설을 공급하도록 규정하고 있으며, 다만 조합이 조합원 전원의 동의를 받아 그 기준을 따로 정하는 경우에는 그에 따른다고 규정하고 있음

A2 재건축사업에 따른 주택 및 부대·복리시설의 분양 여부는 상기 규정 및 귀 조합의 정관을 검토하여 판단할 사항임

투기과열지구 재건축사업장으로, 부부가 각자 아파트를 소유하고 있어 대표자 1인을 선정하고 1+1로 주택을 공급받되 건축물을 각자 명의로 하도록 분양신청한 경우 토지는 공유로 하고, 주택 1+1 각자 명의로 보존등기가 가능한지(국토부 주택정비과 2019.7.19)

Q 투기과열지구에서의 재건축사업장임.
부부가 각 2채의 아파트를 소유하고 있어 대표자 1인을 선정하고 1+1의 주택을 공급받되 건축물을 각자의 명의로 하도록 분양신청을 하는 경우 토지는 공유로 하고, 건축물 1+1에 대해 각자의 명의로 보존등기가 가능한지?

A 「도시정비법」 제39조제1항제1호에 따르면, 정비사업에서 토지 또는 건축물의 소유권과 지상권이 여러 명의 공유에 속하는 때에는 그 여러 명을 대표하는 1명을 조합원으로 보도록 규정하고 있음.

상기규정에 따른 대표 조합원은 그 여러 명의 토지등소유자를 대표하여 분양신청을 할 수 있을 것이며, 또한, 도시정비법 제76조제1항제7호 다목에 따라 2주택을 공급받는 경우 종전의 소유 형태와 동일하게 이전등기(이전고시)함이 타당할 것으로 사료됨.

전용면적이 150㎡를 소유한 조합원이 2주택을 공급받고자 할 때 1주택은 조합원 분양가로 공급하고 나머지 1주택은 일반분양가로 공급하기로 정관에서 정하여 시행할 수 있는지(국토부 주택정비과 2018.10.31)

Q 재건축사업에서 "법 제74조제1항제5호에 따른 가격의 범위 또는 종전 주택의 주거전용면적의 범위에서 2주택을 공급할 수 있고, 이 중 1주택은 주거전용면적을 60㎡ 이하로 한다. 다만, 60㎡ 이하로 공급받은 1주택은 이전고시일 다음 날부터 3년이 지나기 전에는 주택을 전매(매매·증여나 그 밖에 권리의 변동을 수반하는 모든 행위를 포함하되 상속의 경우는 제외)하거나 전매를 알선할 수 없다."에 의해,
전용면적이 150㎡를 소유한 조합원이 2주택을 공급받고자 할 때 1주택은 조합원 분양가로 공급하고 나머지 1주택은 일반분양가로 공급하기로 정관에서 정하여 시행할 수 있는지?

A 정비사업에서 분양대상자별 분양예정인 대지 또는 건축물의 추산액을 평가할 때에는 1.「감정평가 및 감정평가사에 관한 법률」에 따른 감정평가업자 중 재건축사업: 시장·군수등이 선정·계약한 1인 이상의 감정평가업자와 조합총회의 의결로 선정·계약한 1인 이상의 감정평가업자)의 구분에 따른 감정평가업자가 평가한 금액을 산술평균하여 산정한다.
다만, 관리처분계획을 변경·중지 또는 폐지하려는 경우 분양예정 대상인 대지 또는 건축물의 추산액과 종전의 토지 또는 건축물의 가격은 사업시행자 및 토지등소유자 전원이 합의하여 산정할 수 있다고 규정하고 있기 때문에 조합원에게 분양예정인 대지 또는 건축물의 추산액 평가는 위 규정에 따라야 함.

관리처분계획 변경에 따른 기존 2주택 공급자에서 1주택 공급으로 변경 가능 여부(서울시 재생협력과 2018.10.25)

Q 재건축조합에서는 법 제76조제1항제7호 다목에 따라 조합원A에게 2주택을 공급하는 것으로 고시하였으나, 사업계획 변경에 따라 관리처분계획변경인가를 할 경우, 조합원A에게 1주택만을 공급할 수 있는지?

A 법 제74조제1항제5호에 따른 가격의 범위 또는 종전 주택의 주거전용면적의 범위에서 2주택을 공급할 수 있고, 이 중 1주택은 주거전용면적을 60㎡ 이하로 함. 다만, 60㎡ 이하로 공급받은 1주택은 이전고시일 다음 날부터 3년이 지나기 전에는 주택을 전매(매매·증여나 그 밖에 권리의 변동을 수반하는 모든 행위를 포함하되 상속의 경우는 제외함)하거나 전매를 알선할 수 없다고 규정하고 있으며,
사업시행자는 분양신청기간 종료 후 같은 사업시행계획인가의 변경으로 세대수 또는 주택규모가 달라지는 경우 제1항부터 제3항까지의 규정에 따라 분양공고 등의 절차를 다시 거칠 수 있고 사업시행자는 정관 등으로 정하고 있거나 총회의 의결을 거친 경우

제4항에 따라 법 73조제1항제1호 및 제2호에 해당하는 토지등소유자에게 분양신청을 다시 하게 할 수 있다고 규정하고 있음.

단독주택재건축 상가 소유자 아파트 배정 가능(서울시 재생협력 2018.9.19)

Q 단독주택 재건축구역 내 상가 소유자의 경우 공동주택을 분양받을 수 있는지?

A 단독주택 재건축구역(대통령령 제24007호 도시정비법 시행령 일부개정령 부칙 제6조에 따른 사업을 말함) 내 상가 소유자의 공동주택 분양대상 여부는 「서울시 도시정비조례」 제37조제1항제2호에 따라 분양신청자가 소유하고 있는 권리가액이 분양용 최소규모 공동주택 1가구의 추산액 이상인 경우에 가능할 것으로 사료됨.

+1 공급하는 1주택을 조합원 분양가와 차등 공급할 수 있는지(서울시 재생협력과 2018.4.24)

Q 정비구역 내 조합원에게 2주택을 분양할 경우, 추가로 공급하는 1주택을 조합원분양가와 차등을 주어 공급할 수 있는지?

A 정비구역 내 조합원에게 2주택을 분양할 경우, 추가로 공급하는 1주택을 조합원분양가와 차등을 주어 공급할 수 있는지?

A. 「도시정비법」 제76조제1항제7호다목에 따라 사업시행자는 분양대상자별 종전의 토지 또는 건축물 명세 및 사업시행계획인가 고시가 있은 날을 기준으로 한 가격의 범위 또는 종전 주택의 주거전용면적의 범위에서 2주택을 공급할 수 있고 사업시행자는 분양대상자별 분양예정인 대지 또는 건축물의 추산액을 포함하여 관리처분계획을 수립하여야 하므로 질의하신 사항은 관리처분계획에 따라 정할 사항으로 판단됨

투기과열지구 내 재건축조합원인 부부 각각 1주택씩 소유 시, 관리처분에 의한 주택공급의 수(국토부 주택정비과 2017.11.10)

Q1 조합설립인가 전 부부가 각각 단독명의로 아파트를 소유하고 있었다면, 세대분리를 하지 않았더라도 각각 조합원의 지위가 있는지?

Q2 위 경우 부부가 각각 조합원의 지위가 있다면, 투기과열지구인 경우 신축 주택도 부부가 각각

공급받을 수 있는지?

영 제48조제2항제6호에서는 "1세대가 하나 이상의 주택 또는 토지를 소유한 경우 1주택을 공급하고~~~."는 규정이 있어서 부부 각각 조합원의 지위가 있어도, 1세대이므로 1주택만 공급해야 한다는 반론이 있음.

도시정비법 시행령 제48조제2항

6. 1세대 또는 1인이 하나 이상의 주택 또는 토지를 소유한 경우 1주택을 공급하고, 같은 세대에 속하지 않는 2인 이상이 1주택 또는 1토지를 공유한 경우에는 1주택만 공급한다.

A 법 제19조제1항제2호에 따라 1세대로 구성된 수인이 수 개의 주택 등을 소유한 경우 1세대로 구성된 수인을 대표하는 1인만 조합원이 될 수 있고, 법 제48조제2항제6호에 따라 1세대가 하나 이상의 주택 또는 토지를 소유한 경우 1주택을 공급함.

재건축사업에서 2주택을 공급받은 경우 전매제한이 없는 나머지 1주택은 언제 매매할 수 있는지(국토부 주택정비과 2016.6.14.)

Q 재건축사업에서 2주택을 공급받은 경우 전매제한이 없는 나머지 1주택은 언제 매매할 수 있는지?

A 법 제48조제2항제7호 다목 단서에 따르면 60㎡ 이하로 공급받은 1주택은 이전고시일 다음 날부터 3년이 지나기 전에는 주택을 전매하거나 이의 전매를 알선할 수 없도록 하고 있으며,

질의하신 전매제한 대상이 아닌 1주택에 대하여 이전고시 이전에 매도하는 경우에 대하여는 동법에 별도로 제한하고 있지 않으나, 이 경우 종전자산에 대한 대표조합원 선정 및 해당 관리처분계획 내용에 반영 및 변경가능 여부 등을 검토하여 결정해야 할 것으로 판단됨.

4. 복리시설 관리처분계획 기준

1) 재건축조합과 상가협의회 관계

① (부분)독립정산체, 독립채산제

▲ **독립정산제**

아파트 소유자로 구성된 재건축조합 집행부와 별도로 상가소유자의 협의체가 독자적으로 사업 진행하는 방식으로, 토지소유권은 상호 간 별도 필지로 되어 있는 경우를 말한다. 대부분의 아파트는 부대복리시설을 공유지분으로 하고 있어서 완전한 독립정산제는 많지 않다(올림픽 기자촌아파트, 개포시영아파트 상가와 같이 별도 필지로 된 경우에는 가능함)

단일 정비구역 내에서 사업시행 주체를 분리하는 완전한 독립정산제는 흔치 않다.

— 의의

조합설립인가~청산완료 시까지 대외적인 사업주체는 "정비조합"으로 추진하며, 내부적으로는 공동주택과 상가를 구분하여 각각 개발이익과 비용을 별도로 정산하고, 상가조합원들로 구성된 별도의 기구가 상가에 관한 관리처분계획 내용을 자율적으로 수립, 제안을 보장하는 방식을 말한다.

공동주택 재건축사업에서 상가는 아파트조합원 수의 10~20% 정도다. 이들은 공사기간 3~4년 동안 상가세입자로부터 임대료를 받지 못하거나, 직접 직영이 불가능해 재건축사업을 반대하기도 한다.

따라서 사업초기에 상가협의회는 재건축추진위원회와의 조합설립 동의를 위한 협의에서 상가소유자의 조합 임원, 대의원회의 참여, 별도 상가의 관리처분계획 및 상가 대신 아파트공급 조건 등을 정한 협약서의 보장을 요구하게 된다.

총회 효력 때문에 주민총회 아닌 창립총회에서 이를 문서화해서 조합원들의 의결을 받게 된다. 이 과정에서 아파트와 분리해서 상가만으로 개발이익과 비용을 별도로 정산하는 것을 '독립정산제 또는 독립채산제'라 한다.

그러나 독립정산제를 취하더라도 상가협의회는 사업시행자(사업시행자는 재건축정비사업조합으로 법인격이 있음)가 아니므로, 정비사업전문관리업체나 세무회계, 감정평가사 등 협력업체를 독자적으로 선정할 수가 없어 정비조합과 분쟁이 발생하기도 한다.

— **독립정산제라도 상가협의회 운영비 및 사업비 예산안, 조합총회 의결 필요**

독립정산제를 시행하는 상가의 경우 상가위원회 또는 상가협의회란 조직을 운영하게 된다.

재건축조합은 정기총회 또는 임시총회를 개최하게 되는데, 독립정산제를 시행하고 있는 경우에 조합원 총회에서 "상가협의회(상가위원회) 운영비 및 사업비 예산 승인의 건"을 안건으로 상정하여 아파트와 상가 조합원이 참가하는 조합총회에서 의결을 거쳐야 한다.

그 근거로 보통 조합정관 제○○조(총회의 의결사항) 중 '정비사업비의 사용계획 등 예산안'을 들고 있다.

— **독립정산제 추진 사례**

추진일정	주요 내용	비고
2014~2015	추진위원회 및 조합설립 시 상가측에서 상가 독립정산제를 요청	
2016.10.22	상가 독립정산제를 위한 조합정관 변경	2016년 정기총회
2017.07.08	근린생활시절 공동시행사 현장설명회 설계반영 요구	○○종합상가
2017.08.07	초과이익환수 우선 면제후 2018년초 상가조합원 의견을 수렴하고 건축계획 변경 추진 통보	조합
2017.08.31	상가조합원 부분독립정산제에 대한 설문 조사 실시	조합
2017.10.23	건설업체 협약서 작성시 상가 유상부분 재고 요청	○○종합상가

2017.11.14	상가조합원(○○·△△) 독립정산제 및 분리 재건축 요구 (독립정산제 찬성 85% / 분리재건축 찬성 86%)	○○종합상가 △△상가
2017.12.11	부분독립정산제 동의 및 (협상) 대표자 선정 요구	조합
2017.12.26	○○상가 독립정산제 협상대표 통보	○○종합상가
2017.12.27	△△상가 독립정산제 협상대표 통보	△△상가
2018.01.10	상가 대지면적 설계 변경시 재고려 요구	○○종합상가
2018.01.24	상가 부분독립정산제 방식 추진 협약서(안) 의견 회신 (상가조합원 동의율 76% / 상기 협약서(안) 검토 의견 요청)	조합
2018.03.19	상가 재건축협약서(안) 결과 통보 및 기타 협조 요구	○○종합상가
2018.05.14	상가 재건축협약 통보건에 대한 법률자문 결과 재통보	상가협의회
2018.08.27	상가(○○·△△) 설계 관련 조정 및 건의 (상가 분리등기 가능여부 / 4열주차 반영한 대지형태 변경)	상가협의회
2018.09.27	상가 설계관련 조정 및 건의사항 회신	조합
2018.10.15	통합상가(○○·△△) 대지형태 변경 요청	상가협의회
2018.10.22	상가 재건축협약서 검토(안) 송부	조합
2018.11.16	상가협의회 창립총회(규약, 승인, 임원 선출 등)	상가협의회
2018.12.04	상가협약서 수정(안) 송부	상가협의회
2019.02.26	주구중심(상가) 건축 계획(안) 검토의견 통보	상가협의회
2019.03.06	상가협약서 최종 수정(안) 통보	상가협의회
2019.03.11	주구중심(상가) 재건축 협약서 수정(안) 통보	상가협의회
2019.03.11	제65차 이사회 - '주구중심(상가) 협약서(안) 심의의 건' 심의보류	조합
2019.03.19	제66차 이사회 - '주구중심(상가) 협약서(안) 심의의 건' 가결	조합
2019.04.02	제20차 대의원회 - 주구중심(상가) 협약서(안) 심의의 건' 가결	조합

▲ 부분 독립정산제

재건축조합이 사업시행자로 시행하되 상가소유자는 관리처분계획만을 별도로 시행하는 방식을 말하며, 각각의 대지권에 따른 비용 및 사업수익의 배분만 아파트소유자와 상가소유자별로 구분된다.

각각의 비용부담과 수익배분방식을 관리처분계획으로 정하고 분양결과에 따른 손실 또는 수익을 개별 정산하게 된다.

▲ 독립채산제

통합 재건축사업의 경우 각각 조합을 구성하여 큰 단지는 조합장, 작은 단지에는 부조합장을 두고 각 차수별 총회, 대의원회를 구성하도록 하는 등 각 조합별 별도의 독립정산을 하도록 하는 제도이다.

그러나 준공이 다른 별개의 단지 또는 용적률이 다른 단지의 경우에는 정비조합이 집행부이지만 각 아파트단지별로 비용부담과 수익배분방식을 하는 것을 말한다. 대표적으로 서초구 신반포3차, 반포경남아파트 등을 그 사례라고 하고 있다.

② 혼합정산제

혼합정산제란 통합 재건축 후 각 아파트 권리가액을 결정할 때 동등한 수준에서 가격을 책정하는 것을 말한다. 그러나 각 아파트의 시세가 모두 달라 같은 수준의 권리가액을 책정하는데 주민들 간 반발이 심한 것이 단점이다.

이와 대비되는 것이 독립채산제로서, 전체적으로 단지를 통합해 재건축하지만 단지별로 새 아파트 분양과 분담, 환급금 책정 등이 이뤄지는 것을 말한다는 점에서 차이가 있다.

2) 재건축조합과 상가협의회와 협의서 강제 이행 여부

서울시 강남구 ○○재건축조합의 경우, 상가와 독립정산제를 채택해 사업시행이 현재 완료단계이다.

이 사업장은 상가협의회와의 협의서 이행 여부를 사업시행계획인가 조건으로 하고 있지만 최종 이행 단계에서 그 조건에 맞게 협의 내용을 이행할 것인지에 대한 분쟁이 있는 실정이다.

협의서 이행 여부에 대해 강제력이 있느냐와 관련, 2022년 대법원 판례를 소개하면 다음과 같다.

― 상가협의회와 재건축조합의 약정에 따른 내용대로 관리처분계획 수립을 강제할 수 있는지

도시정비법에 따른 재건축조합은 관할 행정청의 감독 아래 도시정비법상의 재건축사업을 시행하는 공법인(도시정비법 §38)으로서, 그 목적 범위 내에서 법령

이 정하는 바에 따라 일정한 행정작용을 행하는 행정주체의 지위를 갖는다.

재건축조합의 총회는 조합의 최고의사 결정기관이고, 정관 변경이나 관리처분계획의 수립·변경은 총회결의사항이므로, 새로운 총회결의로써 종전 총회결의의 내용을 철회하거나 변경할 수 있는 자율성과 형성의 재량을 가진다. 그러나 이러한 자율성과 재량이 무제한적일 수는 없으므로, 조합 내부의 규범을 변경하고자 하는 총회결의가 적법하려면 상위법령·정관에서 정한 절차와 의결정족수를 갖추어야 한다.

조합 내부 규범을 변경하는 취지의 총회결의가 신뢰보호의 원칙에 위반되는지를 판단하기 위해서는, 종전 내부 규범의 내용을 변경하여야 할 객관적 사정과 필요가 존재하는지, 그로써 조합이 달성하려는 이익은 어떠한 것인지, 내부 규범의 변경에 따라 조합원들이 침해받는 이익은 어느 정도의 보호가치가 있으며 그 침해 정도는 어떠한지, 조합이 종전 내부 규범의 존속에 대한 조합원들의 신뢰 침해를 최소화하기 위하여 어떤 노력을 기울였는지 등과 같은 여러 사정을 종합적으로 비교·형량해야 한다(대법원 2016두35281, 2022두30539 참조).

그 개별 약정의 내용과 취지 등을 감안하여 유효·적법한 관리처분계획 수립의 범위 내에서 그 약정의 취지를 가능한 한 성실하게 반영하기 위한 조치를 취하여야 할 의무가 인정될 수 있음은 별론으로 하더라도,

이를 초과하여 개별 조합원과의 약정을 절대적으로 반영한 관리처분계획을 수립하여야만 하는 구체적인 민사상 의무까지 인정될 수 없고, 약정의 당사자인 개별 조합원 역시 재건축조합에 대하여 약정 내용대로의 관리처분계획 수립을 강제할 수 있는 민사상 권리를 가진다고 볼 수 없다(대법원 2022다206391).

3) 관리처분계획 기준 및 합의서

① (복리시설) 관리처분계획 기준

재건축사업의 관리처분은 다음 방법에 따르되, 조합원 전원 동의를 받아 기준을 따로 정하면 그에 따른다.

복리시설 소유자에겐 복리시설을 공급하는 것이 원칙이다(영 §63②2)

― (근린생활시설 배정방법) 관련, 1조합원 1점포의 원칙을 고수하면서 조합원분양 후에 남는 상가에 대하여는 그 전부를 일반인들에게 분양하도록 한 행위에 대한 판단

관리처분계획의 근린생활시설 배정방법은 1조합원 1점포의 원칙을 고수하면서 조합원분양 후에 남는 상가에 대하여는 그 전부를 일반인들에게 분양하도록 함으로써 원고의 경우처럼 1조합원 1점포의 원칙에 따른 조합원분양 후의 종전 자산 가액 잔여분이 현저하게 많은 조합원들에게 조합원분양 후에 남는 상가에 대한 추가분양의 기회를 봉쇄하고 있는바,

그와 같은 배정방법은 도시정비법 제76조제1항제1호의 취지(즉, 조합원들이 소유하는 종전의 토지 또는 건축물의 면적·이용 상황·환경, 그 밖의 사항을 종합적으로 고려하여 대지 또는 건축물이 균형 있게 조합원들에게 배분되고 합리적으로 이용되도록 관리처분계획을 수립하여야 한다는 취지)에 위반되는 것이라 하지 않을 수 없다(부산고등법원 제2행정부 2018.9.18.선고 2019누20419판결 총회결의무효확인).

② 조합과 상가의 합의서

상가소유자들은 아파트 소유자와 달리 '상가협의회'를 구성하여 상가 관리처분계획을 수립하는데, 이를 위해 사전에 재건축조합정관에 "상가독립정산제, 상가협의회'에 관한 규정을 명시하여야 한다.

또한, 재건축조합과 상기협의회는 독립정산제에 대한 세부적인 내용을 협의하여 업무협약서로 약정을 체결하는 시기는 창립총회 전에 작성하는 것이 일반적이다.

이 상가협의서상 업무협약서에는 신축상가의 설계, 위치, 신축상가 수입금의 전액귀속, 공사비 및 정비사업비 비용분담 비율, 기부채납시설의 비용분담, 상가소유자의 조합 임원, 대의원 배정, 신축상가의 용적률 범위 및 상가 관리처분계획 등이 담기는 것이 좋다.

협력업체의 선정에 대해선 상가협의회에서 독자적 선정이 가능한 것처럼 알

려져 있지만, 사업시행자가 아니므로 정비조합을 통해 조달청에서 감정평가업체, 법무사, 상가분양업체 등을 일반경쟁입찰로 선정하게 된다.

아래는 강남구 개포주공○○아파트 상가 합의서 초안으로, 상가 소유자의 아파트 공급비율 및 재건축부담금에 관한 규정을 두고 있다.

개포주공○○아파트 재건축 상가 협의서

개포○○주공아파트 재건축 추진위원회(이후 설립되어 본 합의서를 승계하게 될 개포○○주공아파트재건축조합을 포함하여, 이하 "갑")와 개포주공○○아파트 상가 소유자(명단은 [별지] 첨부; 이하 "을")는 원활한 조합설립과 개포주공○○아파트 재건축사업(이하 "재건축사업")의 가치 협상을 위하여 아래와 같이 협의하고, 성실히 이행할 것을 합의한다.

제1조(조합원 자격) ① "갑"은 "을" 각자가 「도시 및 주거환경정비법」(이하 "도시정비법")에 따른 토지등소유자 및 조합원의 자격이 있음을 확인한다.
② "갑"은 추후 재건축사업을 진행함에 있어서, "을" 각자를 아파트의 토지등소유자 및 조합원(이하 "아파트 조합원")과 동일하게 취급하여, "을"에게 아파트조합원에 비하여 불이익한 결과가 발생하지 않도록 해야 한다.

제2조(분양신청 등) ① "을"이 재건축사업으로 인하여 신축되는 아파트를 분양 받기를 원할 경우, "갑"은 "을"이 신축 아파트를 분양 받을 수 있도록 관리처분계획을 수립하고 정관 제○○조제○○호 나목의 비율을 정하거나 개정함으로써, "을" 각자가 신축 아파트를 분양받을 수 있도록 한다.
② "을" 중 2개 호실 이상의 상가를 보유한 소유자의 경우에는 각 호실에 대하여 신축아파트 또는 신축상가를 각각 분양받을 수 있도록 한다.
③ "을"이 상가 또는 신축아파트 공급받기를 원할 경우 도시정비법 시행령 §63②에 의하며, 상가 1층 평당 평균 분양가격은 신축 아파트 39평형의 평당

평균 분양가격으로 한다. 단, 관리처분계획에 따라 신축 아파트 39평형이 존재하지 않을 경우, 상가 평당 분양가격은 신축 아파트 40평형대의 평당 분양가격으로 한다.

제3조(분양신청 시 권리가액 등) ① "을"의 대지부분에 대한 평당 감정평가액은 아파트 조합원의 대지부분에 대한 평당 감정평가액의 ○배로 하여 권리가액을 산정한다.
② 제3조제1항의 "을" 및 아파트 조합원의 권리가액은 제5조에 의하여 선정된 각 감정평가기관이 산정한 금액의 산술평균가격으로 한다.

제4조(현금청산 시 권리가액) "을"이 현금청산을 원하는 경우 제3조제1항에서 결정된 권리가액을 기준으로 한다.

제5조(감정평가기관) ① 감정평가기관은 조합설립 후 조합원 총회에서 선정된 감정평가기관 1개와 "을"이 추천하는 1개의 감정평가기관, 총 2개의 감정평가기관을 선정한다.
② 감정평가기관의 감정평가비용 등 제(諸)비용은 아파트 조합원이 부담한다.

제6조(상가설계 등) ① "갑"은 신축상가를 설계하는 과정에서 "을"의 의견이 반영될 수 있도록 "을"이 추천하는 설계사를 참여히도록 해야 한다.
② 신축상가의 전면 상가 분양 평수는 최소 13평 이상이 되어야 하고, 전면의 가로길이가 세로길이 이상이 되어야 하며, 신축상가에는 독립적인 주차장이 존재해야 한다. 이 외에 신축상가의 위치, 규모, 형태 등은 추후 "갑"과 "을"의 협의를 통하여 건축심의 시 결정하기로 한다.

제7조(초과이익환수금) 을"이 아파트를 분양받을 경우 발생하는 「재건축초과이익 환수에 관한 법률」에 따라 발생하는 재건축부담금은 "을"이 분양받는 평형과 동일한 평형을 분양받는 아파트조합원의 평균 재건축부담금을 초과할 수 없다.

제8조(정관 변경 등) 갑"은 제2조제1항을 포함하여 본 합의서가 이행될 수 있도록 정관, 관리처분계획 등을 작성, 변경하여야 한다.

제9조(창립총회 의결) 갑"은 본 합의의 내용을 정관에 반영하고, 해당 정관에 대하여 도시정비법의 요건에 따른 토지등소유자의 동의 내지 결의를 받아야 한다.

제10조(조합설립동의서 제출) 갑"과 "을"은 창립총회 시까지 "을"의 조합설립 동의서를 금융기관에 보관하는 방법으로 공동관리하되, 본 합의서 및 §9에 따른 정관에 대하여 도시정비법의 요건에 따른 토지등소유자의 동의를 받지 못할 경우, 조합설립 동의서는 "을"에게 반환되고 "갑"이 이를 사용할 수 없다.

제11조(승계) 본 합의는 추후 설립될 개포주공○○아파트재건축조합에게 승계된다.

제12조(기타) ① 본 합의서에 적시되지 않은 사항에 대하여는 도시정비법, 주택법 및 민법 등의 관계 법령에 따라 처리하되, 기타 세부 실무내용은 "갑"과 "을"이 합의하여 진행한다.
② 조합설립 후 "을"이 상가 소유권을 이전하는 경우에도 본 합의 사항은 매수인에게 자동 승계된다. 명의 변경 시 "을"은 매수인에게 본 합의 사항의 승계 사실을 고지하여야 한다.

본 합의서는 이 사실을 증명하기 위하여 "갑"과 "을"이 기명날인 후 공증하고, 조합설립인가 후 조합설립인가일로부터 14일 이내에 개포주공○○아파트재건축조합과 "을"이 본 합의서를 다시 공증한다.

2020.00.00

개포주공○○아파트재건축추진위원장 ○○○ (인)
개포주공○○아파트   상가소유자 ○○○ (인)

5. 복리시설 소유자에게 주택공급
정관 변경 잘 살펴야 주택공급 가능여부 예측

공동주택인 아파트를 대상으로 한 재건축조합을 설립하려면 아파트 외에도 복리시설 소유자의 과반수 동의가 필요하다(도시정비법 §35③ 참조).

조합설립 동의율을 위해 일정한 요건을 충족하는 복리시설(대표적으로 근린생활시설인 상가와 유치원을 말함. 이하 같음) 소유자에게 주택공급 내용의 협의서와 최소분양 단위규모의 추산액에 정관등의 정하는 비율(이하 "정관비율"로 함. 대체로 0.1~0.3)을 정해온 것이 강남4구의 실무적 태도였다.

이를 실행하기 위해 협의서와 정관비율 외에도 종합적인 관리처분계획 기준이 필요하여, 그에 맞게 조합정관의 변경이 뒤따르게 된다.

1) 복리시설은 기존 규모대로 설치해야 하나

복리시설은 주택법상 주택건설 사업계획 승인을 받아 주택과 그 부대·복리시설을 건설한 주택단지의 구성 요소인 시설 또는 설비를 말한다(주택법 §2 참조).

① 근린생활시설(상가 등)의 필수적 설치면적 기준 폐지

종전의 복리시설 중 1993년부터 근린생활시설을 제50조(근린생활시설 등)에서 규정하였다.
이 중에서 대표적인 근린생활시설의 경우, 2014.10.27까지「주택건설기준 등에 관한 규정」에서 그 면적 기준을 아래와 같이 필수적으로 정해 왔다.

주택단지에 설치하는 근린생활시설 및 소매시장·상점(이하 "근린생활시설등")을 합한 면적(전용으로 사용되는 면적을 말하며, 같은 용도의 시설이 2개소 이상 있는 경우에는 각 시설의 바닥면적을 합한 면적으로 함)은 매세대 당 6㎡ 비율로 산정한 면적을 초과하여서는 아니 된다. 다만, 그 비율로 산정한 근린생활시설등의 면적이 500㎡ 미만인 경우에는 당해 근린생활시설 등의 면적을 500㎡로 할 수 있다(동 규정 §50①).

이 규정은 2014.10.28자로 폐지되어 근린생활시설 설치면적은 필수적 설치규정은 아니므로, 사실상 재건축 시 상가소유자들의 의사를 물어 설치면적을 정할 수 있다.

결국, 이는 복리시설을 설치하지 않는 경우의 근거규정이라 할 수 있다.

아래는 국토부와 서울시 강남구 유권해석이다.

Q 우리 아파트의 경우 현재 강남구 소재 재건축사업을 위해 준비 중인 2,000세대 규모임.
서울시 주택조례에서는 필수 "주민공동시설 경로당, 어린이집, 작은도시관"의 세부 면적기준을 정하고 있음. 우리 사업장은 아파트와 상가소유자의 대립이 심한 편으로 향후 상가 소유자들이 아파트를 받고 싶어서 상가 규모를 줄이자는 주장이 제기되고 있음.
1) 현 세대수가 2000세대인 경우, "필수 주민공동시설"이 아닌 상가의 면적은 그 규모를 얼마로 해야 하는지?
2) 「주택건설기준 등에 관한 규칙」(별표1) 4호 다목의 근린생활시설에서는 "영 제50조에 따라 설치한다"고 규정하고 있음.
이 영은 「주택건설기준 등에 관한 규정 제50조를 의미한다면, 근린생활시설을 필수적으로 지어야 하는 면적은 얼마인지?

A 질의하신 내용과 관련하여 「주택건설기준 등에 관한 규정」 제50조제1항 근린생활시설 등 설치 면적 기준은 2014.10.28자로 폐지되었으므로 해당 공동주택 입주자 수요를 고려하여 근린생활시설 규모를 결정하여야 할 것임(국토부 건설주택공급과 2023.5.25/서울시 강남구 재건축사업과 2023.6.2)

※ 근린생활시설 등 설치 면적 기준 폐지(현행 §50① 삭제) 이유(법제처)

주택단지에 설치하는 근린생활시설 및 소매시장·상점을 합한 면적은 매세대 당 6㎡를 초과하지 아니하도록 하는 면적 제한 기준을 폐지하고, 사업주체가 자율적으로 근린생활시설 등의 설치 규모를 결정하도록 함.

② 유치원

복리시설 중 유치원은 1991년부터 현재까지 「주택건설기준등에 관한 규정」 제52조(유치원)에서 규정하고 있다.

다만 근린생활시설과 달리, 2,000세대 이상의 주택을 건설하는 주택단지에는 유치원을 설치할 수 있는 대지를 확보하여 설치하도록 강제하고 있다.

2,000세대 이상의 주택을 건설하는 주택단지에는 유치원을 설치할 수 있는 대지를 확보하여 그 시설의 설치희망자에게 분양하여 건축하게 하거나 유치원을 건축하여 이를 운영하고자 하는 자에게 공급하여야 한다. 다만, 다음 각 호의 어느 하나에 해당하는 경우에는 그러하지 아니하다(동 규정 §52①).
 1. 당해 주택단지로부터 통행거리 300m 이내에 유치원이 있는 경우
 2. 당해 주택단지로부터 통행거리 200m 이내에 「교육환경 보호에 관한 법률」 제9조 각호의 시설이 있는 경우
 3. 삭제 <2013.6.17>
 4. 당해 주택단지가 노인주택단지·외국인주택단지 등으로서 유치원의 설치가 불필요하다고 사업계획 승인권자가 인정하는 경우

더구나 2020.5.19 「학교용지 확보 등에 관한 특례법」이 개정돼, 공립유치원의 경우 학교용지를 확보 또는 학교용지부담금의 대상이 되도록 하였다.

이 유치원도 조합설립인가 이전에 지분쪼개기가 이뤄져 주목을 받은 바 있다.

2) 새로운 복리시설을 건설하지 않는 경우

복리시설 소유자에게는 복리시설을 공급하지만, 다음에 해당하는 경우에는 1주택을 공급할 수 있다(도시정비법 시행령 §63②2 가목).
새로운 부대·복리시설을 건설하지 아니하는 경우로서 기존 부대·복리시설의

가액이 분양주택 중 최소분양단위규모의 추산액[33]에 정관등으로 정하는 비율(정관등으로 정하지 아니하는 경우에는 1로 함)을 곱한 가액보다 클 것.

> 기존 상가 가액 > 최소분양 단위규모 주택가액 × 정관비율

위와 달리, 새로운 복리시설을 지어도 가능한 조문은 다음과 같다.

복리시설의 소유자에게 다음에 해당하는 경우에는 1주택을 공급할 수 있다(동법 시행령 §63②2 나목).

기존 부대·복리시설의 가액에서 새로 공급받는 부대·복리시설의 추산액을 뺀 금액이 분양주택 중 최소분양단위규모의 추산액에 정관등으로 정하는 비율(정관등으로 정하지 아니하는 경우에는 1로 함)을 곱한 가액보다 클 것.

3) 신축상가 분양가액>최소분양 단위규모 주택가액의 경우

새로 건설한 복리시설 중 최소분양단위규모의 추산액이 분양주택 중 최소분양단위규모의 추산액보다 큰 경우(동조동호 다목).

---

33. 서울시 도시정비조례의 "최소분양주택가액"(서울시 재생협력과 2016.2.2)
    Q. 「서울시 도시정비조례」 제35조제1항제1호의 "최소분양 주택가액"의 기준이 조합원 분양에 대한 최소 가액인지 혹은 일반 분양에 대한 최소 가액인지?
    A. 「서울시 도시정비조례」 제35조제1항제1호에 따르면, 정비구역 안에 거주하는 토지등 소유자로서 최소분양 주택가액 1/4의 권리가액보다 적은 자 중 해당 정비사업으로 인해 무주택자가 되는 세대주에게 주택재개발사업의 임대주택을 공급할 수 있는바,
    권리가액이 「같은 조례」 제27조에서 정한 기준보다 적어 재개발 공동주택 분양대상에서 제외된 토지등 소유자 중 타 지역으로 이주하여 주거를 확보할 경제적 여건이 어려운 토지등소유자에 대한 최소한의 주거 보호를 위해 재개발 임대주택의 입주자격을 확대한 것으로 보이므로, 질의하신 "최소분양 기준은 대한 최소가액을 의미하는 것임.

> 신축상가 분양가액>최소분양 단위규모 주택가액

대규모 상가를 소유하고 있는 경우로, 이를 적용받아 아파트를 받는 것은 문제가 없지만 그 사례를 찾기가 쉽지 않다.

경기도 과천이나 개포, 부산 등 일부상가, 지하쇼핑센타 등의 경우 조합설립인가 전 지분쪼개기를 통한 매매를 하여 사회적 물의를 빚은 사례도 있다.

4) 관련 유권해석 및 판례

주택과 근린생활시설의 권리가액을 합산하여 산정할 수 있는지, 근린생활시설 일부(전체 연면적의 30%)를 건축물 소유자가 사업자등록을 하고 영업하고 있을 경우에도 제1순위에 해당되는지(서울시 주거정비과 2023.2.17)

Q1 주택과 근린생활시설의 권리가액을 합산하여 산정할 수 있는지?

Q2 근린생활시설 일부(전체 연면적의 30%)를 건축물소유자가 사업자등록을 하고 영업하고 있을 경우에도 제1순위에 해당되는지?

A 「서울시 도시정비조례」(이하 "조례") 제2조4호에 따르면 권리가액은 관리처분계획기준일 현재 제36조제3항에 따라 산정된 종전토지 등의 총 가액으로 명시하고 있으며, 조례 제36조제1항제3호에서는 재개발사업 공동주택 분양대상자는 관리처분계획기준일 현재 분양신청자가 소유하고 있는 권리가액이 분양용 최소규모 공동주택 1가구 추산액 이상(다만, 분양신청자가 동일한 세대인 경우의 권리가액은 세대원 전원의 가액을 합하여 산정할 수 있음)인 토지등소유자로 규정하고 있음.

또한, 조례 제38조제2항제1호에서는 재개발사업의 부대·복리시설은 관리처분계획기준일 현재 종전 건축물 용도가 분양건축물 용도와 동일하거나 비슷한 시설이며 사업자등록을 하고 영업을 하는 건축물 소유자로서 권리가액(공동주택을 분양받은 경우 그 분양가격을 제외한 가액)이 분양건축물의 최소분양단위규모 추산액 이상인 자를 제1순위로 규정하고 있음.

따라서, 권리가액은 총 가액으로 규정하고 있으므로 토지등소유자가 소유한 종전 토지, 건축물 등이 모두 해당할 것이며, 부대복리시설 공급에 대해서는 건축물 용도, 사업자등록 및 직접영업 여부, 권리가액 추산액 기준 외 사항을 별도로 규정하고 있지 않고 있어 소유건축물 현황, 등록사업장 현황 등 구체적인 자료를 통해 종합적으로 판단하여야 할 사항임.

투기과열지구 내 재건축사업에서 상가1, 아파트1 소유 시, 상가1 분양신청 포기로 그 종전가액을 아파트에 합산 가능 여부(국토부 주택정비과 2023.1.4)

Q 투기과열지구 내 재건축사업에서 상가1, 아파트1 소유의 경우,
1) 상가1 분양신청 포기 시에 종전가액을 아파트에 합산이 가능한지?
2) 권리가액 합산으로 큰 평형 신청이 가능한지?

A 사업시행자는 분양신청기간이 종료된 때에는 분양신청의 현황을 기초로 다음 각 호의 사항이 포함된 관리처분계획을 수립하여 시장·군수등의 인가를 받아야 하며, 관리처분계획을 변경·중지 또는 폐지하려는 경우에도 또한 같다. 다만, 대통령령으로 정하는 경미한 사항을 변경하려는 경우에는 시장·군수등에게 신고하여야 하며,
5. 분양대상자별 종전의 토지 또는 건축물 명세 및 사업시행계획인가 고시가 있은 날을 기준으로 한 가격

법 제79조제2항에서, 사업시행자는 정비사업의 시행으로 건설된 건축물을 인가받은 관리처분계획에 따라 토지등소유자에게 공급하여야 하고, 제40조제1항 및 영 제38조에 따라, 조합정관에는 "관리처분계획 및 청산(분할징수 또는 납입에 관한 사항을 포함함)에 관한 사항" 등이 포함되어야 하는 것으로 규정함

다만, 질의하신 사항은 시도 조례, 조합정관 및 관리처분계획을 검토하여 판단하여야 할 것으로 사료됨.

재건축구역의 상가소유자가 2주택을 공급받을 수 있는지(서울시 주거정비과 2022.3.23)

Q 재건축구역의 상가소유자가 2주택을 공급받을 수 있는지?

A 영 제63조제2항제2호에 따르면 재건축사업의 관리처분 방법(다만, 조합이 조합원 전원 동의를 받아 그 기준을 따로 정하는 경우 그에 따른다)으로 부대·복리시설 소유자에게는 부대시설·복리시설을 공급하며, 다만, 가~다 목의 어느 하나에 해당하는 경우에는 1주택을 공급할 수 있다고 규정하고 있음.

질의하신 사항은 법 제76조제1항제7호 라목에 따른 2주택 공급대상에 해당하지 않을 것으로 사료되나, 해당 조합의 별도 기준 등을 검토하여 판단하여야 함.

재건축사업 관련 공동주택과 상가를 모두 분양받는 조합원이 상가 분양에 있어 순위 경합이 있는 경우, 공급 순위를 정하기 위한 권리가액 산정 시 공동주택 분양분 제외여부(서울시 주거정비과 2021.10.27).

Q 재건축사업 관련, 공동주택과 상가를 모두 분양받는 조합원이 상가 분양에 있어 순위 경합이 있는 경우, 공급 순위를 정하기 위한 권리가액 산정 시 공동주택 분양분은 제외하여야 하는지?

A 서울시 도시정비조례 제38조제2항에 따르면 재개발사업으로 조성되는 상가 등 부대·복리시설 공급시 관리처분계획기준일 현재 제2항 각 호 순위에 따라 공급토록 규정하고 있고, 이 경우 동일 순위 상가 등 부대·복리시설에 경합이 있는 경우 제1항제4호에 따르도록 하고 있음.

제1항4호는 동일규모 분양에 경합이 있는 경우 권리가액이 많은 순서로 분양하고, 권리가액이 동일한 경우 공개추첨에 따르며, 동·층 및 호의 결정은 규모별 공개추첨에 따르도록 규정하고 있음.

같은 조 제2항제1호에 의하면 상가 등 부대·복리시설 공급기준(순위)에 따른 권리가액은 공동주택을 분양받은 경우 그 분양가격을 제외한 가액으로 보도록 규정하고 있음

따라서, 질의와 같이 공동주택과 상가를 동시에 분양받는 조합원이 동일 순위의 상가 등 부대·복리시설에 경합이 있는 경우 권리가액은 공동주택 분양가격을 제외한 가액으로 산정하여야 할 것으로 사료됨.

재건축사업 시 상가배정 순위와 관련 권리가액의 의미(서울시 주거정비과 2021.7.21)

Q 재건축사업 시 상가배정 순위와 관련 권리가액의 의미는?

A 영 제63조제2항에 따르면 제2호에 의거, 재건축사업의 경우 부대시설·복리시설의 소유자에게는 부대·복리시설을 공급하는 것으로 관리처분토록 규정하고 있으나, 조합이 조합원 전원의 동의를 받아 그 기준을 따로 정하는 경우에는 그에 따른다고 정하고 있으며, 상가배정 순위나 권리가액에 관하여는 별도로 규정된 바 없음.

따라서, 질의하신 상가배정 순위나 권리가액의 의미 등에 관하여는 당해 조합정관에서 정한 절차에 따라 판단해야 할 사항임.

재건축구역 내 상가가 아파트 입주권이 되는 시기 등(서울시 세무과 2020.10.13)

Q 서울시 소재 재건축 상가를 양수하여 승계조합원 자격을 취득하고 관리처분 단계에서 주택으로 분양신청 시(조합정관 변경으로 상가조합원도 아파트를 분양받을 수 있음. 2021년 상반기 상가 멸실로 입주권 상태가 될 예정),
1) 주택입주권으로 보는지, 주택입주권으로 본다면 그 시점은 언제부터인지?
2) 준공인가 후 보존등기 시 승계조합원의 취득세는 어떻게 계산되는지(근거법령 포함).

A1 상가가 멸실되는 때부터 주택입주권으로 보아 주택 수로 산정함이 타당할 것으로 사료됨.

A2 재건축 준공인가로 취득하는 신축 건축물의 취득세는 총 공사비를 해당 건축물 면적에 따라 안분한 과세표준에 2.8%(「지방세법」 §11①3)의 취득세율(농어촌특별세 및 지방교육세 별도)을 적용하여 산출한 세액이 될 것임.

재건축사업의 상가 분양 우선순위 및 종전자산이 아파트 1채, 상가 2채(상속포함)를 소유한 경우, 종전대로 분양받을 수 있는지(서울시 주거정비과 2019.3.26)

Q 재건축사업의 상가 분양 우선순위 및 종전자산이 아파트1채, 상가2채(상속포함)를 소유할 경우 종전대로 분양받을 수 있는지?

A 법 제74조제4항에 따른 관리처분은 영 제63조제1항제5호 및 제6호를 적용하고, 부대·복리시설의 소유자에게는 부대·복리시설을 공급할 것 다만, 조합이 조합원 전원의 동의를 받아 그 기준을 따로 정하는 경우에는 그에 따른다고 규정하고 있으므로, 법 제39조제1항에 따르면, 정비사업의 조합원은 토지등소유자(재건축사업의 경우에는 재건축사업에 동의한 자만 해당한다)로서 질의하신 내용과 같이 주택과 상가를 각각 소유하고 있는 경우에는 주택에 대해서는 주택을 분양받고 상가의 경우에는 상가를 분양받을 것으로 보이나, 님께서 소유하신 종전자산의 건축물대장, 등기부 등본, 분양신청내역 등 증빙자료를 검토하여 관리처분계획과 조합의 정관에 따라 최종 결정할 사항임.

투기과열지구 내 재건축사업에서 수 개의 주택을 소유하고 있는 자에게 주택과 상가를 함께 공급할 수 있는지(국토부 주택정비과 2018.11.19)

Q 투기과열지구 내 재건축사업에서 수 개의 주택을 소유하고 있는 자에게 주택과 상가를 함께 공급할 수 있는지?

A 법 제76조제1항제7호 다목에 따르면, 종전가격의 범위 또는 종전 주택의 주거전용면적의 범위에서 2주택을 공급할 수 있고, 이 중 1주택은 주거전용면적을 60㎡ 이하로 하며 다만, 60㎡ 이하로 공급받은 1주택은 이전고시일 다음 날부터 3년이 지나기 전에는 주택을 전매(매매·증여나 그밖에 권리의 변동을 수반하는 모든 행위를 포함하되 상속의 경우는 제외함)하거나 전매를 알선할 수 없도록 규정하고 있음

다만, 「도시정비법」상 재건축사업의 주택 소유자에게 상가를 공급하는 것을 별도로 제한하고 있지 아니한바, 상가의 공급가능 여부는 해당 관리처분계획 및 조례 등 관계 규정에 따라 판단해야 할 것으로 사료됨.

A 영 제63조제2항제2호 나목에 따르면 부대·복리시설(부속토지를 포함함. 이하 이 호에서 같다)의 소유자에게는 부대시설·복리시설을 공급할 것.

다만, 기존 부대시설·복리시설의 가액에서 새로 공급받는 부대·복리시설의 추산액을 뺀 금액이 분양주택 중 최소분양 단위규모의 추산액에 정관등으로 정하는 비율을 곱한 가액보다 클 것 등 각 목의 어느 하나에 해당하는 경우에는 1주택을 공급할 수 있다고 규정하고 있으므로, 상기 규정에 해당하는 경우에는 상가를 소유하고 있는 자에게 상가와 1주택 공급이 가능할 것으로 사료됨.

서울 재건축조합에서 근린생활시설이 포함된 상가주택(4개층 중 1,2층 상가, 2,3층 주택)을 소유한 조합원이 신축상가는 분양받지 않고 주택(2주택)으로만 분양받을 수 있는지(서울시 재생협력과 2016.11.23)

Q 서울시내 재건축조합에서 근린생활시설이 포함된 상가주택(4개 층 중 1, 2층 상가, 2, 3층 주택)을 소유한 조합원으로 분양대상 및 주택공급기준 중 신축상가는 분양받지 않고 주택(2주택)으로만 분양받을 수 있는지?

A 법 제48조제2항제7호 다목에 따르면 "분양대상자별 종전의 토지 또는 건축물의 명세 및 사업시행인가·고시가 있은 날을 기준으로 한 가격의 범위 또는 종전 주택의 주거전용면적의 범위에서 2주택을 공급할 수 있고, 이 중 1주택은 주거전용면적을 60㎡ 이하로 한다."고 규정하고 있으므로, 소유하고 있는 상가주택의 가격 또는 주거전

용면적에 따라 주택분양 여부를 판단할 수 있을 것으로 보임.

독립정산제에 의해 상가 조합원이 아파트 분양받을 경우, 조합원분양가 or 일반분양가인지(서울시 재생협력과 2016.5.2)

Q 상가부분이 독립정산제로 추진되는 재건축조합에서
1) 상가 조합원이 아파트 분양을 받을 수 있는지?
2) 상가 조합원이 아파트를 분양받을 수 있다면 조합원 분양가로 분양을 받을 수 있는지, 일반분양가로 분양받아야 하는지?
3) 상가의 기존 대지면적보다 재건축 이후 재건축 면적이 감소하였을 경우 이에 대한 정산방법은 어떻게 되는지?

A 영 제52조제2항제2호에 부대·복리시설의 소유자에게는 부대·복리시설을 공급하도록 규정되어 있으며, 다음 각 목에 해당하는 경우에는 1주택을 공급할 수 있도록 규정되어 있음

1) 새로운 부대·복리시설을 건설하지 아니하는 경우로서 기존 부대·복리시설의 가액이 분양주택 중 최소분양단위규모의 추산액에 정관등으로 정하는 비율(정관등으로 정하지 아니하는 경우에는 1로 한다. 이하 나목에서 같다)을 곱한 가액보다 클 것.
2) 기존 부대·복리시설의 가액에서 새로이 공급받는 부대·복리시설의 추산액을 뺀 금액이 분양주택 중 최소분양단위규모의 추산액에 정관등으로 정하는 비율을 곱한 가액보다 클 것.
3) 새로이 공급받는 부대·복리시설의 추산액이 분양주택 중 분양 단위규모의 추산액보다 클 것.

다만, 상가부분 독립정산제와 관한 사항은 관련 법령에서 별도로 규정하고 있는 바가 없으므로 상가조합원의 아파트 공급가능 여부, 조합원분양가 여부, 면적 감소 시 정산방법에 관한 구체적인 사항은 조합정관 등을 확인하시어 관리처분계획 인가권자인 해당 자치구청과 협의바람.

아파트와 상가의 재건축 시, 재건축조합과 상가협의회가 관리처분계획안 내용을 자율적으로 마련하는 것을 보장한다는 내용으로 합의한 경우, 이를 조합정관에 규정해야 하는지(원칙적 적극)(2016두35281판결)

재건축사업의 경우, 상가조합원의 아파트 공급 가능여부(2008다45637, 2008다45644 병합)

상가의 일반분양으로 인한 이익을 조합에 귀속시켜 상가 조합원이 분양받는 아파트를 일반분양함으로써 얻을 수 있었던 이익의 상실을 상쇄하는 것으로 보이며, 상가분양을 포기하고 아파트분양을 신청한 상가 조합원의 수는 33명에 불과한 점에 비추어 보면,

아파트조합원의 '비용분담'을 현저히 가중시킨다고 보기도 어려우므로, 제2차 재건축결의가 제1차 재건축결의에 사회통념상 실질적으로 동일성이 없을 정도의 변경을 가져오는 것으로는 보기 어렵다

※ 도시정비법 시행령과 배치되는 판결(분양가상한제를 시행하는 현재에 상가를 주택으로 공급하는 데 근거로 되는 대법원 판결임)

6. 서울시 「재건축사업 부대복리시설 소유자 주택공급규정 운영방안」

서초구 ○○○재건축조합의 관리처분총회에서 복리시설을 건설하는 경우에도 복리시설 소유자에게 "기존 상가 가액 > 최소분양 단위규모 주택가액 × 정관비율"에 의해 주택 공급한 부분에 대해 아파트 소유자들이 감사원에 감사요청을 하였다.

이에 따라 감사원은 '재건축 관리처분계획 인가처분 관련 실지감사'를 통해 도시정비법 시행령(§63②2 가목)과 구 건설교통부가 작성, 보급한 재건축표준정관이 상이해서 불필요한 분쟁 발생이 있으니 시정하라는 지적을 하였다.

지적받은 국토부는 2022.8.16 공급규정 운영방안을 담은 공문을 서울시를 비롯한 시도에 발송하였다.

1) 재건축 표준정관(국토부)에선 새로운 복리시설을 공급받지 않아도 가능

앞서 설명한 바와 같이, 도시정비법 시행령(§63②2 가목)에선 "새로운 부대·복리시설을 건설하지 아니하는 경우"에 상가 소유자에게 주택공급이 가능하였다 (이 조문은 2003.7.1부터 현재까지 개정되지 않았음).

반면 2003.6 제정, 2006.8.25 1차 개정되어 현재까지 재건축 표준정관 제46조[34]에선 "새로운 부대·복리시설을 공급받지 아니하는 경우"에도 공급이 가능하여 양자는 극명한 차이가 있어 분쟁이 상존해 왔다.

당연히 재건축사업의 경우 자신들에게 유리한 표준정관을 그대로 옮겨와 상가 소유자에게 주택을 공급할 수 있도록 운영함에 따라 시행령과 커다란 차이점이 있었다.

---

34. 재건축 표준정관(국토부 2006.8.25)
    제46조(관리처분계획의 기준) 조합원의 소유재산에 관한 관리처분계획은 분양신청 및 공사비가 확정된 후 건축물철거 전에 수립하며 다음 각 호의 기준에 따라 수립하여야 한다.
    9. 부대·복리시설(부속토지를 포함)의 소유자에게는 부대·복리시설을 공급한다. 다만, 다음 각 목의 1에 해당하는 경우에는 부대·복리시설의 소유자에게 1주택을 공급할 수 있다.
    가. 새로운 부대·복리시설을 공급받지 아니하는 경우로서 종전의 부대·복리시설의 가액이 분양주택의 최소분양 단위규모 추산액에 총회에서 정하는 비율(정하지 아니한 경우에는 1)을 곱한 가액 이상일 것

2) 국토부·서울시 「재건축사업 복리시설 소유자 주택공급규정 운영방안」
- 공문 시행(2022.8.16)

위 복리시설 소유자 주택공급규정 운영방안에서는, 공문 시행일인 2022.8.16 이후 조합설립인가가 신청된 조합정관의 내용 중 "새로운 복리시설을 건설하지 아니하는 경우"로 인가하라는 것이다.

한편, 기존 표준정관 등을 신뢰하여 "새로운 복리시설을 공급하지 아니하는 경우"에 1주택 공급이 가능한 것으로 인가된 조합정관은 그대로 인정해 주고, 시행일 이전에 조합설립인가 신청된 경우의 조합정관은 인정해 주고 있다.

문제의 국토부 공문은 다음과 같다.

제목 재건축사업 부대복리시설 소유자 주택공급 규정 운영방안 알림

감사원에서 실시한 "재건축 관리처분계획 인가처분 관련" 실지감사 결과 도시정비법 시행령 제63조제2항제2호와 구 건교부에서 작성, 보급한 표준정관의 내용이 서로 상이하여 재건축사업 부대복리시설 소유자의 주택공급과 관련하여 불필요한 분쟁 발생 우려가 있다는 지적이 있었다.

이에 따라 명확한 유권해석 및 표준정관 반영사항 등을 포함한 「재건축사업 부대복리시설 소유자 주택공급 규정 운영방안」을 붙임과 같이 보내니 소속 시, 군, 구에 즉시 알리고 표준정관을 정비하는 등 필요한 조치를 하여 주시기 바란다.

붙임: 재건축사업 부대복리시설 소유자 주택공급 규정 운영방안

「재건축사업 부대복리시설 소유자 주택공급 규정 운영방안」

▲ 재건축사업 부대복리시설 소유자 주택공급 규정 및 표준정관 현황
 — (규정) 부대복리시설 소유자에게는 부대복리시설을 공급하되, "새로운

부대복리시설을 건설하지 아니하는 경우" 1주택 공급 가능(영 §63②2)

― (표준정관) 구 건교부에서 작성, 보급한 표준정관에서 "새로운 부대복리시설을 공급하지 아니하는 경우"로 기재

※ 표준정관 작성, 보급 주체는 국토부에서 시도지사로 변경(2019.4.23)

▲ 운영방안

① (유권해석 명확화) 법령에 따라 "새로운 부대복리시설을 건설하지 아니하는 경우"에만 1주택 공급 불가

― 상가조합원이 상가를 포기하는 등 "새로운 부대복리시설을 공급하지 아니하는 경우"에는 1주택 공급 불가

② (표준정관 반영) 시도에서 표준정관을 이미 작성, 배포한 경우 "새로운 부대복리시설을 건설하지 아니하는 경우"에만 1주택 공급이 가능한 것으로 즉시 변경하고,

― 향후, 시도에서 작성하는 표준정관은 해당 내용을 반영하여 작성

③ (조합정관 인가) 공문 시행일 이후 조합설립인가가 신청된 조합정관은 "새로운 부대복리시설을 건설하지 아니하는 경우"로 인가

― 기존 표준정관 등을 신뢰하여 "새로운 부대복리시설을 공급하지 아니하는 경우" 1주택 공급

이 가능한 것으로 인가된 조합정관이나, 공문 시행일 이전 인가 신청된 조합정관은 인정

― 향후 시도에서 작성하는 표준정관은 해당 내용을 반영하여 작성

위 공문을 접수한 서울시는 2022.8.16 「재건축사업 부대복리시설 소유자 주택공급 규정 운영방안」을 시행한 바 있다.

그 내용은 다음과 같다.

감사원에서 실시한 '재건축 관리처분계획 인가처분 관련' 실지감사 결과 도시

정비법 제63조제2항제2호와 구 건교부에서 작성, 보급한 표준정관의 내용이 서로 상이하여 재건축사업 부대복리시설 소유자의 주택공급과 관련하여 불필요한 분쟁 발생 우려가 있다는 지적이 있었다.

이에 따라 「재건축사업 부대복리시설 소유자 주택공급 규정 운영방안」을 붙임과 같이 보내니, 재건축사업 관련 부서에서는 운영방안에 따라 조치하기 바란다.

7. 상가→주택으로 공급받기 위한 정관 변경 등

1) 조합정관 변경

그동안 수십 차례 도시정비법령 개정에도 불구하고, 재건축조합들은 2006.8.25 1회 개정에 그친 재건축 표준정관(국토부)의 내용 그대로 활용해 왔다. 2019.4.23 표준정관 제정, 보급권이 시·도지사에게 넘어간 이후 최초 부산시 재건축표준정관에선 아예 관련 규정 자체가 없다.

강남4구 재건축사업장의 경우, 상가 소유자에게 아파트 공급을 위한 관리처분계획 기준에 표준규정을 둔 경우가 대부분이었다. 이를 용인하게 된 이유 중 하나인 분양가상한제의 영향으로 일반분양에 대한 많은 이득을 취하기 어렵다면, 차라리 상가 소유자에게 아파트를 공급하여 분쟁 해소용으로 활용되었던 것이다.

아래 표준정관에 상가소유자에 대한 아파트공급 규정인 "새로운 부대·복리시설을 공급받지 아니하는 경우로서 종전의 부대·복리시설의 가액이 분양주택의 최소분양단위규모 추산액에 총회에서 정하는 비율(정하지 아니한 경우에는 1로 한다)을 곱한 가액 이상일 것"을 두고 있다.

― **서초구 신반포아파트 재건축조합 정관 사례**
이 조합의 경우 2010년부터 정관을 변경하여 상가소유자에게 아파트 공급을 하면서, 상가소유자의 관리처분 취소소송을 예방해 왔다.

이러한 내용이 강남구 개포주공아파트, 강동의 재건축사업에도 전파되어 활용되었다.
이는 분양가상한제의 시행으로 일반분양가를 높이 올릴 수 없음에 따라 분쟁 예방용으로 많이 활용되었다.

※ 개정 전 재건축조합정관

제46조(관리처분계획의 기준) 조합원의 소유재산에 관한 관리처분계획은 분양신청 및 공사비가 확정된 후 건축물철거 전에 수립하며 다음 각 호의 기준에 따라 수립하여야 한다.

9. 부대·복리시설(부속 토지를 포함)의 소유자에게는 부대·복리시설을 공급한다. 다만, 다음 각 목의 1에 해당하는 경우에는 부대·복리시설의 소유자에게 1주택을 공급할 수 있다.

가. 새로운 부대·복리시설을 공급받지 아니하는 경우로서 종전의 부대·복리시설의 가액이 분양주택의 최소분양단위규모 추산액에 총회에서 정하는 비율(정하지 아니한 경우에는 1로 한다)을 곱한 가액 이상일 것

나. 종전 부대·복리시설의 가액에서 새로이 공급받는 부대·복리시설의 추산액을 차감한 금액이 분양주택의 최소분양단위규모 추산액에 총회에서 정하는 비율을 곱한 가액 이상일 것

다. 새로이 공급받는 부대·복리시설의 추산액이 분양주택 최소분양단위규모 추산액 이상일 것

라. 조합원 전원이 동의한 경우

개정 전 조합정관에서는 위 "가목, 나목"의 상가소유자인 조합원에게 분양주택을 공급하기 위한 분양주택의 최소분양단위규모 추산액 비율[35](이하 '추산액 비율'이라 함)을 1로 하였으나, 이 경우 아파트공급이 어려워 아래 개정 조합정관과 같이 추산액 비율은 0.1~0.01 등으로 바꾼 것이다.

개정 조합정관

제46조(관리처분계획의 기준) 조합원의 소유재산에 관한 관리처분계획은 분양신청 및 공사비가 확정된 후 건축물철거 전에 수립하며 다음 각 호의 기준에 따라 수립하여야 한다.

---

35. 서울고등법원 2019.10.2선고 2019누32285판결[관리처분계획취소] 상고포기 확정

9. 부대·복리시설(부속 토지를 포함)의 소유자에게는 부대·복리시설을 공급한다. 다만, 다음 각 목의 1에 해당하는 경우에는 부대·복리시설의 소유자에게 1주택을 공급할 수 있다.

가. 새로운 부대·복리시설을 공급받지 아니하는 경우로서 종전의 부대·복리시설의 가액이 분양주택의 최소분양단위규모 추산액에 0.00(또는 0.00)을 곱한 가액 이상일 것

나. 종전 부대·복리시설의 가액에서 새로이 공급받는 부대·복리시설의 추산액을 차감한 금액이 분양주택의 최소분양단위규모 추산액에 0.00(또는 0.0~0.00)을 곱한 가액 이상일 것

다. 새로이 공급받는 부대·복리시설의 추산액이 분양주택 최소분양단위규모 추산액 이상일 것

라. 조합원 전원이 동의한 경우

<디지털타임스 2023.3.21>

신반포○차 조합은 지난해 2월 22일 상가 소유주들이 권리가액 0.1만으로도 아파트를 분양받을 수 있도록 산정비율을 변경한 안건 등을 통과시키기 위해 총회를 진행했습니다. 산정비율이란 상가만을 소유한 상가조합원이 아파트를 분양받을 수 있는지를 정하는 수치를 말합니다.

권리가액 산정비율은 보통 1.0이지만, 분양주택의 최소 분양가에 산정 비율을 곱한 값보다 상가 조합원의 권리차액(새 상가 분양가-종전 재산가액)이 커야 주택을 분양받을 수 있습니다.

간단하게 정리하자면 이 비율이 낮을수록 상가 조합원이 주택을 분양받을 수 있는 가능성이 커집니다. 때문에 상가 조합원들의 재건축 동의를 수월하게 얻어서 정비사업의 속도를 내기 위해 조합 측이 이 비율을 조정하는 경우도 있습니다.

그러나 아무래도 이 안건이 상가 측에 과한 특혜라는 판단이었는지 당시 총회 투표 결과 조합원 1497명(총 1572세대 중 조합설립동의서를 제출한 인원임) 중 △찬성 820표 △반대 122표 △기권 및 무효 13표가 나왔습니다. 찬성이 54%에 그쳐 2/3 동의를 얻지 못한 터라 중차대한 사안에 대한 정관 변경의 요건을 갖추지 못했습니다.

그런데 어라? 이런 결과에도 신반포○차 조합은 '과반이상 동의'했다며 정관 변경을 강행했고, 도시정비법에 따르면 서초구청에서 이를 승인해 줄 수 없음에도 통과가 됐다는 주장이 나오고 있습니다.

---

2) 추산액 비율 변경을 위한 정관 변경

추산액 비율(위 기사에서는 '권리가액 산정비율'이라 함)은 정관에서 정하지 않으면 1.0이지만, 분양주택의 최소 분양가에 산정비율을 곱한 값보다 "기존 상가 조합원의 가액-새로 공급받는 상가 추산액"이 커야 주택을 분양받을 수 있다(영 §63②2 나목).

추산액비율 1.0을 0.1로 변경하려면 조합정관을 변경하여야 한다.

정관 변경은 총회를 개최하여 조합원 과반수 찬성으로 구청장의 인가를 받아야 한다. 다만, 조합원의 자격을 변경하는 경우에는 조합원 2/3 찬성으로 하여야 한다(법 §40③).

1.0을 0.1로 변경함에 따라 상가조합원이 주택 공급을 받게 돼 아파트조합원으로 조합원 자격을 취득, 변경하게 되므로, 법 제40조제3항 단서에 따라 조합원 2/3 찬성으로 동의를 받아야 할 것이다(이는 1심 서울행정법원에서는 과반수, 2심 서울고등법원에서는 2/3 찬성으로 판시, 확정됨).

재건축사업에서 부대·복리시설을 건설하지 않는 경우 상가소유자인 조합원에게 분양주택을 공급하기 위한 분양주택의 최소분양단위규모 추산액 비율의 변경과 관련하여 이는 '조합원의 자격에 관한 사항'이나 '조합의 비용부담'이 조합원의 이해관계에 중대한 영향을 미칠 정도로 실질적으로 변경된 경우로,

조합원의 권리·의무가 변경되는 내용이므로 이와 관련된 정관 변경은 조합원 2/3 이상의 동의를 받아야 한다.(서울고등법원 2019.10.2선고 2019누32285판결 참고)

3) 평형배정 사례

상가조합원의 평형배정 기준(안)은 아래 1~4호에 따른 상가조합원들의 신청으로 관리처분계획 수립 시, 이사회·대의원회에서 심의, 의결하여, 최종적으로 관리처분계획 총회에서 조합원 결의에 따라 수립되며, 이는 변경될 수 있다.

(1) 상가조합원은 3가지 유형으로 분양신청하게 된다.

①상가 단독신청

상가 1호를 분양받고, 종전자산 감정평가액이 넘는 경우 상가를 추가 신청할 수 있으며, 분양가능 여부의 분양가, 추가분담금 등 세부적 기준은 추후 별도의 상가관리처분계획에 따라 결정됨.

② **아파트 단독신청:** 조합정관 제○○조제○항에 따라 1주택을 공급할 수 있다.

③ **상가+아파트 모두 신청:** 도시정비법 시행령 제63조제2항에 의거 기존 부대복리시설의 가액에서 새로 공급받는 부대복리시설의 추산액을 뺀 금액이 분양주택 중 최소분양단위규모의 추산액에 정관으로 정하는 비율(0.2)을 곱한 가액보다 큰 경우 상가 소유자에게 아파트를 공급할 수 있다.

(2) 상가조합원이 신청한 공동주택은 조합정관 제○○조제○항○호에 따라 분양가는 관리처분계획(변경)인가 등으로 최종 결정되는 아파트 조합원분양가와 일반분양가 중 높은 분양가에 1평당 500만 원을 더한 금액으로 한다.

(3) 상가조합원이 신청한 아파트는 조합정관 제○○조제○항○호에 따라 아파트소유 조합원의 평형신청 및 동·호수 결정 후 잔여세대에 대해 분양하고, 아파트 평형별 같은 순위에서 경합이 발생할 수 있는 경우 종전자산이 높은 순으로 배정하고, 해당 순위에서 평형배정 되지 않으면 순차적으로 다음 희망순위에 배정하며, 다음 희망순위에서 경합, 발생 시에도 종전자산이 높은 순으로 배정한다.

(4) 상가조합원이 신청한 아파트 분양희망평형 1순위에도 배정되지 못할 경우 임의배정하며, 임의배정에 대한 방법은 아파트조합원과 같다.

<2020.6.5 서울시 보도자료>

서울시, '정비사업 관리처분' 표준기준 마련 … 조합원 자산배분 갈등 줄인다
-「정비사업 유형별 관리처분계획 실태조사 및 제도개선 용역」 착수, 내년 7월 적용
-최근 3년 관리처분 인가 총 89개 구역 실태 조사해 표준 가이드라인, 실무 매뉴얼
서울시는 최근 3년간 관리처분인가를 받은 총 89개 구역에 대한 대대적인 실태조사를 통해 표준화된 '관리처분계획' 수립기준을 세우고, 표준서식을 재정비한다고 밝혔다. 2003년 도시정비법으로 '관리처분계획' 수립이 의무화된 이후 처음이다.
관리처분계획 수립이 의무화된지 20년이 가까워오지만 계획 수립을 위한 표준화된 기준이나 구체적인 방법론은 부재하다. 정비사업 유형이 갈수록 다양해지고 있음에도 유형별 기준이 마련되지 않아 정비사업 현장에서 다양한 갈등이 발생하고 있다.
예컨대, 재건축사업에서 기존에 상가를 소유한 조합원이 상가 대신 아파트(공동주택)를 분양받을 수 있는 기준과 재건축 부담금(재건축 초과이익 환수) 부과규정이 미흡하여 일부 조합원이 사업에 반대하는 사례가 대표적이다. 때문에 사업이 장기간 지연되거나 소송으로 이어지는 경우도 많은 상황이다.
이밖에도, 재건축부담금을 조합원 간 어떻게 배분할지에 대한 기준이 없는 것도 조합원 간 갈등을 유발하는 요소다. 또, 국·공유지 내 무허가 주택을 오랜 기간 점유해온 자에게 우선매수권을 부여하거나 사업시행자가 매수(위임)하도록 하는 절차도 미비한 상황이다.
토지등소유자 방식, 사업시행자 방식 등으로 정비유형이 다양화됐지만, 현행 관리처분계획 기준(안)은 조합방식 정비사업 중심으로 되어있어 다른 유형에 적용하기에는 한계가 있다. 또, 그동안의 법령 및 지침 등의 제·개정 사항도 충분히 반영되지 않아 관리처분계획 무효 또는 취소소송 등이 제기되기도 했다.

8. 복리시설 분양, 전매제한 등

집합건물법, 건축법에 의한 상가재건축사업, 도시정비형 재개발사업 또는 시장정비사업에 의한 주상복합건물 등의 상가 분양은 「건축물의 분양에 관한 법률」(이하 "건축물분양법")의 적용을 받게 된다.

특히 주상복합을 분양하게 되면 보통 「주택공급에 관한 규칙」에 의해 아파트 부분을 분양하고, 건축물분양법에 의해 상가부분을 분양을 하게 된다.

1) 건축물분양법에 의한 상가 공급 및 전매제한

① 도입 배경

건축이 불투명한 상태에서의 분양, 허위·과장 광고 또는 분양대금의 유용 등으로 다수의 피해가 발생함에 따라 사회적인 문제로 대두됨

- 굿모닝시티 사건(2003.6): 대지 소유권 미확보 등 상태에서 상가 분양 후 분양대금을 다른 용도로 사용하여 피해사례 발생(3,200명, 3,735억 원)
- 이에 따라 상가건축물 등 일반건축물에 대한 피분양자 권리보호방안 강구 지시(VIP, 2003.7.29 국무회의 시)

② 주상복합건물, 오피스텔, 상가 등 분양 및 공급

건축물분양법 제2조, 같은 법 시행령 제2조

- 분양하는 부분의 바닥면적 합계가 3천㎡ 이상이거나, 일반 업무시설인 오피스텔의 경우 30실 이상(법 §2). 이는 건축물 바닥면적의 기준이 아니라 분양 바닥면적 합계를 기준으로 하는 것임
- 생활숙박시설로서 30실 이상이거나 생활숙박시설 영업장의 면적이 해당 건축물 연면적의 1/3 이상(영 §2-1)
- 주택 외의 시설과 주택을 동일 건축물로 짓는 건축물 중 주택 외의 용도로 쓰이는 바닥면적(「건축법 시행령」 §119①3에 따라 산정(算定)한 바닥면적)의 합계가 3

천㎡ 이상인 것(영 §2-2)
- 바닥면적의 합계가 3천㎡ 이상으로서 임대 후 분양전환을 조건으로 임대하는 것(분양전환 시 임차인에게 우선순위를 부여하는 것을 포함)(영 §2-3)

※ 단, 개별법에서 분양방법을 별도 규정하고 있는 건축물은 제외(법 §3②)
- 「주택법」에 따른 주택 및 복리시설
- 「산업집적활성화 및 공장설립에 관한 법률」에 따른 지식산업센터
- 「관광진흥법」에 따른 관광숙박시설
- 「노인복지법」에 따른 노인복지시설
- 「공공기관의 운영에 관한 법률」에 따른 공공기관이 매입하는 업무용 건축물
- 「지방공기업법」에 따른 지방공기업이 매입하는 업무용 건축물

③ **분양절차(법 §5, §6, §8, §9)**

분양신고 → 수리·통보(접수일 5일 이내) → 분양광고(최초 청약신청접수일 5일 이전) → 공개모집(1일 8시간 이상) → 공개추첨·선정 → 계약 → 대금납입(계약금·중도금·잔금)

④ **분양시기(법 §4)**

착공신고 후 분양: 신탁회사와 신탁계약 및 대리사무계약 체결 또는 금융기관 등의 분양보증을 받은 경우이며 분양보증기관은 보험회사, 금융기관, 건설산업기본법 상 공제조합, 대한주택보증㈜ 등이 있다.

- 골조공사 2/3 이상 완료 후 분양은 건축물 사용승인에 대해 다른 건설업자 2인 이상의 연대보증을 받아 공증 받은 경우를 말함
- 전제조건 : 분양 시 건축대지 소유권 확보(국·공유지 등 제외) 저당권·가등기담보권·전세권·지상권 및 등기된 임차권 말소

⑤ **분양 건축물(상가 등)의 전매행위 제한**

주택법에 따라 지정된 투기과열지구 또는 조정대상지역(청약과열지역)에서 오피스텔로서 100실 이상의 건축물을 분양받은 자 또는 소유자는 분양계약을 체결한 날부터 사용승인 후 1년의 범위에서 사용승인일부터 소유권이전등기일까지의 기간(단, 사용승인일부터 1년이 지난날까지 소유권이전등기를 마치지 아니한 경우에는 사용승인일부터 1년간을 말함)에는 분양받은 자의 지위 또는 건축물을 전매(매매, 증여, 그밖에 권리가 변동되는 모든 행위를 포함하되 상속은 제외한다. 이하 같다)하거나 이의 전매를 알선할 수 없다(법 §6의3).

이 경우 전매제한 기간은 행정구역, 투기과열지구 또는 조정대상지역 등을 고려하여 대통령령으로 다르게 정할 수 있으며(법 §6의3①, 영 §9의3①, ②), 대통령령으로 다르게 정할 수 있도록 했지만 아직 이에 대한 규정은 정하지 않았다.

위 제1항에 해당하지 않는 건축물로서 분양사업자와 분양받은 자가 분양계약 체결을 한 건축물의 경우에는 사용승인 전에 2명 이상에게 전매하거나 이의 전매를 알선할 수 없다(법 §6의3②).

"분양"이란 분양사업자가 건축하는 건축물의 전부 또는 일부를 2인 이상에게 판매하는 것을 말한다. 다만, 「건축법」 제2조제2항에 따른 건축물의 용도 중 둘 이상의 용도로 사용하기 위하여 건축하는 건축물을 판매하는 경우 어느 하나의 용도에 해당하는 부분의 바닥면적이 3천㎡ 규모 이상에 해당하고 그 부분의 전부를 1인에게 판매하는 것은 제외한다(법 §2-?).

위 법 2조제2호 단서에 따라 분양에 해당하지 아니하는 방법으로 매입한 건축물, 「공공기관의 운영에 관한 법률」에 따른 공공기관이 매입하는 업무용 건축물, 「지방공기업법」에 따른 지방공기업이 매입하는 업무용 건축물의 경우에는 사용승인 전에 2인 이상에게 전매하거나 이의 전매를 알선할 수 없다(법 §6의3③).

이는 투기과열지구, 조정대상지역에 해당되지 않는 건축물로서 분양계약을 체결한 건축물의 경우, 분양받은 자는 건축물의 사용승인 전에 2명 이상에게 전매

하거나, 전매를 알선할 수 없다고 규정한 것이며,

이는 일단의 토지에 동일 사업자가 허가 받아 건축하는 건축물로 1인(개인 또는 법인)이 2실 이상을 분양 받은 경우, 건축물 사용승인 전에 전매하고자 한다면 오직 1인(공동명의 불가)에게만 전매가 가능하다는 의미다(국토부 부동산개발정책과 2017.4.21).

2) 주택법에 따른 상가(복리시설) 공급

「주택공급에 관한 규칙」 제21조(입주자모집공고), 제62조(복리시설의 공급)

주택법 상에 의한 부대복리시설은 건축물분양법이 아닌 「주택공급에 관한 규칙」 제21조(입주자모집공고)의 적용을 받는다.

복리시설의 공급은 제7조에 따라 입주자를 모집하는 경우에도 일반을 대상으로 공개모집을 해야 하는 것이나, 공개모집의 방법은 별도로 제한하고 있지 않다.

― 복리시설의 입주자 모집: 자치구청장에게 신고

사업주체는 15조에 따라 사업계획승인을 받은 복리시설 중 근린생활시설 및 유치원 등 일반에게 공급하는 복리시설의 입주자를 모집하는 경우에는 입주자모집 5일 전까지 제20조제1항제2호의 서류인 보증서·공증서·건축공정확인서 및 대지사용승낙서(해당하는 자만 제출한다)를 갖추어 시장·군수·구청장에게 신고해야 한다.

4부

재건축부담금과 세금 편

I. 「재건축초과이익 환수에 관한 법률」과 재건축 부담금

법률제명 Full Name은 「재건축초과이익 환수에 관한 법률」이며 법제처의 법률 약칭은 "재건축이익환수법"이다. (실무에선 "재초환법"이라고 부르기도 함.)

1. 기초용어 해설 등

1) 재건축부담금은 '세금'이 아니다

실무상 "재초환세"라고도 하지만 부과기관이 행정관청이므로 세금이 아니다. 따라서 "재건축부담금"이라고 하는 게 맞으며, 개발이익 환수의 성격이 강한 부담금이다.

※ **제2조(정의) 이 법에서 사용하는 용어의 정의는 다음과 같다.**
1. "재건축초과이익"이란 「도시정비법」 제2조제2호 다목에 따른 재건축사업에 따른 재건축사업으로 인하여 정상주택가격상승분을 초과하여 다음 각 목의 어느 하나에 귀속되는 주택가액의 증가분으로서 제7조에 따라 산정된 금액을 말한다.
   가~나. 생략
2. "정상주택가격상승분"이란 제10조에 따라 산정된 금액을 말한다.
3. "재건축부담금"이란 재건축초과이익 중 이 법에 따라 국토교통부장관이 부과·징수하는 금액을 말한다.

2) 부담금 면제를 위한 임시 특례 규정

노무현정부 때에 최초 재건축이익환수법이 제정, 시행[시행 2006.9.25] [법률 제7959호, 2006.5.24 제정]되었다. 이로 인해, 이 당시 일부 연립주택이 준공됨에 따라 부과(이 당시 아파트는 준공사례가 없었음)된 바 있으나 부과취소소송이 진행되었다.

이 법 제정 당시에 제3조의2인 면제규정은 없었다.

이후 이명박정부 들어서면서 제3조의2를 신설, 시행[시행 2012.12.18] [법률 제11589호, 2012.12.18 일부개정]하였다.
이 법 시행 전에 관리처분계획의 인가를 신청한 사업으로서 시행 당시 재건축부담금 부과종료시점부터 4개월이 지나지 아니하고 재건축부담금이 부과되지 아니한 사업에 대하여도 적용하도록 경과조치를 두었다.

※ 재건축이익환수법
제3조의2(재건축부담금 면제를 위한 임시 특례) [시행 2012.12.18] [법률 제11589호, 2012.12.18 일부개정]
제3조에도 불구하고 제5조에 따른 재건축부담금 부과대상 사업으로서 2017년 12월 31일까지 「도시정비법」 제74조제1항에 따른 관리처분계획의 인가를 신청한 재건축사업에 대하여는 재건축부담금을 면제한다. <개정 2014.12.31, 2017.2.8, 2017. 3.21>
[본조신설 2012.12.18]

박근혜정부가 들어선 이후에도 법 제3조의2를 계속 존속시키기 위해 다시 법개정[시행 2014.12.31][법률 제12958호, 2014.12.31 일부개정]하였으며, 재건축부담금이 면제(부과보류란 말을 사용하기도 함)되었다.
면제기간은 2014.12.31~2017.12.31 3년간이었다.

2017.12.31 전까지 관리처분계획인가를 신청해 재건축부담금을 면제받은 곳은 "서초구 반포124재건축조합, 신반포4지구 재건축조합, 신반포3차·경남(원베일리)재건축조합, 강남구 개포1단지~4단지 재건축조합, 강동구 둔촌주공아파트 재건축조합, 송파구 잠실진주아파트재건축조합, 미성·크로바 재건축조합" 등이 있다.

실제로 대단지 재건축조합에 대해 재건축부담금을 부과시킨 사례가 없었다.

<도시정비 2022.4.4 전연규 칼럼>

재건축초과이익 완화냐 면제냐, 이것이 문제로다

|전연규의 "무엇이든 물어 보세요"|

이제 대선은 끝났고, 공약만 남았다.
재건축·재개발(도시정비) 부분 공약을 살펴보면 ▲30년 이상된 아파트의 정밀안전진단 면제 ▲400% 이상 용적률 적용 및 ▲재건축부담금(일명 재초환) 완화 등이 있다. 그중에서도 재건축부담금이 초미의 관심사다.

사실, 재건축부담금에 대해서는 오히려 민주당 쪽 임팩트가 더 강했다. 재건축부담금 면제를 말한다.

재건축사업으로 발생하는 개발이익을 사회적으로 환수하고 이를 적정하게 배분하기 위해 당해 개발이익에 일정한 부담금을 부과하고, 이를 통해 개발이익의 사유화를 방지하겠다고 해서 제정된 법률이 지금의 '재건축초과이익환수에 관한 법률(이하 재건축이익환수법)'이다.

이 법은 2006.5.4 노무현 정부 당시 제정돼, 같은 해 9.25 시행됐다.

당시의 강남4구 재건축사업장들은 사실상 사업진행 초기단계였고 재건축부담금을 피부로 느끼지 못한 상태였다. 또한 이 법에 얻어 걸린(?) 사업장은 대부분 연립주택 재건축단지였다.

이후 이명박 정권이 들어서면서 재건축이익환수법이 개정됐다.

주택시장을 안정시키고 재건축사업을 활성화하기 위해 2014.12.31까지 관리처분계획 인가를 신청한 재건축사업에 대해서 재건축부담금을 면제하도록 했다.

이즈음, 필자가 법무사로서 관계된 강남4구 재건축사업장이 6곳 있었다.

강동구 둔촌주공아파트(2015.8.5 사업시행인가), 송파구 잠실진주아파트(2018.9.28 사업시행인가), 강남구 개포주공1단지(2016.4.28 사업시행인가), 서초구 반포1단지124주구(2017.9.28 사업시행인가), 신반포4지구(2017.10.17 사업시행인가), 신반포3차·경남아파트(2017.9.13 사업시행인가) 등이다.

부담금 면제를 받으려면 2014.12.31까지 관리처분계획 인가를 신청해야 했지만, 사업시행계획인가를 받은 상태 정도였다.

독자 여러분은 "그 다음 단계인 관리처분계획 인가 신청만 하면 면제되는 것 아니냐"고 반문하겠지만, 사정이 그렇게 녹록치 않았다. 관리처분계획을 수립해서 적법한 동의와 총회를 거친 이후에야 인가를 신청할 수 있기 때문이다.

뒤이어 박근혜 정부가 들어선 이후, 또다시 재건축이익환수법이 개정됐다.

역설적으로 이러한 규제법이 만들어짐에 따라 지체된 재건축사업장의 경우라도 개정법에서 정한 관리처분계획인가 신청일 전까지 의견이 통일되는 기능까지 발휘된 것도 사실이다.

필자가 관여했던 재건축사업장 6곳이 2017.12.31 전 모두 관리처분계획 총회를 마치고 인가를 신청하게 돼 재건축부담금을 면제받게 된 것은 어쩌면 당연한 결과였다.

역사는 되풀이 된다고 했던가.

재건축부담금의 완화와 면제카드 중 어느 것을 선택할 것인지는 지켜봐야 할 일이다.

3) 부담금 기준시점

부담금 기준시점은 최초 재건축추진위원회 구성 승인일이다.

새 정부에서는 도심지 내 직주근접의 주택을 공급확대를 위해 재건축사업의 가장 큰 장애물인 재건축부담금 부과개시시점인 "재건축추진위원회 구성 승인일"을 "조합설립인가일, 사업시행계획인가일" 등으로 재건축사업 관계자들의 개정 요청 움직임이 있다.

※ **재건축이익환수법**

제8조(기준시점 등) ①부과개시시점은 재건축사업을 위하여 최초로 구성된 조합설립추진위원회가 승인된 날로 한다. 다만, 부과대상이 되는 재건축사업의 전부 또는 일부가 다음 각 호의 어느 하나에 해당하는 경우에는 다음 각 호의 어느 하나에 해당하는 날을 부과개시시점으로 한다. <개정 2017.2.8, 2017.3.21, 2020.6.9, 2021.7.20>

1. 2003년 7월 1일 이전에 조합설립인가를 받은 재건축사업은 최초로 조합설립인가를 받은 날

➡ 재초환법이 시행(2006.9.25)되기 이전의 경우 최초 조합설립인가일을 기준시점으로 함. 여기서 최초란 변경을 하여도 인정하지 않고, 최초의 인가일로 하겠다는 의미임.

2. 추진위원회 또는 재건축조합이 합병된 경우는 각각의 최초 추진위원회 승인일 또는 재건축조합인가일

➡ 추진위원회를 해산하거나, 다른 조합과 합병하는 경우에도 최초 추진위원회 승인로 규정함

2의2. 「도시정비법」 제26조제1항에 따라 공공시행자가 공공재건축사업 사업시행자로 최초 지정 승인된 날(추진위원회의 구성 승인이 없는 경우에 한정한다)

3. 「도시정비법」 제27조제1항제3호에 따라 신탁업자가 사업시행자로 최초 지정 승인된 날(추진위원회의 구성 승인이 없는 경우에 한정한다)

4. 그 밖에 대통령령으로 정하는 날

4) 부과율(법 §12)

납부의무자가 납부하여야 할 재건축부담금은 법 제7조에 따라 산정된 재건축초과이익을 해당 조합원 수로 나눈 금액에 다음의 부과율을 적용하여 계산한 금액을 그 부담 금액으로 한다(법 §12).

1. 조합원 1인당 평균 이익이 3천만 원 이하: 면제
2. 조합원 1인당 평균 이익이 3천만 원 초과 5천만 원 이하: 3천만 원을 초과하는 금액의 10/100 × 조합원 수
3. 조합원 1인당 평균 이익이 5천만 원 초과 7천만 원 이하: 200만 원 × 조합원 수 + 5천만 원을 초과하는 금액의 20/100 × 조합원 수
4. 조합원 1인당 평균 이익이 7천만 원 초과 9천만 원 이하: 600만 원 × 조합원 수 + 7천만 원을 초과하는 금액의 30/100 × 조합원 수
5. 조합원 1인당 평균 이익이 9천만 원 초과 1억 1천만 원 이하: 1천200만 원 × 조합원 수 + 9천만 원을 초과하는 금액의 40/100 × 조합원 수
6. 조합원 1인당 평균 이익이 1억 1천만 원 초과: 2천만 원 × 조합원 수 + 1억 1천만 원을 초과하는 금액의 50/100 × 조합원 수

2006.9.25 이법 시행 이후 법 제12조는 한 차례 개정도 없었으나, 개정안 발의로 현재 여야간 수정안을 놓고 조율 중이다.

― 부과기관인 구청장의 미 징수에 대한 강제 규정 없다

현행 법률상 각 구청은 재건축부담금 적용 대상 아파트가 재건축을 마치고 입주하면 5개월 내에 부담금을 통보하고 징수해야 한다.

그러나 이를 미룬다고 해서 강제할 만한 처벌 규정이 없다. 즉 구청에서 재건축 부담금 부과를 미룬다면 이를 강제할 방법은 없다.

5) 기타 개정의견

현행 재건축 부담금은 사실 준공 때까지 예측이 어렵고, 미실현 이익에 부과하는 부담금이며 주택가격 변동에 따라 차이가 큰 문제가 있다.

따라서 지금처럼 입주 후에 최종 거주자에게 부담금으로 부과할 것이 아니라 사업 초기부터 부담금 의무자를 개인 조합원이 아닌 재건축조합으로 하되, 용적률 상향에 대한 대가로 임대주택 등을 지어서 대물로 변제하게 하거나 공공시설 부지로 토지를 기부채납하도록 하는 방법도 대안으로 제기될 수 있다.

그러나 이 역시 법률개정 사항이므로 그 귀추가 주목된다.

2. 상가 받으면 재건축부담금 대상 아니다

상가 소유자가 재건축으로 새롭게 건축된 상가를 공급 받으면 「재건축초과이익환수에 관한 법률(이하 "재건축이익환수법")」에 의한 재건축부담금 부과대상에 해당되지 않는다.

그러나 상가조합원이 재건축으로 인해 아파트를 공급받게 되면 아래와 같이 재건축부담금 대상이 됨에 유의해야 한다.

"재건축초과이익"이란 도시정비법에 따른 재건축사업 및 「소규모주택정비법」에 따른 (공공)소규모재건축사업으로 인하여 정상주택가격상승분을 초과하여 귀속되는 주택가액의 증가분으로서 법 제7조에 따라 산정된 금액을 말한다(재건축이익환수법 §2-1). 따라서 가로주택정비사업이나 최근 신설된 소규모재개발사업은 그 대상이 아니다.

또한 주택가액의 증가분이므로, 상가를 공급받는 경우에도 대상에 포함되지 않는다.

— 상가 대신 아파트 받아도, 2022.8.4부터는 재건축부담금 정상화

공공재건축사업도 재건축부담금 대상이다
2022.1.21부터 매년 1월 말까지 재건축부담금 예정액을 알리고 있다.

3. 상가→아파트로 받으면 재건축부담금 대상

1) 2022.8.4부터 개정 재건축부담금 적용

재건축사업으로 주택(아파트)소유자가 아파트를 공급받는 경우, 정상주택가격상승분을 초과하여 조합원에게 귀속되는 주택가액의 증가분을 재건축초과이익으로 본다.

즉 "종료시점 주택가액-(개시시점 주택가액+정상주택가격상승분+개발비용)"에 대해 재건축부담금을 부과하면서, 개시시점 주택가액은 「부동산 가격공시에 관한 법률」에 따라 공시된 부과대상 주택가격의 총액을 기준으로 산정한다(동 법 §7).

1주택을 공급받는 상가조합원이 소유하던 부대·복리시설 가격은 재건축초과이익을 산정 과정에서 개시시점 주택가액에 이를 반영할 수가 없어서 부담할 재건축부담금이 과다 계상될 수 있다.

이 문제가 먼저 돌출된 곳이 서초구 방배○○아파트 재건축사업장이다. 이곳 관리처분계획에서 상가조합원의 개시시점가격이 "0원"이어서 재건축부담금 폭탄을 맞게 되며, 심지어는 아파트보다 15배 이상 되는 사업장도 있다는 기사도 있다.

즉 현행 재건축부담금의 산정방식은 종료시점 주택가액에서 개시시점 주택가액에 정상주택가격상승분과 개발비용을 더한 금액을 뺀 후 부과율을 곱하도록 되어 있으며, 그 대상도 주택으로만 한정하여 상가 등의 시세가 반영되지 않는 문제점이 있었다. 따라서 상가조합원 등이 재건축사업을 통하여 아파트입주권을 분양받는 경우 재건축부담금이 과다 계상될 수밖에 없어 불합리하다는 의견이 꾸준히 제기된 바 있다.

이에 부대·복리시설을 소유한 조합원이 재건축사업에 따라 종료시점 부과대상 주택을 공급받는 경우에는 부대·복리시설의 가격을 산정하여 그 총액을 부과대상 주택가격 총액에 합산하도록 한 개정안이 2022.2.3 통과로 같은 해 8.4부터 적용되었다.

※ 재건축이익환수법 비교

현행 재건축이익환수법[시행 2021.7.20] [법률 제18315호, 2021.7.20, 일부개정]

제9조(주택가액의 산정) ①제7조에 따른 개시시점 주택가액은 「부동산 가격공시에 관한 법률」에 따라 공시된 부과대상 주택가격(공시된 주택가격이 없는 경우는 제3항에서 규정한 절차에 따라 국토교통부장관이 산정한 부과개시시점 현재의 주택가격)총액에 공시기준일부터 개시시점까지의 정상주택가격상승분을 반영한 가액으로 한다.

②·③ (생략)

개정 재건축이익환수법[시행 2022.8.4] [법률 제18833호, 2022.2.3, 일부개정]

제9조(주택가액의 산정) ①제7조에 따른 개시시점 주택가액은 「부동산 가격공시에 관한 법률」에 따라 공시된 부과대상 주택가격(공시된 주택가격이 없는 경우는 제3항에서 규정한 절차에 따라 국토부장관이 산정한 부과개시시점 현재의 주택가격)총액에 공시기준일부터 개시시점까지의 정상주택가격상승분을 반영한 가액으로 한다. 다만, 「주택법」에 따른 부대시설 또는 복리시설을 소유한 조합원이 종료시점 부과대상 주택을 공급받는 경우에는 본문에 따라 산정된 부과대상 주택가격총액에 「감정평가 및 감정평가사에 관한 법률」에 따른 감정평가법인등이 대통령령으로 정하는 바에 따라 평가·산정한 부대시설 및 복리시설의 가격 총액을 합산하여야 한다. <단서 신설>

②·③ (종전과 같음)

부칙

제1조(시행일) 이 법은 공포 후 6개월이 경과한 날부터 시행한다(시행일 2022.8.4)

제2조(부대시설 및 복리시설 가액 산정에 관한 적용례) 제9조제1항의 개정규정은 이 법 시행 이후 재건축부담금을 결정·부과하는 경우부터 적용한다.

2) 상가 소유자의 재건축부담금 관련 유권해석

Q1 반포주공아파트 재건축조합원으로, 아파트 32평과 상가18평을 소유한 자로서 질의함. 상가만 소유한 조합원은 재건축부담금 대상이 아니라고 보는데 상가만 분양신청 시는 제외되고, 상가 조합원이 아파트를 분양신청 시에는 재건축조합이 환수제에 해당될 때 상가조합원이 환수제에 해당된다는 말이 있음.

이 말이 맞는지?

Q2 상가조합원은 조합에 소속된 상가협의회를 별도로 운영하여 재건축을 진행하고 있음.
조합은 관리처분 책자에 상가조합원은 아파트분양 시에 일반분양가로 정산한다고 명기하여 분양신청을 하였으나 상가협의회장은 조합원 개인이 일반분양가로 부담한다는 의미가 아니라 그 신청분에 대한 일반분양가와 조합원분양가의 차액을 아파트 바구니와 상가바구니가 서로 정산한다는 뜻임.

따라서 개별 조합원이 차액을 일반분양가로 지급하는 것이 아니라 그 차액을 상가 장부에서 부담하는 것이라고 하는데 상가조합원이 아파트 분양 시 정확한 정산방법은?

A 「재건축초과이익 환수에 관한 법률」 제2조제1호에서 재건축초과이익은 재건축사업으로 인하여 정상주택가격상승분을 초과하여 당해 재건축조합 또는 조합원에 귀속되는 주택가액의 증가분을 말하는 것으로 같은 법 제6조에서 재건축사업을 시행하기 위하여 설립된 조합은 재건축부담금을 납부할 의무가 있으며, 조합이 해산 등의 사유가 있는 경우 종료시점 부과대상 주택을 분양받은 조합원이 재건축부담금을 납부하도록 규정하고 있음.

따라서 상가를 소유한 조합원이 상가를 분양받거나 주택을 소유한 조합원이 상가를 분양받은 경우에는 재건축부담금 부과대상에서 제외하고, 주택을 소유한 조합원이 주택을 분양받거나 상가를 소유한 조합원이 주택을 분양받은 경우 조합원 수에 포함되어야 할 것으로 판단됨.

「재건축초과이익 환수에 관한 법률」 제6조제3항에서 제1항에 의하여 재건축부담금을 납부해야 할 의무가 있는 조합은 조합원별로 종전자산을 평가한 가액 등 대통령령이 정하는 사항을 고려하여 제14조에 의한 재건축부담금 예정액의 조합원별 납부액과 제15조에 의하여 결정 및 부과하는 재건축부담금의 조합원별 분담기준 및 비율을 결정하여 이를 관리처분계획에 명시해야 하도록 규정하고 있음.

따라서 종료시점 부과대상 주택을 분양받은 조합원의 재건축부담금 분담기준 등은 관리처분계획에서 조합이 정해야 할 사항으로 판단됨(국토부 주택정비과 2018.8.1).

Q 상가 대신 아파트를 공급받는 경우, 상가의 경우 개시시점 부과대상의 주택가격을 알 수 없으므로 어떤 방식으로 재건축 초과이익환수 금액을 산출하는지?

A 「재건축초과이익 환수에 관한 법률」 제2조제1호에서 재건축초과이익은 재건축사업으로 인하여 정상주택가격상승분을 초과하여 당해 재건축조합 또는 조합원에 귀속되는 주택가액의 증가분을 말하며, 같은 법 제9조제1항에서 개시시점 주택가액은 부동산 가격공시에 관한 법률에 따라 공시된 부과대상 주택가격 총액에 공시기준일부터 개시시점까지의 정상주택가격상승분을 반영한 가액으로 정하고 있음.

따라서 상가는 개시시점 부과대상 주택가격에 포함되지 않으므로 이를 제외하고 재건축부담금을 산정해야 할 것으로 판단됨(국토부 주택정비과 2018.7.4)

Q 재건축단지 내 상가도 재건축 초과이익환수 대상이 되는지?

A 「재건축초과이익 환수에 관한 법률」 제2조제1호에서 재건축초과이익은 재건축사업으로 인하여 정상주택가격상승분을 초과하여 당해 재건축조합 또는 조합원에 귀속되는 주택가액의 증가분을 말하는 것으로 상가는 재건축부담금 부과대상에 포함되지 않을 것으로 사료됨(국토부 주택정비과 2017.6.20).

Q1 재건축사업에서 재건축초과이익환수에 따른 법률 제6조에 따른 납부의무자에 관한 질의 재건축초과이익환수에 관한 법률에서는 도시정비법 제2조에서 규정하고 있는 재건축정비사업 내 "주택" 소유자에 대해서만 초과이익환수에 대해 규정하고 있는 것으로 보이는데, 재건축정비사업 구역 내 "상가" 소유자는 납부의무자가 아닌지?

Q2 재건축사업 내 상가소유자가 신축상가를 분양받는 경우에도 초과이익환수 적용 대상인지, 상가소유자가 신축주택을 분양받는 경우에도 초과이익환수 적용 대상인지?

Q3 주택소유자가 신축주택을 분양받는 경우에도 초과이익환수 적용 대상인지, 주택소유자가 신축상가를 분양받는 경우에도 초과이익환수 적용 대상인지?

A 「재건축초과이익 환수에 관한 법률」 제2조제1호에서 재건축초과이익은 재건축사업으로 인하여 정상주택가격상승분을 초과하여 당해 재건축조합 또는 조합원에 귀속되는 주택가액의 증가분을 말하는 것으로 상가 분양은 재건축부담금 부과대상에 포함되지 않으며 주택을 분양 받은 경우에는 재건축부담금 부과대상에 포함될 것임

아울러, 「재건축초과이익 환수에 관한 법률」 제7조에서 재건축부담금의 부과기준 중 일반분양분의 종료시점 주택가액은 분양시점 분양가격의 총액으로 정하고 있으므로 부과대상 주택을 일반분양으로 받은 경우에도 재건축부담금 부과대상이 될 것으로 사료됨(국토부 주택정비과 2017.2.3).

4. 공공재건축사업도 재건축부담금 대상

2021.7.20 개정된 재건축이익환수법은 2022.1.21 시행되며, 공공시행자가 공공재건축사업 사업시행자로 최초 지정 승인된 날(추진위원회의 승인이 없는 경우로 한정함)이 기준시점이다.

※ 재건축이익환수법[시행 2022.8.4] [법률 제18833호, 2022.2.3, 일부개정]

제2조(정의) 이 법에서 사용하는 용어의 정의는 다음과 같다.
1. "재건축초과이익"이란 도시정비법 제2조제2호 다목에 따른 재건축사업 및 소규모주택 정비법에 따른 소규모재건축사업으로 인하여 정상주택가격상승분을 초과하여 다음 각 목의 어느 하나에 귀속되는 주택가액의 증가분으로서 제7조에 따라 산정된 금액을 말한다.
   가. 도시정비법 제35조에 따라 설립된 재건축조합[같은 법 제26조제1항에 따라 지정된 공공시행자(같은 항 제1호에 따라 지정된 경우는 제외한다. 이하 "공공시행자"라 함) 및 같은 법 제27조제1항제3호에 따라 지정된 신탁업자를 포함] 및 소규모주택정비법 제23조에 따라 설립된 조합
   나. 조합원(사업시행자가 공공시행자인 경우 도시정비법 제2조제9호 나목에 따른 토지등소유자를 말하며, 사업시행자가 신탁업자인 경우 위탁자를 말함. 이하 같음)

제6조(납부의무자) ① 재건축사업을 시행하기 위하여 조합은 이 법에서 정하는 바에 따라 재건축부담금을 납부할 의무가 있다. 다만, 종료시점 부과대상 주택을 공급받은 조합원(조합이 해산된 경우, 정비구역이 해제된 경우 또는 신탁이 종료된 경우에는 부과종료시점 당시의 조합원, 도시정비법 제2조제9호 나목에 따른 토지등소유자 또는 위탁자를 말한다)이 다음 각 호에 해당하는 경우에는 2차 납부의무를 진다.
1·2. (현행과 같음)
2의2. 정비구역이 해제된 경우<신 설>

제8조(기준시점 등) ①부과개시시점은 재건축사업을 위하여 최초로 구성된 조합설립

추진위원회가 승인된 날로 한다. 다만, 부과대상이 되는 재건축사업의 전부 또는 일부가 다음 각 호의 어느 하나에 해당하는 경우에는 다음 각 호의 어느 하나에 해당하는 날을 부과개시시점으로 한다.

1.·2. (현행과 같음)

2의2. 도시정비법 제26조제1항에 따라 공공시행자가 공공재건축사업 사업시행자로 최초 지정 승인된 날(추진위원회의 구성 승인이 없는 경우에 한정한다)<신 설>

필자는 종전에 민간시행자인 재건축조합은 물론이고 신탁회사가 지정개발자인 경우도 재건축부담금의 대상인 점을 상기시키면서, LH등 공공시행자이면 부담금 대상에서 제외시키는 것은 헌법 상 형평의 원칙에 위배됨을 여러 차례 주장한 바 있다.

2022.1.21부터 시행된 (공공)재건축사업, 소규모재건축사업의 경우, 사업시행자가 공공인지 민간인지 여부를 불문하고 조합원 또는 토지등소유자로 그 범위를 확대했다.

도시정비법 제26조제1항(단 1호~8호 중에서 1호는 제외)[35]에 따라 공공시행자가 공공재건축사업 사업시행자로 최초 지정 승인된 날을 부과개시지점으로 하였다. 단 그 전에 추진위원회의 구성 승인이 있었으면 그 날이 개시시점이다.

---

35. 도시정비법
제26조(재개발사업 · 재건축사업의 공공시행자) ① 시장 · 군수등은 재개발사업 및 재건축사업이 다음 각 호의 어느 하나에 해당하는 때에는 제25조에도 불구하고 직접 정비사업을 시행하거나 토지주택공사등(토지주택공사등이 건설업자 또는 등록사업자와 공동으로 시행하는 경우를 포함한다)을 사업시행자로 지정하여 정비사업을 시행하게 할 수 있다.
1. 천재지변, 「재난 및 안전관리 기본법」 제27조 또는 「시설물의 안전 및 유지관리에 관한 특별법」 제23조에 따른 사용제한 · 사용금지, 그 밖의 불가피한 사유로 긴급하게 정비사업을 시행할 필요가 있다고 인정하는 때
2. 제16조제2항 전단에 따라 고시된 정비계획에서 정한 정비사업시행 예정일부터 2년 이내에 사업시행계획인가를 신청하지 아니하거나 사업시행계획인가를 신청한 내용이 위법 또는 부당하다고 인정하는 때(재건축사업의 경우는 제외한다)
3. 추진위원회가 시장 · 군수등의 구성승인을 받은 날부터 3년 이내에 조합설립인가를 신청하지 아니하거나 조합이 조합설립인가를 받은 날부터 3년 이내에 사업시행계획인가를 신청하지 아니한 때
4. 지방자치단체의 장이 시행하는 국토계획2조제11호에 따른 도시 · 군계획사업과 병행하여 정비사업을 시

행할 필요가 있다고 인정하는 때
5. 순환정비방식으로 정비사업을 시행할 필요가 있다고 인정하는 때
6. 사업시행계획인가가 취소된 때
7. 해당 정비구역의 국·공유지 면적 또는 국·공유지와 토지주택공사등이 소유한 토지를 합한 면적이 전체 토지면적의 1/2 이상으로서 토지등소유자의 과반수가 시장·군수등 또는 토지주택공사등을 사업시행자로 지정하는 것에 동의하는 때
8. 해당 정비구역의 토지면적 1/2 이상의 토지소유자와 토지등소유자의 2/3 이상에 해당하는 자가 시장·군수등 또는 토지주택공사등을 사업시행자로 지정할 것을 요청하는 때. 이 경우 제14조제1항제2호에 따라 토지등소유자가 정비계획의 입안을 제안한 경우 입안제안에 동의한 토지등소유자는 토지주택공사등의 사업시행자 지정에 동의한 것으로 본다. 다만, 사업시행자의 지정 요청 전에 시장·군수등 및 제47조에 따른 주민대표회의에 사업시행자의 지정
에 대한 반대의 의사표시를 한 토지등소유자의 경우에는 그러하지 아니하다.
※ 위에 해당하는 경우에는 조합을 구성하지 않음.

5. 재건축부담금 관련 유권해석

Q 소규모주택정비법 제17조제3항제1호에 따라 토지등소유자가 직접 시행(각주: 이 경우 토지등소유자는 소규모주택정비법 제22조에 따라 주민합의체를 구성해야 함)하는 소규모재건축사업이 재건축이익환수법에 따른 재건축부담금 부과대상 사업인지?

A 소규모주택정비법 제17조제3항제1호에 따라 토지등소유자가 직접 시행하는 소규모재건축사업은 재건축이익환수법에 따른 재건축부담금 부과대상 사업이 아님(법제처 2022.5.27 민원인).

Q 재건축부담금이 면제된 사업구역 내 부과대상이 아닌 사업을 편입(면제사업 면적의 1% 이내)하여 관리처분계획변경인가 등을 추진할 경우 부담금 대상여부

A 법체저 유권해석('18.9.10, 법제처 18-0289)에 의하면 재건축부담금을 면제받은 재건축조합이 면제 대상이 아닌 재건축조합과 합병한 경우 종전 면제대상 재건축사업을 포함해 모두 부담금 부과대상사업에 해당된다는 해석이 있었음.
따라서 재건축부담금의 부과대상여부는 편입되는 사업이 재건축부담금 적용을 받는 사업인지(재건축 또는 소규모재건축 사업해당 여부 등)가 우선 검토되어야 하고, 이외 사업지 추가편입으로 통상의 경미한 변경을 넘어서는 관리처분계획 변경이 수반되는 경우에는 해당부과권자가 재건축부담금을 면탈하거나 감경할 목적여부 등 사안도 함께 검토해 부과 대상여부를 결정해야 할 것으로 판단됨.(국토부 주택정비과 2020.7.29)

Q 재건축부담금 면제대상이 된 사업의 경우 관리처분계획 변경 등의 절차를 다시 거치면 면제대상이 되는지

A 재건축초과이익 환수에 관한 법률에서는 재건축부담금을 면제받은 사업이 관리처분계획 변경 등 절차를 다시 거칠 경우, 부담금 부과대상이 되는지에 대해 명확하게 규정하고 있지는 않음.
하지만 재건축부담금 면제규정은 주택시장을 안정시키고 재건축사업을 활성화하기 위하여 한시적으로 운영한 것인바, 부담금을 면제받은 사업이 통상의 경미한 변경으로 인한 관리처분 변경행위는 면제 규정이 그대로 적용되는 것으로 보아야 할 것이나, 통상의 경미한 변경을 넘어서는 관리처분계획 변경에 대하여는 해당 부과권자가 현지 상황이나 여건, 재건축부담금을 면탈하거나 감경할 목적 여부 등 사안을 종합적

으로 검토해 부과여주를 결정해야 할 것으로 판단됨.
참고로 사업구역을 변경(추가)하는 행위는 법제처 법령해석 결과(법체처 18-0289, 2018.9.10)에 기존 재건축사업과 추가되는 사업 모두 부담금 부과대상에 포함될 것으로 해석한 바 있어, 이 사안의 경우에는 통상의 명미한 변경과 관련 없이 부과대상에 해당됨.(국토부 주택정비과 2019.7.19)

Q 2019.4월에 추진위를 설립하고, 1월부터 4월까지 실거래가의 하락으로 평균주택가격상승률이 마이너스라면 2019.1.1을 기준으로 하는 공시지가에 정기예금이자율을 곱하면 되는지

A 「재건축초과이익 환수에 관한 법률」 제10조에 따른 정상주택가격상승분은 개시시점 주택가액에 종료시점까지의 정기예금이자율(국토부장관 고시) 또는 해당 재건축사업장이 소재하는 관할 기초 지자체의 평균주택가격상승률 중 높은 비율을 곱하여 산정하도록 규정하고 있음.
따라서, 정기예금이자율 또는 평균주택가격상승률 중 높은 것을 적용하고, 정기예금이자율은 「재건축초과이익 환수업무처리지침」 제11조에 따라 한국은행이 작성한 자료를 적용하여 산정하면 될 것임.(국토부 주택정비과 2019.2.11)
*한국은행 경제통계시스템 홈페이지→4.금리→4.2 예금은행 가중평균금리→수신금리→신규취급액 기준→저축성수신→순수저축성예금→정기예금→정기예금(6개월~1년 미만)

Q 인가를 받은 재건축조합이 조합을 해산하고 필요에 의하여 나중에 다시 추진위원회를 구성한 경우, 재건축 부담금 산정 시 부과개시시점

A 「재건축초과이익 환수에 관한 법률」 제8조제1항에서 "부과개시시점은 재건축사업을 위하여 최초로 구성된 추진위원회가 승인된 날로 한다."고 규정하고 있음.
따라서, 재건축부담금 회피 등을 목적으로 재건축조합을 해산하고 다시 추진위원회를 구성한 경우는 조합해산 전 사업추진 의사를 최초로 표명한 추진위원회가 승인된 날을 재건축부담금 부과개시시점으로 삼아야 할 것으로 판단됨.

Q 조합원별 분담금을 납입하기 위하여 조합의 사업비 예산으로 조합원별 초과이익분담금액을 잡아야 하는지, 조합의 사업비 예산으로 조합원별 초과이익부담금액을 잡아야 하는지(국토부 주택정비과 2018.11.7)

A 원칙적으로 재건축부담금의 납부의무자는 조합이며, 조합은 조합원별로 재건축부담

금의 분담기준 및 비율을 결정하여 관리처분계획에 명시하도록 하도록 규정하고 있음. 따라서 조합이 조합원별로 부과할 재건축부담금을 사업비 예산으로 포함시킬지 별도 항목으로 편성하여 관리할지는 조합이 자율적으로 판단하여 결정바람.(국토부 주택정비과 2018.12.12)

Q 재건축부담금을 면제받은 조합이 면제 대상이 아닌 재건축조합과 합병한 경우 재건축부담금이 면제되는지

<질의배경>
국토부는 2017.12.31 이전에 관리처분계획의 인가를 신청하여 재건축부담금을 면제받은 재건축조합이 2018년 1월 1일 이후 다른 정비구역과 통합하여 재건축사업을 추진하는 경우에 그 통합하여 추진하는 재건축사업이 재건축부담금 부과대상에 해당하는지 의문이 있어 법제처에 법령해석을 요청함.

A 이 사안의 경우 A재건축사업, B재건축사업 및 C재건축사업 모두 재건축부담금 부과대상 사업임.(법제처 2018.9.10.국토부)

Ⅱ. 세금

1. 국세(부가가치세, 양도세, 종합소득세)

1) 부가가치세

□ 유권해석

Q 공동매입의 경우 부가가치세 신고방법(부가, 서면-2017-부가-0864[부가가치세과-1376], 2017.5.31)

상가관리단의 사업과 관련된 매출·매입 금액과 합하여 신고하고 매출·매입처별세금계산서합계표를 함께 작성하되, 과세표준명세의 수입금액 제외란에 기재하여 신고함

Q 상가건물을 자녀에게 증여 시 세금계산서 발급 여부(부가, 서면-2017-부가-1214[부가가치세과-1348], 2017.5.31)

부동산임대업을 영위하는 사업자가 임대사업에 공하던 건물을 자에게 증여하는 경우에는 부가가치세가 과세되는 것으로 세금계산서를 교부하여야 하는 것임

Q 상가분양 호수가 통합된 경우 세금계산서 처리 방법(부가, 서면-2017-부가-0729[부가가치세과-682], 2017.3.27)

중간지급조건부 계약을 체결한 후 계약금 및 중도금에 대하여 세금계산서를 교부하였으나, 잔금시기 도래 전에 공급가액을 변경 계약하여 잔금지급 시 정산하기로 한 경우 잔금분에 대하여는 변경계약내용에 따라 세금계산서를 교부할 수 있는 것임

상가번영회 등의 사업자등록 및 세금계산서 교부방법 등(부가, 부가가치세과-2161, 2008.7.22)

Q&A 집합건물의 구분소유자들이 관리단을 구성하여 자치적으로 건물을 관리하고 그 관리에 소요된 비용만을 각 입주자들에게 분배하여 징수하는 경우에는 부가가치세가 과세되지 아니하는 것임

2) 양도소득세

□ **유권해석**

Q&A 관리처분계획에 따라 상가를 재건축조합에 제공하고 주택입주권을 받은 경우 그 조합원입주권을 소득세법 제89조 제2항 및 같은 법 시행령 제156조의2 제4항의 주택 수 계산에 포함하는 조합원입주권으로 볼 수 있는지(조심 2020구1136, 2021.3.29)

Q 상가가 2017.8.2 이전에 주택조합원입주권으로 전환되어 신축된 주택의 비과세 거주요건 적용 여부(양도, 서면-2018-법령해석재산-1711[법령해석과-1227], 2019.5.15)

상가가 「도시정비법」에 따른 재개발사업 정비조합에 제공되고, 2017.8.2 이전에 관리처분계획인가 및 주택에 대한 공급계약을 체결하여 취득한 신축주택을 양도하는 경우 1세대1주택 비과세 거주요건을 적용하지 않음.

Q 대체주택(소득세법 시행령 제156조의2제5항)에 대한 1세대 1주택 비과세 특례(양도, 서면-2018-부동산-2713[부동산납세과-383], 2019.4.11)

국내에 1주택을 소유한 1세대가 그 주택에 대한 재건축사업의 사업시행인가일 이후에 1주택(C주택)과 1조합원입주권(B상가)을 취득한 경우로서 1주택(C주택)을 양도하는 경우에는 「소득세법 시행령」 제156조의2 제5항이 적용되지 아니 함.

Q 관리처분계획인가에 따라 조합원입주권, 상가분양권, 청산금을 교부받은 경우 '양도'에 해당하는지(양도, 서면-2018-부동산-1091[부동산납세과-854], 2018.8.28)

재개발사업·재건축사업시행으로 조합원이 공동 소유한 기존상가 및 그 부수토지를 조합에 현물출자하고 관리처분계획인가에 따라 조합원입주권, 상가분양권을 취득하는 것은 환지로 보아 양도에 해당하지 아니하는 것이나, 환지청산금을 교부받은 부분은 양도에 해당하는 것임.

Q 관리처분계획인가에 따라 상가를 제공하고 아파트를 분양받아 양도하는 경우 1세대1주택 장기보유특별공제(양도, 서면-2017-부동산-2055[부동산납세과-1057], 2017.9.18)

관리처분계획인가에 따라 상가를 제공하고 아파트를 분양받아 양도하는 경우 1세대1주택 장기보유특별공제율을 적용하기 위한 보유기간은 관리처분계획인가일부터 신축주택 양도일까지로 하는 것임.

Q 상가조합의 납세의무 판정(양도, 부동산납세과-96, 2014.2.24)

조합의 대표자 또는 관리인이 선임되어 있으나 구성원 간 이익의 분배방법이나 분배비율이 정하여져 있지 않거나 확인되지 않는 경우에는 해당 단체를 1 거주자로 보아 양도소득세를 과세하는 것이며, 납세의무자의 판정은 조합규약 등 사실관계를 종합하여 판단할 사항임.

Q 부담부증여하는 재건축 상가를 기준시가로 평가하는 경우(양도, 부동산거래관리과-1347, 2010.11.9)

양도가액을 기준시가에 따를 때에는 취득가액도 기준시가에 따름.

Q 청산금 납부 없이 재건축사업 시행으로 상가를 취득한 경우(양도, 부동산거래관리과-1080, 2010.8.20)

신축상가를 4호로 분할하여 그 중 1호를 양도하는 경우 기존건물과 그 부수토지의 취득가액 및 평가액 중 상가 분할 당시의 분할 전 상가의 기준시가에서 분할한 상가의 기준시가가 차지하는 비율에 상당하는 가액을 기존건물과 그 부수토지의 취득가액 및 평가액으로 보아 「소득세법 시행령」 제166조를 적용하는 것임.

Q 기존상가 1채를 제공하고 상가 3채를 분양받은 경우 양도차익 산정 방법(양도, 재산세과-2692, 2008.9.5)

재건축조합원이 조합에 기존상가 1채를 제공하고 재건축으로 취득한 3채의 상가 중 기존상가의 제공으로 발생한 청산금 및 분담금으로 취득한 2채는 분양가액을 취득가액으로 보아 양도차익을 산정하며, 분담금을 추가로 납부하지 아니하고 취득한 1채는 「소득세법 시행령」 제166조에 의하여 양도차익을 산정함.

Q 기존조합원이 재건축 상가입주권을 취득하여 양도하는 경우 양도차익의 산정방법(양도, 서면인 터넷방문상담4팀-1935, 2005.10.20)

상가입주자로 선정된 지위를 양도하는 경우 그 양도차익은 입주권 프리미엄과 기존 부동산의 양도차익을 합하여 산정하는 것임.

Q 재건축 중인 상가입주권을 양도하는 경우 양도차익 산정방법(양도, 서일46014-11511, 2003.10.23)

재개발·재건축구역 내의 상가에 대한 입주권을 취득한 조합원이 상가 완공 전에 입주권 상태로 양도하는 경우 "부동산을 취득할 수 있는 권리"의 양도로 보아 그 양도차익을 계산하는 것임.

3) 종합소득세

□ 유권해석

Q 상가 관리단이 입주자 및 입주가가 아닌 자로부터 징수하는 주차료가 사업소득인지(소득, 기획재정부 소득세제과-358[ ], 2020.7.6)

상가 관리단이 입주자로부터 집합건물의 유지·보수 등 관리 목적으로 징수하는 주차료는 소득세 과세대상에서 제외되나, 입주자가 아닌 자로부터 징수하는 주차료는 사업소득 총수입금액에 산입하는 것임.

Q 고유번호 발급의 적정여부는 관할세무서장이 판단할 사항(소득, 소득세과-0002, 2012.1.3)

상가관리단의 고유번호는 「소득세법 시행령」 제220조에 따라 소재지 관할세무서장이 부여하는 것이며 고유번호 발급의 적정여부는 관할세무서장이 판단할 사항인지.

Q 상가 소유자가 재건축으로 인하여 상가를 양도하고 받는 보상금의 소득구분(소득, 소득세과-4547, 2008.12.4)

사업자가 사업을 영위하다가 그 사업장이 수용되거나 양도됨으로 인하여 지급받는 보상금으로서 사업과 관련하여 감소되는 소득이나 발생하는 손실 등을 보상하기 위하여 지급되는 것은 사업소득 또는 부동산임대소득의 총수입금액에 산입함.

Q 재건축사업을 시행하여 신축한 주택 및 상가의 부가가치세 과세 여부(소득, 서일46011-10902, 2003.7.9)

재건축사업을 시행하여 신축한 주택 및 상가를 당해 조합원에게 관리처분계획에 의하여 분양하는 경우에는 부가가치세가 과세되지 아니하는 것이나, 당해 조합원이 아닌 일반인에게 분양하는 경우에는 그러하지 아니함.

Q 상가번영회에 납부하는 각종 공과금을 세금계산서 없이 경비로 인정 가능여부(소득, 서일46011-10315, 2001.10.16)

필요경비에 대한 증빙서류는 사업자가 수취·보관한 서류나 비치·기장하고 있는 장부 등에 의하여 필요경비로서 지급 또는 거래된 사실이 실제로 확인이 되는 때에는 필요경비에 대한 증빙으로서 인정을 받을 수 있는 것임.

2. 지방세 관련

□ **유권해석**

Q&A 주택조합원입주권 취득시기 등(국세청 방문상담3팀 2020.10.30)
현재(21년 상반기 예상) 서울 재건축아파트 상가 승계 조합원 자격 → 조합총회 거친 정관 변경에 따라 상가조합원도 특정 조건 만족 시 주택(아파트)을 분양받는 것으로 관리처분인가 완료. 멸실에 따라 현재 '입주권' 상태임.

Q1 상가를 양수하고 관리처분 단계에서 주택으로 분양신청 시, 이 상가입주권이 '주택'으로 구분(간주)되는지, 근거 법령은 무엇인지(취득세, 양도소득세 각각의 관점 구분하여)?

Q2 주택으로 간주된다면, 그 시점은 언제부터인지, 근거 법령은 무엇인지? (취득세, 양도소득세 각각의 관점 구분하여)

Q3 이 경우, 준공완료 후 보존등기 시 승계조합원 본인의 적용 취득세는 어떻게 계산되는지? 근거 법령은 무엇인지?

A 「소득세법」 제94조에서 규정하고 있는 부동산을 취득할 수 있는 권리란 재건축의 경우 「도시정비법」에 의한 재건축사업을 시행하는 정비사업의 조합원이 해당 조합을 통하여 취득한 입주자로 선정된 지위를 말하고, 이 경우 부동산이 조합원입주권으로 변환되는 시기는 같은 법 제74조에 따른 관리처분계획의 인가일이 되는 것임.

상가의 재개발로 주택의 조합원입주권을 취득한 경우 관리처분계획인가일에 조합원입주권으로 전환되는 것이며, 조합원입주권 그 자체는 주택은 아니지만 다른 주택을 양도하는 경우에 주택 수에는 포함하는 것임.

그리고, 당해 주택의 취득시기는 재개발아파트의 사용승인서교부일(사용검사 전에 사실상 사용하거나 사용승인을 얻은 경우에는 그 사실상의 사용일 또는 사용승인일)이 되는 것임.

따라서 승계조합원입주권의 1세대1주택 비과세 적용은 이 취득시기로부터 보유기간(거주기간을 요하는 경우에는 거주2년)을 충족하여야 하는 것으로 판단됨.

재건축아파트단지 내 유치원 부지 관련 지방세(재산세) 납부여부(지방세정팀-528, 2007.7.3)

Q4 아파트 단지의 재건축으로 운영 중이던 유치원을 휴원하고 유치원을 재건축 중인 경우 이를 유치원의 고유 업무에 직접 사용하는 부동산으로 볼 수 있는지?

A 지방세법 시행령 제230조에서 법 제5장 중 토지에 대한 재산세의 감면규정을 적용함에 있어 직접 사용의 범위에는 당해 법인의 고유 업무에 사용할 건축물을 건축 중인 경우를 포함한다고 규정하고 있음.

공동소유의 상가를 단독소유로 전환 시 취득세 납세의무(세정13407-126, 1997.2.1)

Q3&A 공동소유의 주상복합용 부동산을 각 층별로 구분하여 단독소유로 전환할 경우 각 구분소유별로 초과되는 부분은 교환으로 보아 취득세·등록세 과세대상임
귀문과 같이 공유지분으로 된 주상복합용 부동산을 각 층별로 구분소유할 경우에는 각 구분소유별로 초과되는 부분은 교환에 해당되어 취득세·등록세 과세대상임.

참고문헌

- 2015 집합건물법 해석사례집(법무부)
- 2017.7 도시재생과 투자(전연규 저)
- 2018 재건축, 재개발 투자지도(전연규 저)
- 2020 집합건물법령 해설집(서울시)
- 2020 서울시 집합건물 가이드
- 2020.2 재개발, 재건축 빅데이터(전연규 편저)
- 2023.5 재건축, 재개발 실무사전(전연규, 안중근 공편저)

부록

권리산정기준일 (주택 등 건축물의 분양받을 권리산정 기준일) • 270
강남4구 상가합의서 주요 내용 대비표2 • 306
○○재건축사업 관리단 관리규약 • 307

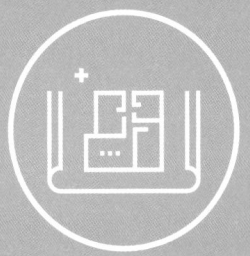

권리 산정 기준일(주택 등 건축물의 분양받을 권리산정 기준일)

공동주택 재건축사업, 재개발, 단독주택재건축사업 및 모아주택 정비사업을 하거나 투자를 하려면 권리산정기준일을 알아야 한다. 관리처분계획 기준에서 분양받지 못하고 청산될 수 있기 때문이다.

공동주택 재건축사업, 2010.7.15 서울시 도시정비조례 제36조(재개발사업), 제37조(단독주택 재건축사업)에 적용되는 권리산정기준일 및 모아주택 권리산정기준일 일람표를 2010.7.16부터 2023.6.1까지 포함하였다.

2010.10.21
정비기본계획(단독주택 재건축사업부문) **변경 및 주택등 건축물의 분양받을 권리산정기준일 고시**

1. 서울시 종로구 신영동 214번지 일대 외 2개소에 대하여 도시정비법 제3조제3항에 따라 서울특별시 정비기본계획 주택재건축사업부문 을 변경하고 같은 법 제3조제6항에 따라 이를 고시합니다.
2. 서울시 종로구 신영동 번지214일대 외 2개소에 대하여 도시정비법 제50조의2 제3항에 따라 주택등 건축물의 분양받을 권리산정 기준일을 정하고 같은 법 제50조의2 제2항에 따라 이를 고시합니다.

2010년 10월 21일
서울특별시장

종로구 신영동214번지 일대(정비예정구역 신규지정)
강북구 미아동87-33 일대(정비예정구역 신규지정)
동작구 동작동102번지 일대(정비예정구역 신규지정)

3. 주택 등 건축물의 분양받을 권리산정 기준
   가. 권리산정 기준일: 2010.10.22
   나. 지정사유: 기존 세대수가 증가될 경우 지역주민들의 사업비 부담 증가에 대한 피해 최소화 및 투기억제를 위하여 토지의 분할 다가구주택의 다세대주택으로 전환 다세대주택 또는 공동주택의 신 축 등의 행위가 발생하는 경우 주택등 건축물의 분양받을 권리를 제한하기 위함
   다. 건축물의 분양받을 권리의 산정 기준
       ○ 서울시 도시정비조례 제28조제2항에 따름

2010.11.25

서울시 정비기본계획 변경(안)

[주택재개발사업부문/주거환경개선사업부문/주택재건축사업부문]

정비예정구역으로 신규지정되는 구역과 기존의 정비예정구역에 새로이 추가되어 변경지정되는 지역에 대하여 도시정비법 제50조의2제1항에 따라 주택등 건축물의 분양받을 권리산정 기준일을 정하고 같은 법 제50조의2제2항에 따라 이를 고시합니다.

2010년 11월 25일

서울특별시장

1. 재개발정비예정구역

1) 신규지정

용산구 용문동8번지

성동구 마장동457번지

성동구 금호동3가574번지

양천구 신월동77-1번지

구로구 가리봉동2-92번지

관악구 신림동1464번지

관악구 신림동1482번지

2) 변경(해제)

동대문구 제기동620번지(해제)

성북구 성북2동29-51: 면적 1.9→2.2(0.3헥타르 면적 확대)

강북구 미아동 6,7번지: 면적 1.1→2.1(1.0헥타르 면적 확대)

2. 단독주택 재건축정비예정구역

1) 신규지정

용산구 원효로3가1번지

동대문구 휘경동43-8번지

중랑구 신내동493번지

성북구 돈암동538-48번지

은평구 불광동23번지

은평구 신사동200번지

은평구 갈현동12-248번지

서대문구 홍제동266번지

양천구 신월동460-5번지

구로구 구로동142-66번지

구로구 구로동545번지
구로구 오류동156-15
영등포구 신길1동61-13번지
영등포구 대림3동786번지
서초구 방배동541-2번지
서초구 방배동975-35번지
강남구 논현동246번지
강남구 대치동963번지
강남구 대치동977번지
강남구 대치동964번지
송파구 문정동136번지
송파구 오금동143번지
송파구 송파동100번지
강동구 암사동514번지
강동구 암사동458번지

2)변경(해제)
용산구 용문동38-148번지(해제)
성북구 상월곡동77-1(해제)
서대문구 북가좌동330-6(해제)

3. 주택등 건축물의 분양받을 권리산정 기준

가. 권리산정 기준일: 2010.11.26

나. 지정사유

기존 세대수가 증가될 경우 지역주민들의 사업비 부담 증가에 따른 피해 최소화 및 투기억제를 위하여 토지의 분할, 다가구주택의 다세대주택으로의 전환, 다세대주택 또는 공동주택의 신축 등의 행위가 발생하는 경우 주택 등 건축물의 분양받을 권리를 제한하기 위함.

다. 건축물의 분양받을 권리의 산정 기준

주택재개발사업: 「서울시 도시정비조례」 제27조제2항에 따름.

주택재건축사업: 「서울시 도시정비조례」 제28조제2항에 따름.

2011.10.20

서울시 정비기본계획 변경

[주택재개발사업부문/주택재건축사업부문]

1. 정비예정구역으로 신규 지정되는 구역과 기존의 정비예정구역에 새로이 추가되어 변경 지정되는 구역에 대하여 도시정비법 제50조의2제1항에 따라 주택 등 건축물의 분양받을 권리산정기준일을 정하고 법 제50조의2제2항에 따라 이를 고시합니다.
2. 정비예정구역으로 신규 지정되는 구역과 기존의 정비예정구역에 새로이 추가되어 변경 지정되는 구역에 대하여 도시정비법 제50조의2제1항에 따라 주택 등 건축물의 분양받을 권리산정기준일을 정하고 같은 법 제50조의2제2항에 따라 이를 고시합니다.

2011년 10월 20일
서울특별시장

- 재개발정비예정구역 신규지정(8개소)

광진구 군자동127-1
광진구 중곡2동124-55
강동구 천호동91-523
강동구 천호동210-7
강동구 천호동178
동작구 신대방동363
영등포구 신길동113-5
종로구 충신동6번지

- 단독주택 재건축 정비예정구역 신규지정(22개소)

서초구 방배동528-3
중랑구 중화동134
중랑구 면목동393
금천구 독산동47
금천구 시흥동814
금천구 독산동1022
금천구 시흥동879
금천구 시흥동804
금천구 시흥동874
광진구 구의동592
광진구 자양동227
강동구 둔촌동70
마포구 성산동165
마포구 망원동439번지
서대문구 연희동723-10
서대문구 홍제동360
동작구 상도동244

동작구 사당동303

은평구 불광동442

강서구 공항동61

강서구 등촌동567

강서구 등촌동643번지

강서구 등촌동654번지

강서구 화곡동1027번지

강서구 화곡동424번지

관악구 봉천동685번지

관악구 신림동646번지

관악구 남현동1072번지

관악구 봉천동1646번지

관악구 신림동624번지

관악구 신림동675번지

관악구 신림본동409-151번지

재건축정비예정구역 변경지정

동대문구 제기동 620번지, 2.7헥타르(해제)

중랑구 중화동158-11: 면적 1.0→1.5(0.5헥타르 추가편입)

은평구 불광동23: 면적 1.4→4.4(3.0헥타르 추가편입)

- 공동주택 재건축 정비예정구역

서초구 반포동65-1(궁전아파트), 서초구 반포동725번지(신삼호아파트), 영등포구 신길동4759번지(삼성아파트), 영등포구 문래동5가22번지(진주아파트), 영등포구 당산동5가7-2번지(유원제일2차아파트), 송파구 문정동3번지(가락1차현대아파트), 송파구 가락동176번지(삼환가락아파트), 송파구 가락동192번지(가락극동아파트), 송파구 오금동166번지(가락상아1차아파트), 송파구 송파동155번지(가락삼익맨션아파트), 구로구 궁동237번지(월드빌라), 구로구 구로2동440번지(보광아파트), 구로구 구로동314번지(극동아파트), 강남구 도곡동540번지(도곡삼호아파트), 강남구 대치동63번지(대치우성1차아파트), 강남구 개포동652번지(개포우성3차아파트), 강남구 청담동65번지. 삼성동53-2번지(진흥아파트), 강남구 개포동653번지(개포현대1차아파트), 강남구 개포동649번지(개포경남아파트), 강남구 일원동615-1번지(개포한신아파트), 강남구 도곡동464번지(개포도곡한신아파트), 동대문구 장안동95-1번지(장안현대아파트), 강동구 명일동270번지(삼익맨숀아파트), 관악구 미성동746-43번지(신림건영아파트)

가. 권리산정기준일: 2011.10.21
나. 지정사유: 정비예정구역 내 무분별한 토지의 분할, 다가구주택의 다세대주택으로의 전환, 다세대주택 또는 공동주택의 신축 등 투기억제 및 건전한 정비사업 시행을 위하여 주택 등 건축물의 분양 받을 권리산정기준일을 별도로 정함.
다. 건축물의 분양받을 권리의 산정 기준
주택재개발사업: 서울시 도시정비조례 제27조제2항에 따름
주택재건축사업: 서울시 도시정비조례 제28조제2항에 따름

2020.3.12
주택등 건축물의 분양받을 권리의 산정 기준일 고시

서울시 성동구 금호동3가 1번지 일대(가칭 금호21구역)에 대하여 「도시정비법」 제77조 제1항에 따라 '주택 등 건축물의 분양받을 권리의 산정 기준일'을 정하고 같은 법 같은 조 제2항에 따라 이를 고시합니다.

2020년 3월 11일
서울특별시장

1. 대상지
가. 명칭: 금호동3가1번지 일대 주택정비형 재개발정비사업구역(가칭 금호제21구역)
나. 위치: 서울시 성동구 금호동3가1번지 일대.
다. 면적: 76,534㎡

2. 권리산정기준일: 2020.3.13
지정사유
○ 기존 세대수가 증가될 경우 지역주민들의 사업비 부담 증가에 대한 피해 최소화 및 투기 억제를 위하여 토지의 분할, 단독·다가구주택의 다세대주택 전환, 건축물의 신축, 토지와 건축물의 분리취득 등의 행위가 기준일 이후 발생하는 경우 주택등 건축물의 분양받을 권리를 제한하기 위함임.

3. 건축물의 분양받을 권리의 산정기준
○ 「서울시 도시정비조례」 제36조 제2항에 따름.
※ 「도시정비법」 제16조에 따라 정비구역 지정되는 필지에 한하여 적용하되, 구역지정에서 제외되는 필지에 대한 권리산정기준일은 자동 실효.
※ 본 고시는 향후 추진될 금호동3가 1번지 일대 주택정비형 재개발정비사업에 대한 「도시정비법」 및 「서울시 도시정비조례」 상 분양받을 권리를 산정하기 위한 기준일만 정하며, 건축물의 신축, 토지분할 등의 행위를 제한하는 것이 아님.

2020.7.30
주택등 건축물의 분양받을 권리의 산정 기준일 고시

강동구 천호동397-419번지 일대에 대하여 「도시정비법」 제77조제1항에 따라 '주택등 건축물의 분양받을 권리의 산정 기준일'을 정하고 같은 법 같은 조 제2항에 따라 고시합니다.

2020년 7월 30일
서울특별시장

1. 대상지
   가. 명 칭: (가칭)천호동 397-419번지 일대 주택정비형 재개발사업구역.
   나. 위 치: 서울시 강동구 천호동397-419번지 일대.
   다. 면 적: 19,291.9㎡

2. 권리산정기준일: 2020.7.31

3. 지정사유:
   기존 세대수가 증가될 경우 지역주민들의 사업비 부담 증가에 대한 피해 최소화 및 투기억제를 위하여 토지의 분할, 단독·다가구주택의 다세대주택 전환, 건축물의 신축, 토지와 건축물의 분리취득 등의 행위가 기준일 이후 발생하는 경우 주택등 건축물의 분양받을 권리를 제한하기 위함.

4. 건축물의 분양받을 권리의 산정기준
   「서울시 도시정비조례」 제36조제2항에 따름.
   ※「도시정비법」 제16조에 따라 정비구역 지정되는 필지에 한하여 적용하되, 구역지정에서 제외되는 필지에 대한 권리산정기준일은 자동 실효.

2020.8.20
주택등 건축물의 분양받을 권리의 산정 기준일 고시

서울시 중구 약수동 346번지 일대 외 2개 구역에 대하여 「도시정비법」 제77조 제1항에 따라 '주택등 건축물의 분양받을 권리산정기준일'을 정하고 같은 법 같은 조 제2항에 따라 이를 고시합니다.

2020년 8월 20일
서울특별시장

1. 약수동 346번지 일대 주택정비형 재개발정비사업구역(가칭)
서울시 중구 약수동 346번지 일대 12,384㎡

2. 휘경동 43번지 일대 주택정비형 재개발정비사업구역(가칭)
   서울시 동대문구 휘경동 43번지 일대 49,404㎡

3. 아현동 699번지 일대 주택정비형 재개발정비사업구역(가칭)

서울시 마포구 아현동699번지 일대 105,609.2㎡

-권리기준산정일: 2020.8.20

-지정사유

기존 세대수가 증가될 경우 지역주민들의 사업비 부담 증가에 대한 피해 최소화 및 투기억제를 위하여 토지의 분할, 단독·다가구주택의 다세대주택 전환, 건축물의 신축, 토지와 건축물의 분리취득 등의 행위가 기준일 이후 발생하는 경우 주택등 건축물의 분양받을 권리를 제한하기 위함

-건축물의 분양받을 권리의 산정기준

서울시 도시정비조례 제36조 제2항에 따름.

※도시정비법 제16조에 따라 정비구역 지정되는 필지에 한하여 적용하되, 구역지정에서 제외되는 필지에 대한 권리산정기준일은 자동 실효.

※본 고시는 향후 추진될 주택정비형 재개발정비사업에 대한 도시정비법 및 서울시 도시정비조례상의 분양받을 권리를 산정하기 위한 기준일만 정하며, 건축물의 신축, 토지분할 등의 행위를 제한하는 것이 아님.

2020.12.10

주택등 건축물의 분양받을 권리의 산정 기준일 고시(서울시고시 제2020-537호)

서울시 성동구 행당동 248번지 일대에 대하여「도시정비법」제77조 제1항에 따라 '주택등 건축물의 분양받을 권리의 산정 기준일'을 정하고 같은 법 같은 조 제2항에 따라 이를 고시합니다.

2020년 12월 10일

서울특별시장

1. 대상지

가. 명 칭: 행당동 248번지 일대 역세권 활성화사업 도시정비형 재개발사업구역(가칭).

나. 위 치: 서울시 성동구 행당동 248번지 일대.

다. 면 적: 11,507㎡

2. 권리기준산정일: 2020.12.11

3. 지정사유

○ 기존 세대수가 증가될 경우 지역주민들의 사업비 부담 증가에 대한 피해 최소화 및 투기억제를 위하여 토지의 분할, 단독·다가구주택의 다세대주택 전환, 건축물의 신축, 토지와 건축물의 분리취득 등의 행위가 기준일 이후 발생하는 경우 주택등 건축물의 분양받을 권리를 제한하기 위함.

4. 건축물의 분양받을 권리의 산정기준

○ 「서울시 도시정비조례」 제36조 제2항에 따름.

※ 「도시정비법」 제16조에 따라 정비구역 지정되는 필지에 한하여 적용하되, 구역지정에서 제외되는 필지에 대한 권리산정기준일은 자동 실효.

※ 본 고시는 향후 추진될 성동구 행당동 248번지 일대 역세권 활성화사업 도시정비형 재개발사업에 대한 도시정비법 및 서울시 도시정비조례 상 분양받을 권리를 산정하기 위한 기준일만 정하되, 건축물의 신축, 토지분할 등의 행위를 제한하는 것이 아님.

2020.12.31
주택등 건축물의 분양받을 권리의 산정 기준일 고시 (서울시고시 제2020-614호)

서울시 양천구 목2동523번지 일대에 대하여 「도시정비법」 제77조 제1항에 따라 '주택등 건축물의 분양받을 권리의 산정 기준일'을 정하고 같은 법 같은 조 제2항에 따라 고시합니다.

2020년 12월 31일
서울특별시장

1. 대상지
가. 명 칭: 목2동523번지 일대 역세권 활성화사업 도시정비형 재개발사업구역(가칭)
나. 위 치: 서울시 양천구 목2동523-45번지 외 59필지.
다. 면 적: 12,382.6㎡

2. 권리기준산정일: 2021.1.1

3. 지정사유

○ 기존 세대수가 증가될 경우 지역주민들의 사업비 부담 증가에 대한 피해 최소화 및 투기억제를 위하여 토지의 분할, 단독·다가구주택의 다세대주택 전환, 건축물의 신축, 토지와 건축물의 분리취득 등의 행위가 기준일 이후 발생하는 경우 주택등 건축물의 분양받을 권리를 제한하기 위함.

4. 건축물의 분양받을 권리의 산정기준

○ 「서울시 도시정비조례」 제36조 제2항에 따름.

※ 「도시정비법」 제16조에 따라 정비구역 지정되는 필지에 한하여 적용하되, 구역지정에서 제외되는 필지에 대한 권리산정기준일은 자동 실효.

5. 관계도면: 붙임 참조

6. 기타 궁금하신 사항은 서울특별시 도시계획과 또는 양천구 도시계획과로 문의 바랍니다.

※ 본 고시는 향후 추진될 양천구 목2동 523번지 일대 역세권 활성화사업 도시정비형 재개발사업에 대한 「도시정비법」 및 「서울시 도시정비조례」 상 분양받을 권리를 산정하기 위한 기준일만 정하되, 건축물의 신축, 토지분할 등의 행위를 제한하는 것이 아님.

2021.2.18
주택등 건축물의 분양받을 권리의 산정 기준일 고시

강동구 성내동 19-1번지 일대에 대하여 도시정비법 제77조제1항에 따라 '주택등 건축물의 분양받을 권리의 산정 기준일'을 정하고 같은 법 같은 조 제2항에 따라 이를 고시합니다.

2021년 2월 18일
서 울 특 별 시 장

1. 대상지
  가. 명 칭: 성내동 19-1번지 일대 역세권활성화사업 도시정비형 재개발사업구역(가칭)
  나. 위 치: 서울시 강동구 성내동 19-1번지 외 130필지
  다. 면 적: 21,612.9㎡

2. 권리산정기준일: 2021.2.19

3. 지정사유
  ○ 기존 세대수 증가에 따른 지역주민들의 사업비 부담 증가 피해를 최소화하고 투기수요 유입을 억제하기 위하여 토지의 분할, 단독·다가구주택의 다세대주택 전환, 건축물의 신축, 토지와 건축물의 분리취득 등의 행위가 권리산정기준일 이후 발생하는 경우 주택등 건축물의 분양받을 권리를 제한하고자 함.

4. 건축물의 분양받을 권리의 산정기준
  서울시 도시정비조례 제36조제2항에 따름.
  ※도시정비법 제16조에 따라 정비구역 지정되는 필지에 한하여 적용하되, 구역지정에서 제외되는 필지에 대한 권리산정기준일은 자동 실효.

5. 관계도면: 붙임 참조
  ※ 본 고시는 강동구 성내동 19-1번지 일대 역세권활성화사업 도시정비형 재개발사업에 대한 「도시정비법」 및 「서울시 도시정비조례」상 분양받을 권리를 산정하기 위한 기준일만 정하되, 건축물의 신축, 토지분할 등의 행위를 제한하는 것은 아님.

2021.2.25
주택등 건축물의 분양받을 권리의 산정 기준일 고시

강동구 천호동 532-2번지 일대에 대하여 도시정비법 제77조 제1항에 따라 '주택등 건축물의 분양받을 권리의 산정 기준일'을 정하고 같은 법 같은 조 제2항에 따라 이를 고시합니다.

2021년 2월 25일
서 울 특 별 시 장

1. 대상지
  가. 명 칭: 천호동532-2번지 일대 주택정비형 재개발사업구역.
  나. 위 치: 서울시 강동구 천호동532-2번지 일대.

다. 면 적: 24,859.35㎡

2. 권리기준산정일: 2021.2.26

3. 지정사유

○ 기존 세대수가 증가될 경우 지역주민들의 사업비 부담 증가에 대한 피해 최소화 및 투기억제를 위하여 토지의 분할, 단독·다가구주택의 다세대주택 전환, 건축물의 신축, 토지와 건축물의 분리취득 등의 행위가 기준일 이후 발생하는 경우 주택등 건축물의 분양받을 권리를 제한하기 위함.

4. 건축물의 분양받을 권리의 산정기준

○ 서울시 도시정비조례 제36조 제2항에 따름.

※도시정비법 제16조에 따라 정비구역 지정되는 필지에 한하여 적용하되, 구역지정에서 제외되는 필지에 대한 권리산정기준일은 자동 실효.

5. 관계도면: 붙임 참조

※ 본 고시는 향후 추진될 강동구 천호동532-2번지 일대 주택정비형 재개발사업에 대한 도시정비법 및 서울시 도시정비조례 상 분양받을 권리를 산정하기 위한 기준일만 정하되, 건축물의 신축, 토지분할 등의 행위를 제한하는 것이 아님.

※ 첨부된 관계도면은 참고용이므로 측량, 그 밖의 용도로 사용할 수 없음.

2021.3.30

주택등 건축물의 분양받을 권리의 산정 기준일 고시

공공재개발사업 후보지 선정위원회('21.3.29)에서 선정된 공공재개발사업 후보지에 대하여 도시정비법 제77조제1항에 따라 '주택등 건축물의 분양받을 권리의 산정 기준일'을 정하고 같은 법 같은 조 제2항에 따라 이를 고시합니다.

2021년 3월 30일
서 울 특 별 시 장

1. 대상지

1 노원구 상계3 상계동71-183번지 일대 104,000㎡

2 강동구 천호A1-1 강동구 천호동467-61번지 일대 26,549㎡

3 동작구 본동47번지 일대 51,696㎡

4 성동구 금호23 금호4가동1109번지 일대 30,706㎡

5 종로구 숭인동1169번지 일대 14,157㎡

6 양천구 신월7동-2 신월7동941번지 일대 90,346㎡

7 서대문구 홍은1 홍은동48-163번지 일대 11,466㎡

8 서대문구 충정로1 충정로3가281-11번지 일대 8,075㎡

9 서대문구 연희동721-6 연희동721-6번지 일대 49,745㎡

10 송파구 거여새마을 거여동551-14번지 일대 63,995㎡
11 동대문구 전농9 전농동103-27번지 일대 44,878㎡
12 중랑구 중화122 중화동122번지 일대 37,662㎡
13 성북구 성북1 성북동179-68번지 일대 109,336㎡
14 성북구 장위8 장위동85번지 일대 116,402㎡
15 성북구 장위9 장위동238-83번지 일대 85,878㎡
16 영등포구 신길1 신길동147-80번지 일대 59,379㎡

※「서울시 도시정비조례」[시행 2010.7.16][조례 제5007호, 2010.7.15 일부개정] 시행 전에 기본계획이 수립되어 있는 지역 및 지구단위계획이 결정·고시된 지역은 종전규정에 따름(정비예정구역에 신규로 편입된 지역은 현행규정 따름)

2. 권리기준산정일: 2020.9.21

3. 지정사유
   ○ 기존 세대수가 증가될 경우 지역주민들의 사업비 부담 증가에 대한 피해 최소화 및 투기억제를 위하여 정비사업을 통하여 분양받을 건축물이 토지의 분할, 단독·다가구주택의 다세대주택전환, 토지와 건축물의 분리취득, 건축물의 신축 어느 하나에 해당하는 경우에는 기준일의 다음 날을 기준으로 건축물을 분양받을 권리를 산정함.

4. 건축물의 분양받을 권리의 산정기준
   ○「도시정비법」제77조제1항 및 서울시 도시정비조례 제36조 제2항에 따름.
   ※ 도시정비법 제16조에 따라 정비구역 지정되는 필지에 한하여 적용하되, 구역지정에서 제외되는 필지에 대한 권리산정기준일은 자동 실효.

5. 관계도면: 붙임 참조

6. 안내사항
   ※ 본 고시는 향후 공공재개발사업 추진 시 도시정비법 및 서울시 도시정비조례 상 분양받을 권리를 산정하기 위한 기준일만 정하되, 건축물의 신축, 토지분할 등의 행위를 제한하는 것이 아님.
   ※ 첨부된 관계도면은 참고용이므로 측량, 그 밖의 용도로 사용할 수 없음.

2021.4.8

주택등 건축물의 분양받을 권리의 산정 기준일 고시

주택등 건축물의 분양받을 권리의 산정 기준일 고시

서울특별시 양천구 신정동 1152번지 일대에 대하여 도시정비법 제77조 제1항에 따라 '주택등 건축물의 분양받을 권리의 산정 기준일'을 정하고 같은 법 같은 조 제2항에 따라 이를 고시합니다.

2021.4.8
서 울 특 별 시 장

1. 대상지
   가. 명 칭: 신정동1152번지 일대 주택정비형 재개발사업구역.
   나. 위 치: 서울시 양천구 신정동1152번지 일대.
   다. 면 적: 44,082.76㎡
2. 권리기준산정일: 2021.4.8
3. 지정사유
   ○ 기존 세대수가 증가될 경우 지역주민들의 사업비 부담 증가에 대한 피해 최소화 및 투기억제를 위하여 토지의 분할, 단독·다가구주택의 다세대주택 전환, 건축물의 신축, 토지와 건축물의 분리취득 등의 행위가 기준일 이후 발생하는 경우 주택등 건축물의 분양받을 권리를 제한하기 위함.
4. 건축물의 분양받을 권리의 산정기준
   서울시 도시정비조례 제36조 제2항에 따름
   ※ 도시정비법 제16조에 따라 정비구역 지정되는 필지에 한하여 적용하되, 구역지정에서 제외되는 필지에 대한 권리산정기준일은 자동 실효
5. 관계도면: 붙임 참조
6. 기타 궁금하신 사항은 서울시 주거정비과 또는 양천구 도시계획과로 문의바랍니다.
   ※ 본 고시는 향후 추진될 양천구 신정동 1152번지 일대 주택정비형 재개발사업에 대한 도시정비법 및 서울시 도시정비조례 상 분양받을 권리를 산정하기 위한 기준일만 정하되, 건축물의 신축, 토지분할 등의 행위를 제한하는 것이 아님.
   ※ 첨부된 관계도면은 참고용이므로 측량, 그 밖의 용도로 사용할 수 없음.

2021.5.13

주택등 건축물의 분양받을 권리의 산정기준일고시

중구 신당동236-100번지 일대 및 중림동398번지의 권리산정기준일을 고시합니다.

2021년 5월 13일
서울특별시장

1) 중구 신당동 236-100번지 일대 주택정비형 재개발사업구역
    면적 51.604.27㎡
2) 중림동 398번지 주택정비형 재개발사업구역
    면적 26,520㎡
3) 권리산정기준일: 2021.5.13
    지정사유 토지의 분할, 단독, 다가구주택의 다세대전환, 건축물의 신축, 토지와 건축물의 분리취득 행의가 기준일 이후 발생하는 경우의 권리제한.

4) 건축물의 분양받을 권리의 산정기준

　　서울시 도시정비조례 제36조제2항 규정에 따름.

도시정비법 제16조에 따라 정비구역 지정되는 필지에 한하여 적용되나 구역지정에서 제외되는 필지에 대한 권리산정기준일은 자동 실효됨.

2021.8.12
주택 등 건축물의 분양받을 권리의 산정 기준일 고시

서울시 마포구 염리동488-14번지 일대에 대하여 도시정비법 제77조제1항에 따라 '주택 등 건축물의 분양받을 권리의 산정 기준일'을 정하고 같은 법 같은 조 제2항에 따라 이를 고시합니다.

2021년 8월 12일

서울특별시장

1. 대상지
　가. 명 칭: 염리동488-14번지 일대 주택정비형 재개발사업구역.
　나. 위 치: 서울시 마포구 염리동488-14번지 일대.
　다. 면 적: 46,413.9㎡

2. 권리산정기준일: 2021.8.12

3. 지정사유
　○ 기존 세대수가 증가될 경우 지역 주민들의 사업비 부담 증가에 대한 피해 최소화 및 투기 억제를 위하여 토지의 분할, 단독·다가구주택의 다세대주택 전환, 건축물의 신축, 토지와 건축물의 분리취득 등의 행위가 기준일 이후 발생하는 경우 주택 등 건축물의 분양받을 권리를 제한하기 위함임.

4. 건축물의 분양받을 권리의 산정기준
　○ 「서울시 도시정비조례」 제36조제2항에 따름.
　※ 도시정비법 제16조에 따라 정비구역 지정되는 필지에 한하여 적용하되, 구역지정에서 제외되는 필지에 대한 권리산정기준일은 자동 실효.

5. 관계도면: 붙임 참조

6. 안내사항
　○ 고시 관련한 세부내용은 서울시 주거정비과 및 마포구청 주택과에서 열람 가능함.
　※ 본 고시는 향후 추진될 염리동488-14번지 일대 주택정비형 재개발사업에 대한 도시정비법 및 「서울시 도시정비조례」상 분양받을 권리를 산정하기 위한 기준일만 정하며, 건축물의 신축, 토지분할 등의 행위를 제한하는 것이 아님.
　※ 첨부된 관계도면은 참고용이므로 측량, 그 밖의 용도로 사용할 수 없음.

2021.10.21
주택 등 건축물의 분양받을 권리의 산정 기준일 고시

서울시 마포구 염리동 81번지 일대에 대하여 「도시정비법」 제77조 제1항에 따라 '주택 등 건축물의 분양받을 권리의 산정 기준일'을 정하고 같은 법 같은 조 제2항에 따라 이를 고시합니다.

2021년 10월 21일
서울특별시장

1. 대상지
   가. 명 칭: 염리동81번지 일대 주택정비형 재개발정비사업구역.
   나. 위 치: 서울시 마포구 염리동 81번지 일대
   다. 면 적: 79,108.1㎡
2. 권리산정기준일: 2021.10.21
3. 지정사유
   ○ 기존 세대수가 증가될 경우 지역주민들의 사업비 부담 증가에 대한 피해 최소화 및 투기 억제를 위하여 토지의 분할, 단독·다가구주택의 다세대주택 전환, 건축물의 신축, 토지와 건축물의 분리취득 등의 행위가 기준일 이후 발생하는 경우 주택 등 건축물의 분양받을 권리를 제한하기 위함임.
4. 건축물의 분양받을 권리의 산정기준
   ○ 「서울시 도시정비 조례」 제36조 제2항에 따름.
   ※ 「도시정비법」 제16조에 따라 정비구역 지정되는 필지에 한하여 적용하되, 구역지정에서 제외되는 필지에 대한 권리산정기준일은 자동 실효.
5. 관계도면: 붙임 참조
6. 안내사항
   ○ 고시 관련한 세부내용은 서울시 주거정비과 및 마포구 주택과에서 열람 가능함.
   ※ 본 고시는 향후 추진될 염리동 81번지 일대 주택정비형 재개발정비사업에 대한 「도시정비법」 및 「서울시 도시정비조례」 상 분양받을 권리를 산정하기 위한 기준일만 정하며, 건축물의 신축, 토지분할 등의 행위를 제한하는 것이 아님.
   ※ 첨부된 관계도면은 참고용이므로 측량, 그 밖의 용도로 사용할 수 없음.

2021.11.4
주택 등 건축물의 분양받을 권리의 산정 기준일 고시

서울시 마포구 공덕동 115-97번지 일대에 대하여 「도시정비법」 제77조 제1항에 따라 '주택 등 건축물의 분양받을 권리의 산정 기준일'을 정하고 같은 법 같은 조 제2항에 따라 이를 고시합니다.

2021년 11월 4일
서울특별시장

1. 대상지
   가. 명 칭: 공덕동 115-97번지 일대 주택정비형 재개발구역.
   나. 위 치: 서울시 마포구 공덕동 115-97번지 일대.
   다. 면 적: 26,421㎡

2. 권리산정기준일: 2021.11.4

3. 지정사유
   ○ 기존 세대수가 증가될 경우 지역주민들의 사업비 부담 증가에 대한 피해 최소화 및 투기 억제를 위하여 토지의 분할, 단독·다가구주택의 다세대주택 전환, 건축물의 신축, 토지와 건축물의 분리취득 등의 행위가 기준일 이후 발생하는 경우 주택 등 건축물의 분양받을 권리를 제한하기 위함임.

4. 건축물의 분양받을 권리의 산정기준
   ○ 「서울시 도시정비조례」 제36조 제2항에 따름.
   ※ 「도시정비법」 제16조에 따라 정비구역 지정되는 필지에 한하여 적용하되, 구역지정에서 제외되는 필지에 대한 권리산정기준일은 자동 실효.

5. 관계도면: 붙임 참조

6. 안내사항
   ○ 고시 관련한 세부내용은 서울시 주거정비과 및 마포구 주택과에서 열람 가능함.
   ※ 본 고시는 향후 추진될 공덕동 115-97번지 일대 주택정비형 재개발사업에 대한 「도시정비법」 및 「서울시 도시정비조례」 상 분양받을 권리를 산정하기 위한 기준일만 정하며, 건축물의 신축, 토지분할 등의 행위를 제한하는 것이 아님.
   ※ 첨부된 관계도면은 참고용이므로 측량, 그 밖의 용도로 사용할 수 없음.

2021.12.28
주택등 건축물의 분양받을 권리의 산정 기준일 고시

1. 재개발사업 후보지 선정위원회('21.12.27)에서 선정된 재개발사업 후보지에 대하여 「도시정비법」 제77조 제1항에 따라 '주택등 건축물의 분양받을 권리의 산정 기준일'을 정하고 같은 법 같은 조 제2항에 따라 이를 고시합니다.

2021년 12월 28일
서울특별시장

1 종로구 창신동 23일대 창신동 23번지 일대 41,261㎡
2 종로구 숭인동 56일대 숭인동 56번지 일대 43,093㎡
3 용산구 청파 2구역 청파동1가89-18번지 일대 83,788㎡
4 성동구 마장동 382일대 마장동 382번지 일대 18,749㎡

5 동대문구 청량리동 19일대 청량리동 19번지 일대 27,981㎡

6 중랑구 면목동 69-14일대 면목동 69-14 일대 58,540㎡

7 성북구 하월곡동70-1일대 하월곡동 70-1번지 일대 79,756㎡

8 강북구 수유동 170일대 수유동 170번지 일대 12,124㎡

9 도봉구 쌍문동 724일대 쌍문동 724번지 일대 10,619㎡

10 노원구 상계5동 일대 상계동 154-3번지 일대 192,670㎡

11 은평구 불광동 600일대 불광동 600 일대 13,004㎡

12 서대문구 홍은동 8-400일대 홍은동 8-400번지 일대 71,860㎡

13 마포구 공덕동A 일대 공덕동 11-24번지 일대 82,320㎡

14 양천구 신월7동1구역 신월동 913~976번지 115,699㎡

15 강서구 방화2구역 방화동 589-13번지 일대 34,906㎡

16 구로구 가리봉2구역 가리봉동 87-177 일대 37,672㎡

17 금천구 시흥동 810일대 시흥동 810번지 일대 38,859㎡

18 영등포구 당산동6가 당산동6가 104번지 일대 31,299㎡

19 동작구 상도14구역 상도동 244번지 일대 50,142㎡

20 관악구 신림7구역 신림동 675번지 일대 75,600㎡

21 송파구 마천5구역 마천동 93-5번지 일대 106,101㎡

22 강동구 천호A1-2구역 천호동 461-31번지 일대 30,154㎡

※「서울시 도시정비조례」[시행 2010.7.16][조례 제5007호, 2010.7.15 일부개정] 시행 전에 기본계획이 수립되어 있는 지역 및 지구단위계획이 결정·고시된 지역은 종전규정에 따름(정비예정구역에 신규로 편입된 지역은 현행규정 따름) .

2. 권리기준산정일: 2021.9.23
3. 지정사유
○ 기존 세대수가 증가될 경우 지역주민들의 사업비 부담 증가에 대한 피해 최소화 및 투기억제를 위하여 정비사업을 통하여 분양받을 건축물이 토지의 분할, 단독·다가구주택의 다세대주택 전환, 토지와 건축물의 분리취득, 건축물의 신축 어느 하나에 해당하는 경우에는 기준일의 다음 날을 기준으로 건축물을 분양받을 권리를 산정함.

4. 건축물의 분양받을 권리의 산정기준
○「도시정비법」제77조제1항 및「서울시 도시정비조례」제36조 제2항에 따름.

※「도시정비법」제16조에 따라 정비구역 지정되는 필지에 한하여 적용하되, 구역지정에서 제외되는 필지에 대한 권리산정기준일은 자동 실효.

※ 본 고시는 향후 주택재개발사업 추진 시「도시정비법」및「서울시 도시정비조례」상 분양받을 권리를 산정하기 위한 기준일만 정하되, 건축물의 신축, 토지분할 등의 행위를 제한하는 것이 아님.

2022.1.20

주택등 건축물의 분양받을 권리의 산정 기준일 고시

모아타운(소규모주택정비 관리지역) 후보지에 대하여 소규모주택정비법 제28조의2제1항, 제43조의4제4항에 따라 주택 등 건축물의 분양받을 권리의산정기준일을 정하고 같은 법 제28조의2제2항에 따라 이를 고시합니다.

2022년 1월 20일
서울특별시장

1. 대상지

가. 명칭: 모아타운(소규모주택정비 관리지역)후보지.

나. 위치 및 면적.

중랑구 면목동 86-32 일대 93,800㎡

강서구 화곡동 1087일대 64,000㎡

강서구 화곡동 354일대 93,000㎡

강서구 화곡동 359일대 64,000㎡

강서구 화곡동424일대 59,000㎡

중구 신당동 50-21일대 99,950㎡

중구 신당동 122-3일대 82,000㎡

중구 신당동 156-4일대 70,000㎡

금천구 시흥동 796일대 70,000㎡

서초구 방배동977일대 16,916㎡

강동구 둔촌동 77-41일대 15,823㎡

2. 권리산정기준일 2022.1.20

※ 나대지, 단독, 다가구주택 등을 다세대주택 등으로 건축하여 지분을 분할하는 경우에는 권리산정기준일 이후 건축허가분부터 적용.

3. 지정사유

기존 세대수가 증가될 경우 지역 주민들의 사업비 부담 증가에 대한 피해 최소화 및 투기 억제를 위하여 모아주택(소규모주택정비사업)을 통하여 분양받을 건축물이 토지의 분할, 단독, 다가구주택의 다세대주택 전환, 토지와 건축물의 분리취득, 건축물의 신축 어느 하나에 해당하는 경우에는 기준일의 다음 날을 기준으로 건축물을 분양받을 권리를 산정함.

4. 건축물의 분양받을 권리의 산정기준

소규모주택정비법 제28조의2제1항, 제43조의4제4항에 따름

※ 소규모주택정비법 제43조의2에 따라 관리계획이 수립되는 지역에 한하여 적용하되, 권리산정기준일로부터 2년 내에 관리계획이 승인되지 않거나, 관리계획 수립지역에서 제외되는 필지에 대한 권리산정기준일은 자동실효.

본 고시는 향후 추진될 모아타운(소규모주택정비 관리지역) 내 모아주택(소규모주택정비사업) 추진 시, 소규모주택정비법 상 분양받을 권리를 산정하기 위한 기준일만 정하되, 건축물의 신축, 토지분할 등의 행위를 제한하는 것이 아님.

2022.2.24
주택등 건축물을 분양받을 권리의 산정 기준일 (변경)고시

서울시고시 제2021-227호(2021.5.13)로 주택등 건축물의 분양받을 권리의 산정기준일고시 되고 2021년 1차 공공기획(신속통합기획)대상지로 선정된 서울시 중구 신당동 236-100번지 일대에 대해 도시정비법 제77조제1항에 따라 권리산정기준일을 정하고 같은 법 같은 조 제2항에 따라 이를 (변경)고시합니다.

2022년 2월 24일
서울특별시장

1. 대상지(변경)

구분	위치	면적	비고
기정	1) 서울시 중구 신당동 236 - 100번지 일대	51,604.27㎡	서울시 '신속통합계획' 대상지로 선정된 신당동 236-100번지 일대에 대하여 선정조건(구역경계 정형화 등) 반영을 위한 구역면적 변경
변경	1) 서울시 중구 신당동 236 - 100번지 일대	60,380.50㎡	

2. 권리산정기준일(변경)

구분	권리산정기준일	비고
기정	2021.5.13	변경되어 추가된 필지에 한하여 적용 (기존 지정구역 변경 없음)
변경	2022.2.24	

3. 지정사유(변경없음)

 - 기존 세대수가 증가될 경우 지역주민들의 사업비 부담 증가에 대한 피해 최소화 및 투기억제를 위하여 토지의 분할, 단독·다가구주택의 다세대주택 전환, 건축물의 신축, 토지와 건축물의 분리취득 등의 행위가 기준일 이후 발생하는 경우 주택등 건축물의 분양받을 권리를 제한하기 위함임.

4. 건축물의 분양받을 권리의 산정기준(변경 없음)

 -「서울특별시 도시 및 주거환경정비 조례」제36조 제2항 규정에 따름.
 ※「도시 및 주거환경정비법」제16조에 따라 정비구역 지정되는 필지에 한하여 적용하되, 구역지정에서 제외되는 필지에 대한 권리산정기준일은 자동 실효.

2022.3.31
주택 등 건축물의 분양받을 권리의 산정 기준일(변경)고시

공공재개발사업 후보지 선정위원회(2021.3.29)에[서 공공재개발사업 후보지로 선정되고, 서울시고시 제2021-154호(2021.3.3)로 "주택등 건축물의 분양받을 권리의 선정기준일 고시"된 서울시 중랑구 중화동122번지 일대에 대하여 도시정비법 제77조제1항에 따라 주택등 건축물의 분양받을 권리의 산정기준일을 정하고 같은 법 제2항에 따라 이를 (변경)고시합니다.

2022년 3월 31일
서울특별시장

1. **대상지**(변경)
   기정 중랑구 중화122번지 일대 37,662㎡
   변경 중랑구 중화122번지 일대 74,220㎡
   ※ 서울시 공공재개발사업 후보지(신구)로 선정된 중화동122번지 일대에 대하여 선정조건(구역경계 정형화 가능성 검토)반영을 위한 구역면적 변경.

2. **권리산정기준일**(변경)
   기정: 2020.9.21 37,662㎡
   변경: 2020.9.21 (기존 지정지역), 2022.3.31 (추가 편입지역) 74,229㎡
   ※ 변경되어 추가된 필지에 한하여 적용(기존 지정구역 변경 없음)

3. **지정사유**(변경 없음)

4. **건축물의 분양받을 권리의 산정기준**(변경 없음)
   도시정비법 제77조제1항 및 서울시 도시정비조례 제36조제2항에 따름.
   ※ 도시정비법 제16조에 따라 정비구역 지정되는 필지에 한하여 적용하되, 구역지정에서 제외되는 필지에 대한 권리산정기준일은 자동 실효.

5. **관계 도면: 붙임 참조**

6. **기타 사항**
   본 고시는 향후 공공재개발사업 추진 시 도시정비법 및 서울시 노시정비조례 상 분양받을 권리를 산정하기 위한 기준일만 정하되, 건축물의 신축, 토지분할 등의 행위를 제한하는 것은 아님.

2022.4.7
주택등 건축물의 분양받을 권리의 산정 기준일 고시

서울특별시 은평구 응암3동 754번지 일대 도시재생활성화지역 내 재개발사업을 위한 정비계획수립 예정 지역에 대하여 「도시정비법」 제77조제1항에 따라 '주택 등 건축물을 분양받을 권리의 산정 기준일'을 정하고 동법 동조 제2항에 따라 이를 고시합니다.

2022년 4월 7일
서울특별시장

1. 대상지

   응암동 700 일대 은평구 응암동 700번지 일대 46,006㎡

   응암동 755 일대 은평구 응암동 755번지 일대 47,356㎡

2. 권리산정기준일: 2022.4.4

3. 지정사유

   정비구역 지정·고시 전에 투기세력 등의 유입 사전 차단으로, 지역 주민들의 사업비 부담 증가 피해 최소화.

4. 건축물의 분양받을 권리의 산정기준

   ○ 도시정비법 제77조제1항 및 「서울시 도시정비조례」 제36조제2항에 따름.

   ○ 단, 도시정비법 제16조에 따라 정비구역 지정되는 필지(추가 편입 필지 포함)에 한해 적용하되, 구역지정에서 제외되는 필지는 권리산정기준일 자동 실효.

2022.4.21

주택등 건축물의 분양받을 권리의 산정 기준일 고시

서울특별시 은평구 갈현동 12-248번지 일대에 대하여 「도시정비법」 제77조제1항에 따라 '주택 등 건축물을 분양받을 권리의 산정 기준일'을 정하고 동법 동조 제2항에 따라 이를 고시합니다.

2022년 4월 21일

서울특별시장

1. 대상지

   1) 갈현동 12-248번지 일대 주택정비형 재개발사업구역 46,006㎡

   - 위치: 갈현동 12-248번지 일대.

     면적: 26,947㎡

2. 권리산정기준일: 2022.4.21

3. 건축물의 분양받을 권리의 산정기준

   ○ 도시정비법 제77조제1항 및 「서울시 도시정비조례」 제36조제2항에 따름.

   ○ 단, 도시정비법 제16조에 따라 정비구역 지정되는 필지(추가 편입 필지 포함)에 한해 적용하되, 구역지정에서 제외되는 필지는 권리산정기준일 자동 실효.

2022.4.28

◈ 서울특별시고시 제2022-202호

주택 등 건축물의 분양받을 권리의 산정 기준일 고시

서울특별시 강북구 미아동 258번지 일대에 대하여 「도시 및 주거환경정비법」 제77조 제1항의 규정에 따라 '주택 등 건축물의 분양받을 권리의 산정 기준일'을 정하고 같은 법 같은 조 제2항에 따라 이를 고시합니다.

2022년 4월 28일
서울특별시장

1. 대상지
   가. 명칭: 미아동 258번지 일대 주택정비형 재개발정비사업구역
   나. 위치: 서울시 강북구 미아동 258번지 일대
   다. 면적: 144,598.50㎡
2. **권리산정 기준일: 2022.4.28**
3. 지정사유
   ○ 기존 세대수가 증가될 경우 지역주민들의 사업비 부담 증가에 대한 피해 최소화 및 투기 억제를 위하여 토지의 분할, 단독·다가구주택의 다세대주택의 전환, 건축물의 신축, 토지와 건물의 분리취득 등의 행위가 기준일 이후 발생하는 경우 주택 등 건축물의 분양받을 권리를 제한하기 위함임
4. 건축물의 분양받을 권리의 산정기준
   ○ 「서울특별시 도시 및 주거환경정비법 조례」 제36조 제2항 규정에 따름
   ※ 「도시 및 주거환경정비법」 제16조에 따라 정비구역 지정되는 필지에 한하여 적용하되, 구역지정에서 젱외되는 필지에 대한 권리산정기준일은 자동 실효
5. 관계도면: 붙임 참조
6. 안내사항
   ○ 고시 관련한 세부내용은 서울특별시 주거정비과 및 강북구청 주택과로 문의하여 주시기 바랍니다.
   ※ 본 고시는 향후 추진될 미아동 258번지 일대 주택정비형 새개발 정비사업에 대한 「도시정비법」 및 「서울시 도시 정비조례」 상 분양받을 권리를 산정하기 위한 기준일만 정하며, 건축물의 신축, 토지분할 등의 행위를 제한하는 것이 아님.
   ※ 첨부된 관계도면은 참고용이므로 측량, 그 밖의 용도로 사용할 수 없음.

2022.6.23
주택등 건축물의 분양받을 권리의 산정기준일 고시(모아타운 소규모주택정비 관리지역)

모아타운(소규모주택정비 관리지역) 대상지에 대하여 『빈집 및 소규모주택 정비에 관한 특례법』 제28조의2 제1항 및 제43조의4 제4항의 규정에 따라 '주택등 건축물의 분양받을 권리의 산정 기준일'을 정하고 같은 법 제28조의2 제2항의 규정에 따라 이를 고시합니다.

2022년 6월 23일
서울특별시장

1. 대상지

가. 명칭: 모아타운(소규모주택정비 관리지역) 대상지.

나. 위치 및 면적.

연번	자치구	위치	면적(㎡)	권리산정기준일	비고
1	금천구	시흥3동 1005	86,705	'22.6.23	국토부 후보지 1차
2	금천구	시흥4동 804-21	96,580	'22.6.23	국토부 후보지 1차
3	금천구	시흥5동 922-61	89,944	'22.6.23	국토부 후보지 1차
4	강서구	등촌2동 516	97,430	'22.6.23	국토부 후보지 1차
5	강서구	화곡동 1130-7	72,000	'22.6.23	국토부 후보지 2차
6	마포구	대흥동 535-2	22,074	'22.6.23	국토부 후보지 2차
7	중랑구	면목3·8동 44-6	76,525	'22.6.23	22년 공모 선정(국토부 후보지 1차)
8	중랑구	면목본동 297-28	55,385	'22.6.23	22년 공모 선정(국토부 후보지 1차)
9	중랑구	중화1동 4-30	75,025	'22.6.23	22년 공모 선정(국토부 후보지 1차)
10	종로구	구기동 100-48	64,231	'22.6.23	22년 공모 선정(국토부 후보지 1차)
11	종로구	마장동 457	75,382	'22.6.23	22년 공모 선정(국토부 후보지 1차)
12	성동구	사근동 190-2	66,284	'22.6.23	22년 공모 선정
13	중랑구	망우3동 427-5	98,171	'22.6.23	22년 공모 선정
14	강북구	번동 454-61	53,351	'22.6.23	22년 공모 선정
15	도봉구	쌍문동 524-87	82,630	'22.6.23	22년 공모 선정
16	도봉구	쌍문동 494-22	31,303	'22.6.23	22년 공모 선정
17	노원구	상계2동 177-26	96,000	'22.6.23	22년 공모 선정
18	서대문구	천연동 89-16	24,466	'22.6.23	22년 공모 선정
19	마포구	성산동 160-4	83,265	'22.6.23	22년 공모 선정
20	마포구	망원동 456-6	82,442	'22.6.23	22년 공모 선정
21	양천구	신월동 173	61,500	'22.6.23	22년 공모 선정
22	양천구	신월동 102-33	75,000	'22.6.23	22년 공모 선정
23	강서구	방화동 592	72,000	'22.6.23	22년 공모 선정
24	구로구	고척동 241	25,000	'22.6.23	22년 공모 선정
25	구로구	구로동 728	64,000	'22.6.23	22년 공모 선정
26	송파구	풍납동 483-10	43,339	'22.6.23	22년 공모 선정
27	송파구	거여동 555	12,813	'22.6.23	22년 공모 선정

2. 권리산정기준일: 2022.6.23

○ 권리산정기준일의 다음날 아래 행위는 현금청산 대상임.

(단, 권리산정기준일까지 건축허가를 받아 착공신고를 득했을 경우 분양대상으로 인정함).

가. 1필지의 토지가 여러 개의 필지로 분할되는 경우.

나. 단독주택 또는 다가구주택이 다세대주택으로 전환되는 경우

다. 하나의 대지 범위에 속하는 동일인 소유의 토지 및 주택 등 건축물을 토지 및 주택 등 건축물로 각각 분리하여 소유하는 경우.

○ 아울러, 권리산정기준일까지 착공신고를 득하였을 경우라도 개별 소규모주택정비사업 조합설립인가 전까지 소유권을 확보하고 관련 법률과 서울시 조례 규정에 충족되어야 분양대상이 될 수 있음.

3. 지정 사유

○ 기존 세대주가 증가될 경우 지역 주민들의 사업비 부담 증가에 대한 피해 최소화 및 투기 억제를 위하여 권리산정기준일의 다음 날을 기준으로 건축물을 분양받을 권리를 선정함.

○ 현재 모아타운 관리계획 수립 중이거나 수립 예정인 국토부 선도사업 후보지도 위의 사유와 같이 권리선정기준일을 금회 지정함.

4. 건축물의 분양받을 권리의 산정기준

○ 「빈집 및 소규모주택 정비에 관한 특례법」 제28조의2 제1항 및 제43조의4 제4항 구정에 따름.

※ 「빈집 및 소규모주택 정비에 관한 특례법」 제43조의2에 따라 모아타운 관리계획이 수립되는 지역에 한정하여 적용하되, 권리산정기준일로부터 2년 내 관리계획이 승인되지 않거나, 모아타운 관리계획 수립지역에서 제외되는 필지에 대한 권리산정기준일은 자동 실효.

5. 관계도면: 붙임 참조

6. 안내사항

○ 본 모아타운 대상지 권리산정기준일 고시와 관련한 문의 사항은 서울시 전략사업과 (☎ 02-2133-8235~7)로 문의하시기 바라며,

○ 지역 내 모아주택/모아타운 관련 사업추진 등에 대한 문의 사항은 해당 자치구 담당부서에 문의하시기 바랍니다.

※ 본 고시는 향후 추진될 모아타운(소규모주택정비 관리지역) 내 모아주택(소규모주택정비사업) 사업추진 시 「빈집 및 소규모주택 정비에 관한 특례법」상 분양받을 권리를 산정하기 위한 기준일만 정하되, 소유권 이전 및 건축허.가 등의 행위를 제한하는 것이 아님.

※ 첨부된 관계도면은 참고용이므로 측량, 그 밖의 용도로 사용할 수 없음.

※ 모아타운 관리계획 수립 및 지정고시 시, 일부 면적 변경이 있을 수 있음.

2022.6.30
주택 등 건축물의 분양받을 권리의 산정 기준일 고시

공공재개발사업 후보지 선정위원회('21.3.29)에서 공공재개발사업 후보지로 선정되고, 서울시 고시 제2021-154호('21.3.30)로 '주택 등 건축물의 분양받을 권리의 산정 기준일 고

시'된 서울시 송파구 거여동 551-14번지 일대에 대하여 도시재정비법 제33조 제1항, 도시정비법 제77조제1항에 따라'주택 등 건축물의 분양받을 권리의 산정 기준일'을 정하고 도시재정비법 제33조제2항, 도시정비법 제77조제2항에 따라 이를 고시합니다.

2022년 6월 30일
서울특별시장

1. 대상지(변경)
기정 송파구 거여새마을 거여동 551-14번지 일대 63,995
변경 송파구 거여새마을 거여동 551-14번지 일대 73,422.8 구역면적 변경.
※ 서울시 공공재개발사업 후보지로 선정된 거여동 551-14 일대에 대하여 선정조건(오금로변 접속부 구역편입 가능성 검토) 반영을 위한 구역면적 변경.

2. 권리산정기준일(변경)
기정 2020.9.21 면적 63,995㎡
변경 2020.9.21 (기정지역) 3,422.8㎡
    2022.6.23(추가 편입지역)
구역계 변경에 따라 추가 편입된 필지에 한하여 적용(기정 지역 변경 없음).

3. 지정사유(변경 없음)
○ 기존 세대수가 증가될 경우 지역주민들의 사업비 부담 증가에 대한 피해 최소화 및 투기억제를 위하여 정비사업을 통하여 분양받을 건축물이 토지의 분할, 단독·다가구주택의 다세대주택 전환, 토지와 건축물의 분리취득, 건축물의 신축 어느 하나에 해당하는 경우에는 기준일의 다음날을 기준으로 건축물을 분양받을 권리를 산정함.

4. 건축물의 분양받을 권리의 산정기준(변경 없음)
○ 「도시정비법」 제77조 제1항 및 「서울시 도시정비조례」 제36조 제2항에 따름.
 ※ 「도시정비법」 제16조에 따라 정비구역 지정되는 필지에 한하여 적용하되, 구역지정에서 제외되는 필지에 대한 권리산정기준일은 자동 실효.

2022.8.26
주택 등 건축물의 분양받을 권리의 산정 기준일 고시
주택등 건축물의 분양받을 권리산정기준일 고시
공공재개발사업 후보지 선정위원회('22.8.25)에서 선정된 공공재개발사업 후보지에 대하여 「도시정비법」 제77조 제1항에 따라 '주택등 건축물의 분양받을 권리산정기준일'을 정하고 같은 법 같은 조 제2항에 따라 이를 고시합니다.

2022년 8월 26일
서울특별시장

1. 대상지

연번	자치구 명칭(가칭) 위 치	면적(㎡)	비고
1.	종로구 연건동305번지 일대	14,153	
2.	중랑구 면목동 527번지 일대	47,780	
3.	은평구 응암동101번지 일대	38,518	
4.	양천구 신월5동77번지 일대	30,079	
5.	구로구 구로동252일대	11,428	
6.	금천구 시흥4동4번지 일대	67,255	
7.	영등포구 도림동26-21	102,366	

※ 선정구역 중 마포구 아현동 699번지 일대는 '주택등 건축물의 분양받을 권리의 산정 기준일 고시'(서울시고시 제2020-346호, 2020.8.20)에 따라 권리산정기준일이 2020.8.20임.

※ 「서울시 도시정비조례」[시행 2010.7.16][조례 제5007호, 2010.7.15 일부개정] 시행 전에 기본계획이 수립되어 있는 지역 및 지구단위계획이 결정·고시된 지역은 종전규정에 따름(정비예정구역에 신규로 편입된 지역은 현행규정 따름).

2. 권리기준산정일

○ 2021년 공공재개발 후보지 신청구역; 권리산정기준일 : 2021.12.30

 대상: 연건동305번지 일대, 면목동527번지 일대, 응암동101번지 일대, 신월동5동77번지, 구로동252일대, 시흥4동4번지 일대

○ 2020년 공공재개발 후보지 보류구역: 권리산정기준일 : 2020.9.21

 대상: 도림동 26-21

3. 지정사유

○ 기존 세대수가 증가될 경우 지역주민들의 사업비 부담 증가에 대한 피해 최소화 및 투기억제를 위하여 정비사업을 통하여 분양받을 건축물이 토지의 분할, 단독·다가구주택의 나세내주택 전환, 도지와 긴축물의 분리취득, 건축물의 신축 어느 하나에 해당하는 경우에는 기준일의 다음 날을 기준으로 건축물을 분양받을 권리를 산정함.

4. 건축물의 분양받을 권리의 산정기준

○ 「도시정비법」 제77조제1항 및 「서울시 도시정비조례」 제36조 제2항에 따름.

 ※ 「도시정비법」 제16조에 따라 정비구역 지정되는 필지에 한하여 적용하되, 구역지정에서 제외되는 필지에 대한 권리산정기준일은 자동 실효.

5. 관계도면: 붙임 참조

6. 안내사항

※ 본 고시는 향후 주택재개발사업 추진 시 「도시정비법」 및 「서울시 도시정비조례」 상 분양받을 권리를 산정하기 위한 기준일만 정하되, 건축물의 신축, 토지분할 등의 행위를 제한

하는 것이 아님.

※ 첨부된 관계도면은 참고용이므로 측량, 그 밖의 용도로 사용할 수 없음.

2022.9.22
주택등 건축물의 분양받을 권리산정기준일 고시

공공재개발사업 후보지 선정위원회('22. 8. 25)에서 선정된 공공재개발사업 후보지에 대하여 「도시정비법」 제77조 제1항에 따라 '주택등 건축물의 분양받을 권리산정기준일'을 정하고 같은 법 같은 조 제2항에 따라 이를 고시합니다.

2022년 9월 22일
서울특별시장

1. 대상지
연번 자치구   명 칭(가칭)   위 치   면적(㎡)   비고
1. 종로구 연건동305번지 일대   14,153
2. 중랑구 면목동 527번지 일대   47,780
3. 은평구 응암동101번지 일대   38,518
4. 양천구 신월5동77번지 일대   30,079
5. 구로구 구로동252일대   11,428
6. 금천구 시흥4동4번지 일대   67,255
7. 영등포구 도림동26-21   102,366

※ 선정구역 중 마포구 아현동 699번지 일대는 '주택등 건축물의 분양받을 권리의 산정 기준일 고시'(서울시고시 제2020-346호, 2020.8.20)에 따라 권리산정기준일이 2020.8.20임.

※ 「서울시 도시정비조례」[시행 2010.7.16][조례 제5007호, 2010.7.15 일부개정] 시행 전에 기본계획이 수립되어 있는 지역 및 지구단위계획이 결정·고시된 지역은 종전규정에 따름(정비예정구역에 신규로 편입된 지역은 현행규정 따름).

2. 권리기준산정일
○ 2021년 공공재개발 후보지 신청구역; 권리산정기준일: 2021.12.30
대상: 연건동305번지 일대, 면목동527번지 일대, 응암동101번지 일대, 신월동5동77번지, 구로동252일대, 시흥4동4번지 일대.
○ 2020년 공공재개발 후보지 보류구역: 권리산정기준일 : 2020.9.21
대상: 도림동 26-21

3. 지정사유
○ 기존 세대수가 증가될 경우 지역주민들의 사업비 부담 증가에 대한 피해 최소화 및 투기억제를 위하여 정비사업을 통하여 분양받을 건축물이 토지의 분할, 단독·다가구주택의

다세대주택 전환, 토지와 건축물의 분리취득, 건축물의 신축 어느 하나에 해당하는 경우에는 기준일의 다음 날을 기준으로 건축물을 분양받을 권리를 산정함.

4. 건축물의 분양받을 권리의 산정기준
○ 「도시정비법」 제77조제1항 및 「서울시 도시정비조례」 제36조 제2항에 따름.
 ※ 「도시정비법」 제16조에 따라 정비구역 지정되는 필지에 한하여 적용하되, 구역지정에서 제외되는 필지에 대한 권리산정기준일은 자동 실효.

5. 관계도면: 붙임 참조

6. 안내사항
※ 본 고시는 향후 주택재개발사업 추진 시 「도시정비법」 및 「서울시 도시정비조례」 상 분양받을 권리를 산정하기 위한 기준일만 정하되, 건축물의 신축, 토지분할 등의 행위를 제한하는 것이 아님.

2022.10.27

주택등 건축물의 분양받을 권리의 산정 기준일 고시

'22년 하반기 모아타운(소규모주택정비 관리지역) 공모 신청지에 대하여 『빈집 및 소규모주택정비에 관한 특례법』 제28조의2 제1항 및 제43조의4 제4항 규정에 따라 '주택등 건축물의 분양받을 권리의 산정 기준일'을 정하고 같은 법 제28조의2 제2항의 규정에 /다라 이를 고시합니다.

2022년 10월 27일
서울특별시장

1. 권리산정기준일 설정 지역
가. 대상지: '22년 하반기 모아타운 대상지 공모 신청지역 전체(총 39개소)
나. 위치 및 면적

연번	자치구	위치	면적(㎡)	권리산정기준일	비고
1	용산구	원효로4가 71 일원	24,962	'22.10.27	
2	성동구	금호동1가 129 일원	17,743	'22.10.27	
3	성동구	응봉동 265 일원	37,287	'22.10.27	
4	성동구	옥수동 460 일원	15,383	'22.10.27	
5	광진구	자양4동 12-10 일원	75,608	'22.10.27	
6	동대문구	답십리동 4-255 일원	18,560	'22.10.27	
7	중랑구	면목동 152-1 일원	88,040	'22.10.27	
8	중랑구	면목동 63-1 일원	90,102	'22.10.27	
9	성북구	석관동 344-69일원	74,114	'22.10.27	

10	성북구	석관동 261-22 일원	48,178	'22.10.27	
11	성북구	장위동 214-52 일원	80,722	'22.10.27	
12	강북구	번동 411 일원	79,218	'22.10.27	
13	중랑구	수유동 52-1 일원	73,549	'22.10.27	
14	강북구	월계동 500 일원	85,165	'22.10.27	
15	노원구	월계동 534 일원	51,621	'22.10.27	
16	은평구	불광동 95 일원	98,449	'22.10.27	
17	은평구	불광동 170 일원	51,523	'22.10.27	
18	은평구	대조동 89 일원	40,848	'22.10.27	
19	마포구	합정동 369 일원	90,243	'22.10.27	
20	마포구	합정동 428 일원	86,515	'22.10.27	
21	마포구	중동 78 일원	70,515	'22.10.27	
22	강서구	공항동 55-327 일원	96,903	'22.10.27	
23	강서구	화곡6동 957 일원	96,165	'22.10.27	
24	구로구	개봉동 270-39 일원	38,627	'22.10.27	
25	금천구	응봉동 265 일원	74,447	'22.10.27	
26	금천구	응봉동 265 일원	58,867	'22.10.27	
27	영등포구	응봉동 265 일원	92,057	'22.10.27	
28	영등포구	응봉동 265 일원	24,064	'22.10.27	
29	동작구	응봉동 265 일원	31,783	'22.10.27	
30	동작구	응봉동 265 일원	84,311	'22.10.27	
31	관악구	응봉동 265 일원	92,871	'22.10.27	
32	서초구	응봉동 265 일원	10,770	'22.10.27	
33	서초구	응봉동 265 일원	43,860	'22.10.27	
34	서초구	응봉동 265 일원	91,382	'22.10.27	
35	강남구	응봉동 265 일원	90,992	'22.10.27	
36	강남구	응봉동 265 일원	60,530	'22.10.27	
37	강남구	응봉동 265 일원	99,712	'22.10.27	
38	강남구	응봉동 265 일원	48,560	'22.10.27	
39	강동구	응봉동 265 일원	55,521	'22.10.27	

2. 권리산정기준일: 2022.10.27

○ 권리산정기준일의 다음날 아래 행위는 현금청산 대상임.

   (단, 권리산정기준일까지 건축허가를 받아 착공신고를 득했을 경우 분양 대상으로 인정함)

1). 1필지의 토지가 여러개의 필지로 분할되는 경우

2). 단독주택 또는 다가구주택이 다세대주택으로 전환되는 경우

3). 하나의 대지 범위에 속하는 동일인 소유의 토지 및 주택 등 건축물을 토지 및 주택 등 건축물로 각각 분리하녀 소유하는 경우.

4). 나대지에 건축물을 새로 건축하거나 기존 건축물을 철거하고 다세대주택, 그 밖의 공동주택을 건축하여 토지등소유자의 수가 증가하는 경우.
○ 아울러, 권리산정기준일까지 착공신고를 득하였을 경우라도 개별 소규모주택정비사업 조합설립인가 전까지 소유권을 확보하고 관련 법률과 서울시 조례 규정에 충족되어야 분양대상이 될 수 있음.
○ 금회 모아타운 대상지 공모신청 결과 미선정 및 대안제시 지역들도 선정지와 동일하게 권리산정기준일을 고시함.
※ 미선정된 지역의 경우 향후 모아타운 공모 및 주민제안 방식 등을 통해 대상지로 선정되면 기고시한 권리산정기준일 적용.

3. 지정사유
○ 기존 세대수가 증가될 경우 지역 주민들의 사업비 부담 증가에 대한 피해를 최소화하고 투기 목적으로 행해지는 비경제적인 건축행위, 분양사기 등 방지를 위하여 권리산정기준일의 다음날을 기준으로 건축물을 분양받을 권리를 산정함.

4. 건축물의 분양받을 권리의 산정기준
○ 「빈집 및 소규모주택 정비에 관한 특례법」 제28조의2 제1항 및 제43조의4 제4항 규정에 따름.
※ 「빈집 및 소규모주택 정비에 관한 특례법」 제43조의2에 따라 모아타운 관리계획이 수립되는 지역에 한정하여 적용하되, 권리산정기준일로부터 2년 내 관리계획이 승인되지 않거나, 모아타운 관리계획 수립지역에서 제외되는 필지에 대한 권리산정기준일은 자동 실효.

5. 관계도면: 붙임 참조

6. 안내사항
○ 본 모아타운 대상지 권리산정기준일 고시와 관련한 문의 사항은 서울시 전략주택공급과로 문의하시기 바라며,
○ 지역 내 모아주택/모아타운 관련 사업추진 등에 대한 문의 사항은 해당 자치구 담당부서에 문의하시기 바랍니다.
※ 본 고시는 향후 추진될 모아타운(소규모주택정비 관리지역) 내 모아주택(소규모주택정비사업) 사업추진 시 「빈집 및 소규모주택 정비에 관한 특례법」 상 분양받을 권리를 산정하기 위한 기준일을 정하는 것이며 소유권 매매, 건축허가 행위 등을 제한하는 사항이 아님.

※ 첨부된 관계도면은 참고용이므로 측량, 그 밖의 용도로 사용할 수 없음.
※ 모아타운 관리계획 수립 및 지정고시 시, 일부 면적 변경이 있을 수 있음.

2022.12.15

◆ 서울특별시고시 제2022-499호

주택 등 건축물의 분양받을 권리의 산정 기준일 (변경)고시

주택재개발사업 후보지 선정위원회(2021.12.12)에서 주택재개발사업 후보지로 선정되었고, 서울특별시 고시 제2021-736호(2021.12.28)로 '주택등 건축물의 분양받을 권리의 산정 기준일고시'된 서울특별시 관악구 신림동 675번지 일대에 대하여「도시 및 주거환경법」제77조 제1항의 규정에 따라 '주택등 검축물의 분양받을 권리의 산정 기준일'을 정하고 같은 법 같은 조 제2항의 규정에 따라 이를 (변경) 고시합니다.

2022년 12월 5일

서 울 특 별 시 장

1. 대상지(변경)

구분	자치구	명칭(가칭)	위치	면적(㎡)	비고
기정	관악구	신림7구역	신림동 675번지 일대	75,600	·진입도로 확보를 위한 구역 계 확대변경
변경	관악구	신림7구역	신림동 675번지 일대	77,046	

2. 권리산정 기준일(변경)

구분	관리산정기준일	면적(㎡)	비고
기정	2021.9.23(기존 기정지역)	75,600	·변경되어 추가된 필지에 한하여 적용
변경	2021.9.23(추가 편입지역)	77,046	

3. 지정사유(변경 없음)

○ 기존 세대수가 증가될 경우 지역주민들의 사업비 부담 증가에 대한 피해 최소화 및 투기억제를 위하여 정비사업을 통하여 분양받을 건축물이 토지의 분할, 단독·다가구주택의 다세대주택 전환, 토지와 건축물의 분리취득, 건축물의 신축 어느 하나에 해당하는 경우에는 기준일의 다음날 기준으로 건축물을 분양받을 권리를 산정함.

4. 건축물의 분양받을 권리의 산정기준(변경 없음)

○「도시 및 주거환경정비법」제77조제1항 및「서울특별시 도시 및 주거환경정비 조례」36조 제2항 규정에 따름.

※「도시 및 주거환경정비법」제16조에 따라 정비구역 지정되는 필지에 한하여 적용하되, 구역지정에서 제외되는 필지에 대한 권리산정기준일은 자동 실효.

5. 관계도면: 붙임 참조

6. 기타 궁금하신 사항은 서울특별시 주거정비과로 문의하시기 바랍니다.

※ 본 고시는 향후 주택재개발사업 추진시「도시경정비법」및「서울시 도시정비조례」상 분양받을 권리를 산정하기 위한 기준일만 정하되, 건축물의 신축, 토지분할 등의 행위를 제한하는 것이 아님.

※ 첨부된 관계도면은 참고용이므로 측량, 그 밖의 용도로 사업할 수 없음.

2022.12.30

주택등 건축물의 분양받을 권리의 산정 기준일 고시

2022년 신통기획(2차) 주택재개발사업 후보지 선정위원회('22.12.29)에서 선정된 주택재개발사업 후보지에 대하여 「도시정비법」 제77조제1항에 따라 '주택등 건축물의 분양받을 권리의 산정 기준일'을 정하고 같은 법 같은 조 제2항에 따라 이를 고시합니다.

2022년 12월 30일

서울특별시장

1. 대상지

연번 자치구 명 칭(가칭) 위 치 면적(㎡) 비고

1. 종로구 창신9구역 창신동23-605 일대
2. 종로구 창신10구역 창신동629일대
3. 용산구 서계동 통합재개발구역 서계동33번지일대
4. 성동구 사근동 293일대
5. 광진구 자양4동 통합구역 자양4동 57-90번지일대
6. 동대문구 용두제3구역, 용두동 39-361번지 일대
7. 동대문구 간데메공원일대 답십리동 471번지 일대
8. 중랑구 상봉13구역 망우동461일대
9. 성북구 종암동 3-10번지 일대
10. 성북구 석관동62-1번지 일대
11. 강북구 번동441-3일대
12. 강북구 미아동791-2882일대
13. 도봉구 방학3구역 방학1동685일대
14. 은평구 산세마을 신사동237번지 일대
15. 은평구 편백마을 신사동 200번지 일대
16. 서대문구 남가좌동337-8일대
17. 양천구 목2동 232번지 일대
18. 구로구 고척동 253번지일대
19. 구로구 가리봉중심1구역 가리봉동115번지일대
20. 금천구 독산시흥재개발구역 시흥동 871번지 일대
21. 영등포구 대림1구역 대림동 855-1 일대
22. 동작구 사당4동 사당동288번지 일대
23. 동작구 상도15구역 상도동 279번지 일대
24. 관악구 신림5구역 신림동412일대
25. 송파구 마천2구역 마천동183일대

2. 권리기준산정일: 2022.1.28
3. 지정 사유
○ 기존 세대수가 증가될 경우 지역주민들의 사업비 부담 증가에 대한 피해 최소화 및 투기 억제를 위하여 정비사업을 통하여 분양받을 건축물이 토지의 분할, 단독, 다가구주택의 다세대주택 전환, 토지와 건축물의 분리취득, 건축물의 신축 어느 하나에 해당하는 경우에는 기준일의 다음 날을 기준으로 건축물을 분양받을 권리를 산정함.
4. 건축물의 분양받을 권리의 산정기준.
○「도시정비법」제77조제1항 및 「서울시 도시정비조례」제36조 제2항에 따름.
 ※「도시정비법」제16조에 따라 정비구역 지정되는 필지에 한하여 적용하되, 구역지정에서 제외되는 필지에 대한 권리산정기준일은 자동 실효.

2023.3.9

주택등 건축물의 분양받을 권리의 산정 기준일 변경 고시

주택재개발사업 후보지 선정위원회('21.12.27)에서 주택재개발사업 후보지로 선정되고, 서울시고시 제2021-736호 ('21.12.28)로 '주택등 건축물의 분양받을 권리의 산정 기준일' 고시된 서울특별시 도봉구 쌍문동 724 일대에 대하여 도시정비법 제77조제1항의 규정에 따라 '주택등 건축물의 분양받을 권리의 산정 기준일'을 정하고 같은 법 같은 조 제2항의 규정에 따라 이를 변경 고시합니다.

2023년 3월 9일
서울특별시장

1. 대상지(변경)

구분	자치구	명칭(가칭)	위치	면적(㎡)	비고
기정	도봉구	쌍문동 724 일대	쌍문동 724 일대	10,618.77	·서울특별시 주택개발사업 후보지로 선정된 쌍문동 724번지 일대에 대하여 효율적인 토지이용계획 등을 위한 구역면적 변경
변경	도봉구	쌍문동 724 일대	쌍문동 724 일대	15,035.53	

2. 권리산정 기준일(변경)

구분	관리산정기준일	면적(㎡)	비고
기정	2021.9.23	10,618.77	·기존 구역 권리산정기준일 변경없음
변경	2021.9.23(기존 구역) 2023.3.9(추가 구역)	15,035.53	·구역면적 변경으로 추가된 필지에 한하여 적용

3. 지정사유(변경 없음)
 ○ 기존 세대수가 증가될 경우 지역주민들의 사업비 부담 증가에 대한 피해 최소화 및 투기억제를 위하여 정비사업을 통하여 분양받을 건축물이 토지의 분할, 단독·다가구주택의 다세대주택 전환, 토지와 건축물의 분리취득, 건축물의 신축 어느 하나에 해당하는 경우에는 기준일의 다음날 기준으로 건축물을 분양받을 권리를 산정함

4. 건축물의 분양받을 권리의 산정기준(변경 없음)

○「도시정비법」제77조제1항 및 「서울시 도시정비조례」 36조 제2항 규정에 따름.

※「도시정비법」제16조에 따라 정비구역 지정되는 필지에 한하여 적용하되, 구역지정에서 제외되는 필지에 대한 권리산정기준일은 자동 실효.

5. 관계도면: 붙임 참조
6. 기타 궁금하신 사항은 서울시 주거정비과또는 도봉구 재건축재개발과로 문의하시기 바랍니다.

※ 본 고시는 향후 주택재개발사업 추진시 「도시정비법」 및 「서울시 도시정비조례」상 분양받을 권리를 산정하기 위한 기준일만 정하되, 건축물의 신축, 토지분할 등의 행위를 제한하는 것이 아님.

※ 첨부된 관계도면은 참고용이므로 측량, 그 밖의 용도로 사업할 수 없음.

2023.4.6

주택등 건축물의 분양받을 권리의 산정 기준일 변경 고시

주택재개발사업 후보지 선정위원회('21.12.27)에서 주택재개발사업 후보지로 선정되고, 서울시고시 제2021-736호 ('21.12.28)로 '주택등 건축물의 분양받을 권리의 산정 기준일' 고시된 서울시 구로구 가리봉동 87-177 일대에 대하여 도시정비법 제77조 제1항에 따라 '주택등 건축물의 분양받을 권리의 산정 기준일'을 정하고 같은 법같은 조 제2항에 따라 이를 변경 고시합니다.

2023년 4월 6일
서울특별시장

1. 대상지(변경)

기정 가리봉2구역 구로구 가리봉동 87-177 일대   37,672㎡
변경 가리봉2구역 구로구 가리봉동 87-177 일대   40,552㎡
서울시 재개발사업 후보지로 선정된 가리봉동 87-177일대에 대하여 효율적인 토지이용계획 등을 위한 구역면적 변경

2. 권리산정기준일(변경)

기정 2021.9.23(기존구역)
변경 2021.9.23(기존구역), 2023.4.5(추가구역)
※ 기존 구역 권리산정기준일 변경 없음
구역면적 변경으로 추가된 필지에 한하여 적용

3. 지정사유(변경 없음)

○ 기존 세대수가 증가될 경우 지역주민들의 사업비 부담 증가에 대한 피해 최소화 및 투기억제를 위하여 정비사업을 통하여 분양받을 건축물이 토지의 분할, 단독多다가구주택의 다세대주택 전환, 토지와 건축물의 분리취득, 건축물의 신축 어느 하나에 해당하는 경우에는 기준일의 다음날을 기준으로 건축물을 분양받을 권리를 산정함.

4. 건축물의 분양받을 권리의 산정기준 (변경 없음)

○ 「도시정비법」 제77조제1항 및 「서울시 도시정비조례」 제36조 제2항에 따름
※ 「도시정비법」 제16조에 따라 정비구역 지정되는 필지에 한하여 적용하되, 구역지정에서 제외되는 필지에 대한 권리산정기준일은 자동 실효.
5. 관계도면 : 붙임 참조
6. 기타 궁금하신 사항은 서울시 주거정비과 또는 구로구 도시개발과로 문의하시기 바랍니다.

※ 본 고시는 향후 주택재개발사업 추진 시 「도시정비법」 및 「서울시 도시정비조례」 상 분양받을 권리를 산정하기 위한 기준일만 정하되, 건축물의 신축, 토지분할 등의 행위를 제한하는 것이 아님.
※ 첨부된 관계도면은 참고용이므로 측량, 그 밖의 용도로 사용할 수 없음.

2023.6.22

서울시고시 제2022-189호('22.04.21)로 '주택 등 건축물의 분양받을 권리의 산정 기준일' 고시되고 신속통합기획 수립 중인 서울시 은평구 갈현동 12-248번지 일대에 대하여 「도시정비법」 제77조 제1항에 따라 '주택 등 건축물의 분양받을 권리의 산정 기준일'을 정하고 동법 제77조 2항에 따라 이를 변경 고시합니다.

2023년 6월 22일
서울특별시장

1. **대상지**(변경)

구분	위치	면적(㎡)	비고
기정	서울시 은평구 갈현동 12-248번지 일대	26,947.3	「2025 도시 및 주거환경정비기본계획」 변경고시 (21'09.23)에 따라 신속통합기획으로 전환하여 추진중인 갈현동 12-248번지 일대에 대하여 효율적인 토지이용계획 등을 위한 구역면적 변경
변경	서울시 은평구 갈현동 12-248번지 일대	39,664	

2. **권리산정 기준일**(변경)

구분	관리산정기준일	면적(㎡)	비고
기정	2022.04.21(기존 구역)	26,947.3	·기존 구역 권리산정기준일 변경이 없으나, 편입부지 일부 누락으로 면적변경 ·추가구역은 별도의 권리산정기준일 고시
변경	2022.04.21(기존 구역)	27,327	
	2023.05. .(추가 구역)	12,337	

3. **지정사유**(변경 없음)
   ○ 기존 세대수가 증가될 경우 지역주민들의 사업비 부담 증가에 대한 피해 최소화 및 투기억제를 위하여 정비사업을 통하여 분양받을 건축물이 토지의 분할, 단독·다가구주택의 다세대주택 전환, 토지와 건축물의 분리취득, 건축물의 신축 어느 하나에 해당하는 경우에는 기준일의 다음날 기준으로 건축물을 분양받을 권리를 산정함.

4. **건축물의 분양받을 권리의 산정기준** (변경 없음)
○ 「도시정비법」 제77조제1항 및 「서울시 도시정비조례」 제36조 제2항에 따름
※ 「도시정비법」 제16조에 따라 정비구역 지정되는 필지에 한하여 적용하되, 구역지정에서 제외되는 필지에 대한 권리산정기준일은 자동 실효.
5. 관계도면 : 붙임 참조

6. 기타 궁금하신 사항은 서울특별시 주거정비과 또는 구로구 도시개발과로 문의하시기 바랍니다.

※ 본 고시는 향후 주택재개발사업 추진 시 「도시정비법」 및 「서울시 도시정비조례」 상 분양받을 권리를 산정하기 위한 기준일만 정하되, 건축물의 신축, 토지분할 등의 행위를 제한하는 것이 아님.

※ 첨부된 관계도면은 참고용이므로 측량, 그 밖의 용도로 사용할 수 없음.

강남4구 상가합의서 주요 내용 대비표

구청	사업장명	사업대지 면적(㎡)	상가대지 면적(㎡)	합의서 주요 내용	합의 시점	비고
강남구	개포주공 ○○단지	96,965	4,660	▷상가 최저 권리가(지하층)는 주택 평균 권리가와 동등하게 한다. (이 경우 지하층이 기준층이 되며, 1,2층은 기준층과의 효용비율에 의하여 정한다.) ▷아파트 분양 신청가능 비율(정관으로 정하는 비율)을 0.2로 한다.	2013.4	개발이익이 권리가액 보장으로 협의됨.
강남구	개포주공 ○○단지	164,049	5,107	▷상가2층 소유자의 대지면적 평당 평균 권리가액은 가장 높은 아파트 평형별 평균 대지면적 평당 권리가와 동등하게 한다. (이 경우 지상2층이 기준층이 되며, 1층은 기준층의 2배로 정한다.) ▷현금청산시 상가에서 결정된 권리가액으로 한다. ▷상가 설계, 신축 규모 등을 구체적으로 정한다.	2013.9	개발이익이 권리가액 보장으로 협의됨. 유치원문제로 소송
강남구	개포주공 ○○단지	55,858	820	▷상가1층 소유자의 대지면적 권리가액은 기존아파트의 비례율이 감안된 대지면적 평균 평당가격의 3.1배와 2층은 1층의 55%를 적용한다. ▷현금청산시 상기에서 결정된 권리가액으로 한다.	-	개발이익이 권리가액 보장으로 협의됨. 권리가액 과다 보장으로 향후 문제의 소지 있음.
강남구	청담 ○○아파트	58,891	6,885	▷별도의 협약서가 없음.	-	조합설립 무효소송→ 상가 분할하여 재건축 진행
서초구	신반포 ○○차	118,000	3,600	▷독립정산제 ▷최소분양단위규모 추산액에 총회에서 정하는 비율을 0.1로 명시한다.	2020.9	분양신청권을 지급하여 아파트 소유자와 상가소유자 이익을 모두 증진시킴. 상가규모에 따라 손익이 달라짐.
서초구	서초 ○○아파트	33,189	1,910	▷독립정산제 ▷최소분양단위규모 추산액에 곱하는 비율을 10%로 정한다. ▷아파트를 분양받는 상가 토지등소유자는 해당 상가분양 점포의 일반분양가를 아파트 분양금의 중도금(중도금 중 일부) 또는 잔금으로 정산한다. ▷준주거지역, 30세대만 분양신청 ▷일반분양가격으로 상가조합원에 분양	2019.12	분양신청권 지급 아파트 분양 신청에 따른 불이익을 보전하는 방안마련
강동구	고덕 ○○단지	89,869	845	▷상가소유자에 대한 관리처분 사항 중 신축건물 귀속에 관한 사항(분양에 관한 사항)의 무상지분율(대물변제비율) 등 자세한 사항은 조합설립인가 이후 관리처분계획 수립 전까지 고덕지구 타 단지 상가합의 내용을 객관적 기준으로 상호 협의하여 결정하기로 한다.	2010.1	합의시점에는 상호 협의하여 결정하기로 하여 합의안이 구체적이지 않음.
송파구	잠실주공 ○○단지	280,000	-	▷독립정산제 ▷아파트조합토지를 상가에 감정평가액의 80%에 매각하기로 한다.	-	오래된 아파트의 경우 상가 대지권이 명확하게 정리되지 않은 경우가 있으며 이를 해결하기 위한 규정이 포함되어 있음
송파구	○○○ 아파트	343,266	22,180	▷독립정산제	2020.1	독립정산제에 관련된 내용을 구체적으로 규정하였음.
송파구	잠실○○○ 아파트	72,802	3,000	▷독립정산제 ▷상가조합원도 도정법 제48조에 해당하는 경우 신축아파트를 분양받을 수 있으며, 이 경우 아파트 1개만을 분양받는다.	2018.1	독립정산제 외의 별도 규정이 없음.
송파구	가락 현대○○차	33,954	1,000	▷독립정산제 ▷상가 대지의 용적률 및 지분율을 산정하여 증감하는 경우 용적률 및 지분을 증감분에 대하여 상호간에 보상할 수 있도록 관리처분계획에 반영키로 한다.	2019.4	개발이익 산정과 관련해 구체적인 안이 없어 분쟁의 소지 있음.
송파구	가락○○ 아파트	40,111	1,333	▷독립정산제 ▷상가기여 이익을 상가에 인정한다.	2019년	상가합의서에 따른 상가의 조합설립동의서를 제출하여 20.6.26 조합설립인가가 난 상태임.
송파구	가락○○○ 아파트	47,807	1,413	▷독립정산제 ▷상가기여 이익의 70%를 상가이익으로 한다 ▷아파트 분양 신청가능 비율을 0.4로 한다.	-	분할 소송 진행 중으로 협의를 진행 중임.

OO재건축사업 관리단 관리규약 (2023.6월)

제1장 총칙

제1조(목적)
관리규약(이하, "규약"이라 함)은 집합건물법(이하, "법"이라 함)의 적용을 받는 상가 집합건물과 대지 및 부속시설의 관리 또는 사용에 필요한 사항을 규정함을 목적으로 한다.

제2조(정의) 규약에서 사용하는 용어의 정의는 다음 각 호와 같다.
1. "구분소유자"란 법 제2조의제2호의 구분소유자를 말한다.
2. "점유자"란 구분소유자의 승낙을 받아 전유부분을 점유하는 자를 말한다.
3. "구분소유자 등"이란 제1호의 구분소유자 및 제2호의 점유자를 말한다.
4. "전유부분"이란 법 제2조제3호의 전유부분을 말한다.
5. "공용부분"이란 법 제2조제4호의 공용부분을 말한다.
6. "공용부분 등"이란 제5호의 공용부분 및 부속시설을 말한다.
7. "일부공용부분"이란 법 제10조제1항단서에 따라 일부의 구분소유자만이 공용하도록 제공된 것임이 명백한 공용부분을 말한다.
8. "대지"란 법 제2조제5호의 건물의 대지를 말한다.
9. "전용사용권"이란 대지 및 공용부분 등의 일부를 특정 구분소유자가 배타적으로 사용할 수 있는 권리를 말한다.
10. "전용사용부분"이란 전용사용권의 대상이 되는 대지 및 공용부분 등의 일부를 말한다.
11. "관리단"은 법 제23조제1항에 따라 설립된 관리단을 말한다.
12. "관리인"은 법 제24조에 따라 선임된 관리인을 말한다.
13. "관리위원회"는 법 제26조의2에 따라 설치된 관리위원회를 말한다.
14. "관리위원"은 법 제26조의3제1항에 따라 선출된 관리위원회의 위원을 말한다.
15. 그밖에 용어는 법에서 사용하는 용어의 정의와 같다.

제3조(적용범위) 이 규약은 별표1에 기재된 대지, 건물 및 부속시설(이하, '관리대상물'이라 함)의 관리 및 사용에 관하여 적용한다.

제4조(규약 등의 효력)
① 규약과 관리단집회의 결의는 구분소유자의 지위를 승계한 자에 대하여도 효력이 있다.
② 점유자는 구분소유자가 관리대상물의 사용과 관련하여 규약과 관리단집회의 결의에 따라 부담하는 의무와 동일한 의무를 진다.

제5조(규약의 설정·변경·폐지)
① 규약의 설정·변경 및 폐지는 관리단 집회에서 구분소유자의 3/4 이상 및 의결권의 3/4 이상의 찬성을 얻어야 한다.
② 규약의 설정·변경 및 폐지를 위한 안건은 구분소유자의 1/5 이상 또는 관리위원회의 결의로 관리단집회에 발의할 수 있다.

제6조(대지와 공용부분 등의 귀속)
① 관리대상물 중 대지와 부속시설, 공용부분은 전체 구분소유자의 공유로 한다.
② 일부공용부분은 이를 공용하는 구분소유자들의 공유로 한다.
③ 구분소유자들의 공유지분은 별표 2와 같다.

제7조(지방자치단체 등과의 협정 준수)
구분소유자 등은 관리단이 지방자치단체 또는 다른 주민과 체결한 협정을 성실히 준수하여야 한다.

제8조(규약의 보충) 관리단은 관리단집회의 결의로 관리단집회의 운영, 관리위원회가 설치된 경우 관리위원회의 운영, 회계 관리 등에 관한 세칙 등을 정할 수 있다.

제9조(법령에 의한 규약의 변경) 관계 법령이 개정되어 규약을 변경하여야 하는 경우, 관리단집회에서 규약을 변경하지 않더라도 규약의 내용이 관계 법령의 내용과 같이 변경된 것으로 본다.

제2장 집합건물의 사용·수익

제10조(전유부분의 사용)
구분소유자 등은 전유부분을 상업용으로 사용하여야 하며, 다른 용도로 사용하여서는 아니된다.

제10조의2(전유부분의 업종)
① 관리단은 규약으로 전유부분의 업종을 지정할 수 있다.
② 규약으로 정한 전유부분의 업종은 기본원칙상 하나의 업종을 기준으로 한다. 다만, 관리단 총회일 기준 이전 점유한 업종은 제외하며 총회 이후 전유부분의 업종을 변경하려는 경우, 구분소유자는 관리인의 승인을 받아 관리단집회의 결의로 규약을 변경하여야 한다.
③ 관리위원회가 설치된 경우, 관리인은 제2항의 승인신청을 승인 또는 거부할 때 관리위원회의 결의를 거쳐야 한다.
④ 전유부분의 업종 지정 또는 변경이 다른 구분소유자의 영업에 특별한 영향을 미치는 경우에는 그 구분소유자의 동의를 받아야 한다.

제11조(전유부분의 내부공사)
① 전유부분을 수선하려는 경우, 구분소유자는 관리인에게 서면으로 통지하여야 한다.
② 제1항의 공사를 위하여 공용부분에 대해 공사가 수반되는 때에는 법 제15조 및 제16조에 따라 관리단집회의 결의를 거쳐야 한다.
③ 제1항의 통지를 하거나 제2항의 결의를 받고자 할 경우, 구분소유자는 관리인 또는 관리단집회에 설계도, 시방서 또는 공사일정표 등 공사내역을 제출하여야 한다.
④ 제1항 및 제2항의 공사를 하는 경우, 구분소유자는 다른 구분소유자 등에게 입히는 피해를 최소화할 수 있는 방법을 선택하여야 한다.
⑤ 제1항에 따라 통지받거나 제2항에 따라 결의한 내용대로 공사가 진행되고 있는지 여부를 확인하기 위하여 필요한 경우, 관리인(관리인의 위임을 받은 자를 포함한다)은 전유부분을 출입할 수 있다. 이 경우 구분소유자는 정당한 이유가 없는 한 출입을 거부할 수 없고, 정당한 이유 없이 출입을 거부한 경우 그로 인한 손해를 배상하여야 한다.

제12조(전유부분의 임대)
구분소유자는 타인에게 전유부분을 임대하는 경우, 관리대상물의 사용에 관한 규약과 세칙을 준수한다는 내용의 임차인 의무규정을 임대차계약의 내용으로 포함하여야 하며, 임차인으로 하여금 관리단에 관리대상물의 사용에 관한 규약과 세칙을 준수하겠다는 서약서를 제출하도록 하여야 한다.

제13조(대지와 공용부분 등의 사용)
구분소유자 등은 대지와 공용부분 등을 그 용도에 따라 사용하여야 하며, 다른 구분소유자 등의 사용을 방해하여서는 안 된다.

제14조(전용사용권)
① 구분소유자는 별표 3에 규정된 바와 같이 발코니, 베란다, 현관문, 창틀, 창문, 상가용 건물 앞 대지와 옥상 등 전용 사용부분에 대하여 전용사용권을 가진다.
② 상가용 건물 앞 대지와 옥상에 대해 전용사용권을 가지고 있는 자는 사용세칙이 정하는 바에 따라 관리단에 사용료를 납부 하여야 한다.
③ 점유자는 구분 소유자의 전용사용 부분을 전용 사용할 수 있다.

제15조(주차장의 사용)
① 구분소유자 등은 분양계약과 규약에서 달리 정하지 않는 한 영업활동에 필요한 범위 내에서 주차장을 사용할 수 있다.
② 제1항의 규정에도 불구하고 관리단은 특정 구분소유자 등과 주차장 사용에 관하여 별도의 계약을 체결할 수 있고, 계약에 따라 주차장을 사용하는 구분소유자 등은 관리단에 사용료를 납부하여야 한다. 다만, 관리위원회가 설치된 경우에는 관리위원회의 결의를 거쳐야 한다.
③ 구분소유자 등이 전유부분을 양도 또는 임대한 경우, 특별한 약정이 없는 한 종전의 주차장 사용에 관한 계약은 효력을 상실한다.
④ 관리단은 주차장 사용의 정도를 고려하여 구분소유자 등의 주차장 사용료를 달리 정할 수 있다.
⑤ 구분소유자 등이 아닌 자가 주차장을 이용하는 경우, 관리단은 주차장 사용료를 징수할 수 있다.

제16조(대지와 공용부분 등의 임대)
① 관리단은 구분소유자 등의 사용을 방해하지 않는 범위 내에서 특정 구분소유자 등이나 제3자에게 대지와 공용부분 등을 임대할 수 있다. 다만, 관리위원회가 설치된 경우에는 관리위원회의 결의를 거쳐야 한다.
② 대지와 공용부분 등의 임차인은 규약에 따른 사용방법을 준수하여야 한다.

제17조(사용세칙)
관리단은 관리단집회의 결의로 주차장 이용, 흡연 등 관리대상물의 사용에 관한 세칙 등을 정할 수 있다.

제3장 집합건물의 관리

제18조(구분소유자 등의 책임)
구분소유자 등은 항상 적정하게 관리대상물을 관리하여 그 가치와 기능이 유지, 증진될 수 있도록 노력하고 관리단의 시정 권고 시 노력해야 한다.

제19조(대지와 공용부분 등의 관리)
① 대지와 공용부분 등의 관리는 관리단의 책임과 부담으로 한다. 다만, 전용사용부분의 통상적인 사용에 따른 관리는 전용사용권을 가지는 구분소유자의 책임과 부담으로 한다.
② 전유부분에 속하는 시설 중 대지 또는 공용부분 등과 부합되어 훼손하지 않고 분리할 수 없거나 분리에 과다한 비용을 요하여 대지 또는 공용부분 등과 일체로 관리할 필요가 있는 시설은 관리단이 관리할 수 있다.

제20조(전유부분에 부속된 공용부분의 개량)
현관문, 창틀, 창문 등 전유부분에 부속된 공용부분의 성능(방재, 방범, 위생, 방음, 단열 등) 향상을 위한 개량공사는 관리단의 책임과 부담으로 공사계획을 수립하여 수행하여야 한다.

제21조(전유부분의 출입)
① 제19조제2항의 시설관리를 위하여 필요한 경우 또는 제20조의 개량공사를 위하여 필요한 경우, 관리인(관리인의 위임을 받은 자를 포함)은 전유부분을 출입할 수 있다.
② 제1항의 경우 구분소유자 등은 정당한 이유가 없는 한 출입을 거부할 수 없고, 정당한 이유 없이 출입을 거부한 경우 그로 인하여 발생한 손해를 배상하여야 한다.
③ 제1항에 따른 출입을 마친 경우, 관리인(관리인의 위임을 받은 자를 포함)은 지체 없이 전유부분을 원상으로 복구하여야 한다.

제22조(보험계약의 체결)
① 관리단은 법령에서 의무적으로 가입하도록 한 보험 및 그밖에 관리대상물에서 발생하는 안전사고에 대비하여 구분소유자 등의 피해보상을 위한 보험에 가입하여야 한다.
② 관리인은 제1항에 따른 보험계약의 체결 및 보험금의 청구·수령에 대하여 각 구분소유자 등을 대리한다.
③ 관리단은 위험시설을 설치하고자 하는 구분소유자 등에게 개별 보험가입을 요구할 수 있고, 정당한 이유 없이 개별 보험가입을 거부한 구분소유자 등에게 위험시설의 설치 중단 및 제거를 청구할 수 있다.
④ 관리단은 위험시설을 설치한 구분소유자 등에게 위험시설을 설치함으로써 증가된 보험료를 구상할 수 있다.

제4장 관리단

제23조(관리단의 구성)
① 구분소유자들은 상가 집합건물의 관리 및 사용에 관한 공동의 이익을 위하여 구분소유자 전원을 구성원으로 한 관리단을 구성한다.
② 구분소유자의 지위는 전유부분의 소유권이전등기를 하였을 때 취득한다. 다만, 전유부분을 최초로 분양받는 자는 소유권이전등기를 하기 전이라도 분양대금을 완납하고 전유부분을 인도받은 경우에는 구분소유자의 지위를 취득한 것으로 본다.

제24조(신고의무)
① 구분소유자의 지위를 취득하거나 상실한 자는 별표4 양식의 신고서를 작성하여 관리단에 제출하여야 한다.

② 점유자의 지위를 취득하거나 상실한 자는 별표 4-1 양식의 신고서를 작성하여 관리단에 제출하여야 한다. 다만, 점유자의 지위를 상실한 자가 신고서를 작성하여 제출하지 않는 경우 구분소유자가 이를 대신할 수 있다.

제25조(일부관리단)
① 일부공용부분을 공용하는 구분소유자는 법 제28조제2항에 따라 별도의 규약을 가진 관리단(이하, "일부관리단"이라 함)을 구성할 수 있다.
② 제1항의 일부관리단은 관리단에 일부관리단의 규약과 관리인, 구성원인 구분소유자를 신고하여야 한다.

제26조(관리단과 일부관리단의 관계)
일부관리단은 관리단의 규약과 관리단집회의 결의에 반하지 않는 범위 내에서 일부공용부분을 관리할 수 있다.

제27조(관리단의 사무소)
① 관리단의 사무소는 관리대상물 내에 둔다. 다만, 관리단집회의 결의로 다른 곳에 둘 수 있다.
② 관리단의 사무소가 2개 이상인 경우 주된 사무소의 소재지를 관리단의 주소로 본다.
③ 관리인은 구분소유자 등이 쉽게 식별할 수 있는 건물 내의 적당한 장소에 관리단의 사무소 소재지를 게시하여야 한다. 관리단의 인터넷 홈페이지가 있는 경우 인터넷 홈페이지(밴드)에도 이를 게시하여야 한다.

제28조(관리단의 권한)
① 관리단은 다음 각 호의 사무를 수행한다.
   1. 제5조에 따른 규약의 설정·변경·폐지
   2. 제8조, 제17조, 제83조에 따른 세칙, 사용세칙, 회계세칙의 설정·변경·폐지
   3. 제14조제2항에 따른 전용사용부분 사용료의 징수
   4. 제15조제2항, 제4항, 제5항에 따른 주차장 사용계약의 체결 및 주차장 관리비·사용료의 징수
   5. 제16조에 따른 대지와 공용부분 등의 임대
   6. 제19조에 따른 대지와 공용부분 등의 관리
   7. 제20조에 따른 전유부분에 부속된 공용부분의 개량공사
   8. 제22조에 따른 보험계약의 체결
   9. 제24조에 따른 구분소유자 등의 신고 접수
   10. 제25조제2항에 따른 일부관리단의 신고 접수
   11. 제29조제2항에 따른 공용부분 등의 보존행위에 관한 필요한 조치
   12. 제31조에 따른 공동의 이익에 어긋나는 행위에 대한 시정 권고 및 필요한 조치
   13. 제32조에 따른 자료의 보관 및 열람, 등본 발급
   14. 제34조에 따른 직원의 고용 및 제35조에 따른 직무교육지원
   15. 제36조, 제37조에 따른 관리단 사무의 위탁 및 관리위탁계약의 체결
   16. 제51조에 따른 관리인의 선임 또는 해임
   17. 제75조제2항, 제76조제1항, 제77조에 따른 관리비, 수선적립금, 사용료의 징수·지출·적립
   18. 제81조에 따른 예산안과 결산결과보고서의 검토

19. 그밖에 상가 집합건물의 관리를 위하여 필요한 사항
② 관리단은 법 제23조의2에 따라 선량한 관리자의 주의로 제1항의 사무를 수행하여야 한다.

제29조(공용부분 등의 보존행위)
① 구분소유자 등은 공용부분 등의 보존행위를 하는 경우 관리인에게 미리 보존행위의 내용과 방법을 통지하여야 한다. 다만, 긴급을 요하는 때에는 보존행위를 한 후 지체 없이 이를 알려야 한다.
② 관리단은 구분소유자 등으로부터 제1항의 통지를 받은 후 직접 보존행위를 하는 등 필요한 조치를 할 수 있다.

제30조(공용부분 등의 변경)
① 법 제15조, 제19조에 따라 공용부분 등을 변경하는 경우, 관리인은 미리 공용부분 등의 변경을 위한 계획서를 작성하여야 하고, 관리위원회가 설치된 경우에는 관리위원회의 승인을 받아야 한다.
② 제1항의 계획서에는 공사예정액, 구분소유자들의 비용부담, 공사업체 선정방법, 공사기간, 공사절차 등이 포함되어야 한다.
③ 관리단은 구분소유자에게 적정한 방법으로 제1항의 계획서를 미리 공지하여야 한다.
④ 관리단은 제1항의 계획서에 따라 2,000만 원 이상의 공사 또는 1,000만 원 이상의 용역을 발주하는 경우 공개경쟁 입찰의 절차 및 방식에 따라 공사 또는 용역 계약을 체결하여야 한다.

제31조(관리단의 시정권고 등)
구분소유자 등이 건물의 보존에 해로운 행위나 그밖에 건물의 관리 및 사용에 관하여 구분소유자 등의 공동의 이익에 어긋나는 행위를 할 경우, 관리단은 구분소유자 등에게 시정을 권고하고 필요한 조치를 할 수 있다.

제32조(자료의 보관 및 열람 등)
① 관리단이 보관해야 하는 자료는 다음 각 호와 같다.
    1. 규약과 각종 세칙
    2. 관리단 집회의 의사록(제50조제4항의 녹화물 또는 녹음물을 포함한다)
    3. 제74조의 관리비, 수선적립금, 사용료, 잡수입의 징수, 지출, 적립 현황과 관련된 회계서류
    4. 관리위탁계약 등 관리단이 체결한 계약의 계약서
    5. 제30조에 따른 공용부분 등의 변경을 위한 계획서
    6. 구분 소유자 명부
    7. 감사보고서
    8. 그밖에 관리단의 사무에 필요한 자료
② 구분소유자 등은 서면으로 제1항 기재 자료의 열람을 청구하거나 자기 비용으로 등본의 발급을 청구할 수 있다.
③ 이해관계인은 서면으로 규약, 각종 세칙 또는 관리단집회 의사록 등의 열람을 청구하거나 자기 비용으로 등본의 발급을 청구할 수 있다.

제33조(기관 및 임원)
관리단은 관리단 집회와 관리인 이외에 다음 각호의 기관이나 임원을 둘 수 있다.
    1. 관리인 1명

2. 부 관리인 1명
3. 관리위원 5명 이상
4. 감사 2명

제34조(직원 및 시설 등)
① 관리단은 관계 법령에 따라 자격을 가진 인력을 직원으로 고용할 수 있고, 필요한 시설과 장비를 갖추어야 한다.
② 관리인과 관리위원, 관리단 임원, 감사 본인이나 그 배우자, 직계존비속은 관리단의 직원으로 고용할 수 없다.
③ 관리단은 필요한 경우 외부 전문인력의 상담이나 조언, 지도, 그밖에 지원을 받을 수 있다.

제35조(직무교육 등)
관리단은 관리인, 관리위원, 관리단 임원, 감사 및 관리단 직원이 법령에서 정한 교육이나 전문기관이 실시하는 직무교육을 받을 수 있도록 지원할 수 있다.

제36조(사무의 위탁)
관리단은 관리단집회의 결의에 따라 제3자에게 관리단의 사무를 위탁할 수 있다. 다만, 관리위원회가 설치된 경우에는 관리위원회의 의결을 거쳐 관리단집회에서 의결하여야 한다.

제37조(관리위탁계약의 체결)
① 제36조에 따라 관리단 사무를 위탁하기로 한 경우, 관리단은 위탁관리회사 등과 관리위탁계약을 체결하여야 한다.
② 제1항에 의한 위탁관리업자 등과 관리위탁계약을 체결하는 경우 공개경쟁 입찰의 절차 및 방식에 따라 관리위탁계약을 체결하여야 한다.

제5장 관리단집회

제38조(관리단집회의 권한)
관리단의 사무는 법 또는 규약으로 관리인이나 관리위원회에 위임한 사항 외에는 관리단집회의 결의에 따라 수행한다.

제39조(소집권자 등)
① 관리인은 매년 회계연도 종료 후 3개월 이내에 정기 관리단집회를 소집하여야 한다.
② 관리인은 필요하다고 인정할 때에는 임시 관리단집회를 소집할 수 있다. 다만, 관리위원회가 설치된 경우에는 관리위원회의 의결을 거쳐야 한다.
③ 다음 각 호의 청구가 있은 후 1주일 내에 관리인은 청구일부터 2주일 이내의 날을 관리단집회일로 하는 소집통지절차를 밟아야 한다. 단 최초 관리단 구성의 경우 발의대표가 소집할 수 있다.
　1. 구분소유자의 1/5 이상이 회의의 목적사항을 구체적으로 밝혀 관리단집회의 소집을 청구하는 경우
　2. 관리위원회가 설치된 경우 관리위원 과반수가 회의의 목적사항을 구체적으로 밝혀 관리단집회의 소집을 청구하는 경우
　3. 감사를 둔 경우 감사가 관리단의 사무를 감사한 후 법령 또는 규약 위반사항에 관한 보고를 회의

의 목적사항으로 밝혀 관리단집회의 소집을 청구하는 경우
④ 제3항에도 불구하고 1주일 내에 관리인이 관리단집회의 소집통지 절차를 밟지 아니하면 소집을 청구한 구분소유자, 관리위원, 감사는 법원의 허가를 받아 관리단집회를 소집할 수 있다.
⑤ 제3항과 제4항에 따라 관리단집회를 개최하는 경우, 관리위원회는 관리단집회의 목적사항에 관하여 미리 검토하고 관리단집회에서 그 결과를 보고할 수 있다.

제40조(소집절차)
① 관리인은 관리단집회를 소집하려면 관리단집회일 1주일 전에 각 구분소유자에게 다음 각 호의 사항이 포함된 통지서를 발송하고, 구분소유자들이 쉽게 식별할 수 있는 건물 내의 적당한 장소에 게시하여야 한다. 관리단의 인터넷 홈페이지가 있는 경우 인터넷 홈페이지에도 이를 게시하여야 한다.
  1. 회의의 일시, 장소 및 목적사항
  2. 회의의 목적사항이 공용부분의 변경(법 제15조제1항), 규약의 설정·변경·폐지(법 제29조제1항), 건물의 재건축(법 제47조제1항), 건물의 복구(법 제50조제4항)인 경우
 (1) 의결이 필요한 이유
 (2) 공사계획, 각 구분소유자의 비용부담내역 및 재원조달계획(공용부분의 변경, 건물의 재건축, 건물의 복구 시)
 (3) 규약안(규약의 설정·변경·폐지 시)
  3. 서면으로 의결권을 행사할 경우, 서면의 제출 장소, 제출 기간, 서면의 양식 등 서면 의결권 행사에 필요한 자료
  4. 전자적 방식으로 의결권을 행사할 경우 전자투표를 할 인터넷 주소, 전자투표를 할 기간, 그 밖에 구분소유자의 전자투표에 필요한 기술적인 사항
  5. 의결권을 대리행사 하는 경우 대리권을 증명하는 서면의 제출 방법, 그밖에 대리행사에 필요한 사항
  6. 회의결과의 공고방법
② 제1항의 통지서는 구분소유자의 전유부분으로 등기우편 발송한다. 다만, 구분소유자가 관리단에 제24조제1항에 따라 다른 주소지를 신고한 경우에는 신고한 주소지로 발송하고 반송 경우 일반우편으로 재발송한다.
③ 공용부분의 관리(법 제16조제2항), 관리인의 선임 또는 해임(법 제24조제4항), 관리위원회를 설치한 경우 관리위원의 선임 또는 해임(법 제26조의3제2항)과 관련하여 점유자가 의결권을 행사할 수 있는 경우, 관리인은 점유자에게도 제1항의 통지서를 발송하여야 한다.
④ 관리단집회는 구분소유자 전원이 동의하면 소집절차를 거치지 아니하고 소집할 수 있다.
⑤ 관리단집회는 구분소유자 등에게 통지한 사항에 관하여만 결의할 수 있다. 다만, 제4항에 따른 관리단집회에서는 그러하지 아니하다.

제41조(개의 및 의결 정족수)
① 다음 각 호의 경우 관리단집회는 구분소유자의 3/4 이상 및 의결권의 3/4 이상으로 의결한다.
  1. 법 제15조제1항 본문에 따른 공용부분의 변경
  2. 법 제29조제1항에 따른 규약의 설정·변경·폐지
  3. 법 제44조제1항, 제2항에 따른 사용금지의 청구
  4. 법 제45조제1항, 제2항에 따른 구분소유권 경매의 청구
  5. 법 제46조제1항, 제2항에 따른 계약의 해제 및 전유부분의 인도 청구

6. 그밖에 관리단집회에서 정한 사항
② 다음 각 호의 경우 관리단집회는 구분소유자의 4/5 이상 및 의결권의 4/5 이상으로 결의한다.
  1. 법 제47조제1항에 따른 재건축 결의
  2. 법 제50조제4항에 따른 멸실한 공용부분의 복구
  3. 그밖에 관리단집회에서 정한 사항
③ 제1항과 제2항 각 호 이외의 경우, 관리단집회는 구분소유자의 과반수 및 의결권의 과반수로써 의결한다.
④ 관리단집회를 소집한 결과 관리단집회에 출석한 구분소유자의 수가 의결 정족수에 미달하는 경우 관리단집회를 재소집하여야 한다.
⑤ 관리단집회를 재소집한 결과 관리단집회에 출석한 구분소유자의 수가 의결 정족수에 미달하는 경우 관리위원회의 결의로 관리단집회의 결의를 갈음할 수 있다. 다만, 제1항 및 제2항의 경우에는 그러하지 아니하다.
⑥ 법 제41조에 따라 서면이나 전자적 방법 또는 서면과 전자적 방법(이하 '서면·전자적 방법 등'이라 함)에 의한 결의와 관리단집회의 결의를 병행하기로 한 경우 서면·전자적 방법으로 의결권을 행사한 자도 출석한 것으로 간주한다.

제42조(의결권)
① 각 구분소유자의 의결권은 별표 5와 같다.
② 1인의 구분소유자가 2개 이상의 전유부분을 소유하는 경우 의결권 행사에 대하여는 그 구분소유자를 1인으로 본다.
③ 1개의 전유부분이 2인 이상 구분 소유자의 공유에 속하는 경우 의결권 행사에 대하여는 그 공유자들을 1인의 구분소유자로 본다.
④ 구분소유자는 서면이나 전자적 방법 또는 대리인을 통하여 의결권을 행사할 수 있다.

제43조(점유자의 의결권행사)
① 점유자는 공용부분의 관리(법 제16조제2항), 관리인의 선임 또는 해임(법 제24조제4항), 관리위원회를 설치한 경우 관리위원의 선임 또는 해임(법 제26조의3제2항)에 관하여 구분소유자의 의결권을 행사할 수 있다. 다만, 다음 각 호의 경우에는 그러하지 아니하다.
  1. 구분소유자와 점유자의 합의로 구분소유자가 의결권을 행사하기로 정하여 관리단에 통지한 경우
  2. 구분소유자의 권리·의무에 특별한 영향을 미치는 공용부분의 관리행위에 관하여 점유자가 사전에 구분소유지의 동의를 받지 못한 경우
  3. 관리인의 선임 또는 해임, 관리위원회를 설치한 경우 관리위원의 선임 또는 해임에 관하여, 구분소유자가 관리단 집회 이전에 직접 의결권을 행사할 것을 관리단에 통지한 경우
② 동일한 전유부분의 점유자가 여럿인 경우에는 해당 구분소유자의 의결권을 행사할 1명을 정하여 관리단에 통지하여야 한다.
③ 여러 개의 전유부분을 소유한 구분소유자가 하나 이상의 전유부분을 점유하고 있는 경우 구분소유자만 의결권을 행사할 수 있다.
④ 여러 개의 전유부분을 소유한 구분소유자가 전유부분을 모두 점유하고 있지 않는 경우 점유자들은 의결권을 행사할 1명을 정하여 관리단에 통지하여야 한다.

제44조(점유자의 의견진술 등)
① 점유자는 집회의 목적사항에 관하여 이해관계가 있는 경우에는 집회에 출석하여 의견을 진술할 수 있다.

② 관리인 또는 제39조제4항의 구분소유자, 관리위원, 감사는 필요하다고 인정하는 경우 관리단집회의 의결권이 없는 자로 하여금 집회에 참석하여 의견을 진술하도록 허용할 수 있다.

제45조(서면에 의한 의결권 행사)
서면에 의한 의결권 행사는 관리단 집회의 결의 전까지 할 수 있다.

제46조(전자적 방법에 의한 의결권 행사)
① 법 제38조제2항에 따라 의결권을 전자적 방법으로 행사(이하 "전자투표"라 한다)하는 경우에 구분소유자는 「전자서명법」 제2조제3호에 따른 공인전자서명 또는 「전자서명법」 제2조제8호에 따른 공인인증서를 통하여 본인 확인을 거쳐 전자투표를 하여야 한다.
② 전자투표는 관리단 집회일 전날까지 하여야 한다.
③ 관리단은 전자투표를 관리하는 기관을 지정하여 본인 확인 등 의결권 행사 절차의 운영을 위탁할 수 있다.

제47조(대리인에 의한 의결권 행사)
① 대리인은 의결권을 행사하기 이전에 의장에게 대리권을 증명하는 서면을 제출하여야 한다.
② 대리인 1인이 수인의 구분소유자를 대리하는 경우에는 구분소유자의 과반수 또는 의결권의 과반수 이상을 대리할 수 없다.

제48조(서면 또는 전자적 방법에 의한 결의)
법 또는 규약에 따라 관리단집회에서 결의할 것으로 정한 사항에 관하여 구분소유자의 4/5 이상 및 의결권의 4/5 이상이 서면이나 전자적 방법 또는 서면과 전자적 방법으로 합의하면 관리단집회에서 결의한 것으로 본다.

제49조(집회의 운영)
① 관리인은 관리단집회의 의장이 된다. 다만, 제39조제4항에 따라 관리단집회가 소집된 경우, 법원의 허가를 받은 구분소유자, 관리위원 또는 감사가 관리단 집회의 의장이 된다.
② 제1항에 해당하는 자가 2인 이상인 경우 관리단집회의 의장은 상호 합의로 결정하고, 상호 합의가 이루어지지 않으면 연장자가 관리단집회의 의장이 된다.
③ 관리단 집회의 의장은 집회의 질서를 유지하고 의사를 정리하며, 고의로 의사진행을 방해하는 등 집회의 질서를 문란하게 하는 자에 대하여 발언의 제한, 퇴장 등 필요한 조치를 할 수 있다.

제50조(의사록)
① 관리단집회의 의장은 집회가 끝난 후 관리단집회의 의사에 관하여 서면(전자문서를 포함한다)으로 의사록을 작성하여야 한다.
② 의사록에는 다음 각 호의 사항을 기재하여야 한다.
  1. 회의 일시, 장소 및 목적사항
  2. 참가자 명단(서면이나 전자적 방법, 대리인에 의해 의결권을 행사한 경우를 포함한다)
  3. 상정안건 및 상정안건에 대한 발언내용, 의결결과
  4. 그밖에 관리단집회 의장이 필요하다고 인정한 사항
③ 의사록은 관리단집회 의장과 의결권을 행사한 구분소유자 2인 이상이 서명날인하여야 한다.

④ 관리단집회의 의장이 필요하다고 인정하는 경우, 의장은 관리단집회를 녹화 또는 녹음하거나 구분소유자 등에게 실시간으로 중계할 수 있다.
⑤ 관리인은 관리단집회를 소집하면서 명시한 방법에 따라 관리단집회의 결과를 지체 없이 공고하여야 한다.

제6장 관리인 및 관리단 임원

제51조(관리인의 선임 등)
① 관리인은 관리단집회의 결의로 선임되거나 해임된다.
② 관리인의 임기는 2년이며, 연임할 수 있다.
③ 관리인은 관리단 임원과 감사, 관리위원회가 설치된 경우 관리위원을 겸직할 수 없다.
④ 선거관리규정이 관리단 집회에서 결의된 경우 이를 적용한다.

제52조(관리인의 해임청구)
다음 각 호의 경우 구분소유자는 법 제24조제5항에 따라 관리인의 해임을 법원에 청구할 수 있다.
  1. 고의 또는 중대한 과실로 관리대상물을 멸실·훼손하여 구분소유자 등에게 손해를 가한 경우
  2. 관리비, 수선적립금 등 관리단의 수입을 횡령한 경우
  3. 위탁관리회사 등의 선정 과정에서 입찰정보를 누설하는 등 입찰의 공정을 훼손하거나 금품을 수수한 경우
  4. 그 밖에 관리인에게 부정한 행위나 직무를 수행하기에 적합하지 아니한 사정이 있는 경우

제53조(관리인의 자격)
다음 각 호의 어느 하나에 해당하는 사람은 관리인이 될 수 없다.
  1. 미성년자, 피성년후견인
  2. 파산선고를 받은 자로서 복권되지 않은 사람
  3. 금고 이상의 형을 선고받고 그 집행이 끝나거나 그 집행을 받지 않기로 확정된 후 5년이 지나지 않은 사람 (과실범은 제외한다)
  4. 금고 이상의 형을 선고받고 그 집행유예 기간이 끝난 날부터 2년이 지나지 않은 사람 (과실범은 제외한다)
  5. 상가 집합건물의 관리와 관련하여 벌금 100만원 이상의 형을 선고받은 후 5년이 지나지 않은 사람
  6. 관리위탁계약 등 관리단의 사무와 관련하여 관리단과 계약을 체결한 자
  7. 관리단에 매달 납부하여야 할 분담금을 3개월 연속하여 체납한 사람
  ※ 부관리인이 없는 경우

제54조(관리인의 직무대행)
관리인이 부득이한 사유로 일시적으로 직무를 수행할 수 없는 경우, 관리단집회의 결의로 직무대행자를 선임할 수 있다. 다만, 관리위원회가 설치된 경우에는 관리위원회의 결의로 관리단집회의 결의를 갈음할 수 있다.
  ※ 부관리인이 있는 경우

제55조(관리인의 직무대행)
① 관리인이 부득이한 사유로 일시적으로 직무를 수행할 수 없는 경우, 부관리인이 관리인의 직무를 대행한다.

② 부관리인이 직무를 대행할 수 없는 경우, 관리단집회의 결의로 직무대행자를 선임할 수 있다. 다만, 관리위원회가 설치된 경우에는 관리위원회의 결의로 관리단집회의 결의를 갈음할 수 있다.

제56조(관리인의 주의의무 등)
① 관리인은 상가 집합건물의 관리 및 사용에 관한 공동이익을 위하여 선량한 관리자의 주의로 관리단의 사무를 집행하여야 한다.
② 관리인은 관리단집회의 결의에 따라 필요한 경비와 보수를 지급받을 수 있다.

제57조(관리인의 권한과 의무)
① 관리인은 제28조제1항의 관리단 사무를 집행할 권한과 의무를 가진다.
② 관리인은 제1항에 따른 관리단의 사무 집행과 관련하여 관리단을 대표하여 재판상 또는 재판 외의 행위를 할 수 있다. 다만, 관리인의 대표권은 관리단집회의 결의로 제한할 수 있다.
③ 관리인의 권한과 의무에 관하여 규약에서 정하지 않은 사항에 관하여는 민법상 위임에 관한 규정을 준용한다.

제58조(자문위원회의 설치)
① 관리인은 필요하다고 인정할 때에는 제28조제1항의 관리단 사무를 집행하기 위한 범위 내에서 특정한 문제를 자문하기 위하여 다음 각 호의 자문위원회를 둘 수 있다.
　1. 회계자문위원회
　2. 법무자문위원회
　3. 그 밖에 관리인이 필요하다고 인정하는 자문위원회
② 관리인은 관리단집회에 제1항에 따른 자문 결과를 보고하여야 한다. 다만, 관리위원회가 설치된 경우에는 관리위원회에 대한 보고로 관리단집회에 대한 보고를 갈음할 수 있다.

제59조(관리인의 보고의무)
① 법 제26조 제1항에 따라 관리인이 보고해야 하는 사무는 다음 각 호와 같다.
　1. 관리단의 사무 집행을 위한 분담금액과 비용의 산정방법, 징수·지출·적립내역에 관한 사항
　2. 제1호 이외에 관리단이 얻은 수입 및 사용내역에 관한 사항
　3. 관리위탁계약 등 관리단이 체결하는 계약의 당사자 선정과정 및 계약조건에 관한 사항
　4. 규약 및 규약에 기초하여 만든 규정의 설정·변경·폐지에 관한 사항
　5. 관리단 임·직원의 변동에 관한 사항
　6. 대지, 공용부분 및 부속시설의 보존, 관리, 변경에 관한 사항
　7. 관리단을 대표한 재판상 행위에 관한 사항
　8. 그밖에 규약 또는 규약에 기초하여 만든 규정이나 관리단집회의 결의에서 정하는 사항
② 관리인은 위 제1항의 보고사항을 구분소유자 등이 쉽게 식별할 수 있는 상가 내의 적당한 장소에 게시하여야 한다. 관리단의 인터넷 홈페이지가 있는 경우 인터넷 홈페이지에도 이를 게시하여야 한다.
③ 관리인은 매월 1회 구분소유자에게 관리단의 사무집행을 위한 분담금액과 비용의 산정방법을 서면으로 보고하여야 한다.
④ 관리인은 법 제32조에 따른 정기 관리단집회에 출석하여 관리단이 수행한 사무의 주요내용과 예·결산 내역을 보고하여야 한다.

제60조(관리단 사무의 인수인계)
① 관리인이 변경된 경우, 전임 관리인은 후임 관리인에게 제32조제1항의 자료와 그밖에 관리단의 사무에 필요한 물건을 전부 교부하는 등 후임 관리인이 관리단 사무를 원활히 수행할 수 있도록 협력하여야 한다.
※ 부 관리인 등 관리단 임원과 감사를 두는 경우에 한함

제61조(관리단임원과 감사의 선임 등)
① 부관리인 등 관리단임원과 감사는 관리단집회의 결의로 선임되거나 해임된다.
② 감사는 구분소유자 중에서 선임한다.
③ 부 관리인 등 관리단 임원과 감사의 임기는 2년으로 하며, 연임할 수 있다.
④ 부 관리인 등 관리단 임원과 감사의 주의의무, 보수에 관하여는 제55조를 준용한다.
※ 감사를 두는 경우에 한함

제62조(감사의 권한과 의무)
① 감사는 관리단의 사무와 회계를 감사하며, 관리단집회에 감사결과보고서를 제출하여야 한다. 관리위원회가 설치된 경우에는 관리위원회에도 감사결과보고서를 제출하여야 한다.
② 감사는 관리인에게 제1항의 감사를 위하여 필요한 자료의 제공을 요구할 수 있다.
③ 관리단의 사무집행 또는 회계관리가 법령 또는 규약을 위반하였음을 발견한 경우, 감사는 관리인에게 제39조제3항제3호에 따라 관리단집회의 소집을 청구할 수 있다. 관리위원회가 설치된 경우에는 관리위원회의 소집을 청구할 수 있다.
④ 감사는 관리단집회에 출석하여 의견을 진술할 수 있다. 관리위원회가 설치된 경우에는 관리위원회에 출석하여 의견을 진술할 수 있다.
⑤ 구분소유자의 1/10 이상이 관리단의 사무집행 또는 회계관리를 특정하여 감사를 요청한 경우, 감사는 이에 대한 감사를 실시한 후 감사를 요청한 구분소유자에게 감사 결과를 통지하여야 한다.

제7장 관리위원회 (관리위원회를 두는 경우에 한함)

제63조(관리위원회의 구성)
① 관리위원회는 관리단집회에서 선출된 5명 이상의 관리위원으로 구성된다.
② 관리위원회 위원은 선출과 동일한 방법에 의하여 해임된다.
③ 관리위원회 위원의 임기는 2년이며, 연임할 수 있다.
④ 관리위원회 의장이 관리단집회에서 선출되지 않은 때에는 관리위원회 위원들의 투표로 선출한다.

제64조(관리위원회 위원의 자격 등)
① 관리위원회 위원의 자격에 관하여는 제53조를 준용한다.
② 관리위원회 위원은 관리인, 관리단 임원, 감사를 겸직할 수 없다. 제64조(관리위원회의 권한) 관리위원회는 이 규약에서 별도로 정하는 사항 외에 다음 각 호의 직무를 수행한다.
    1. 법 제26조의2제2항에 따른 관리인의 사무집행 감독
    2. 제5조제2항에 따른 규약의 설정·변경·폐지를 위한 안건의 발의
    3. 제16조제1항에 따른 대지와 공용부분 등의 임대에 관한 결의
    4. 제30조제1항에 따른 공용부분 등의 변경 계획서에 대한 승인
    5. 제36조에 따른 관리단 사무의 위탁에 관한 결의

6. 제39조제2항에 따른 임시 관리단집회의 소집에 관한 결의
7. 제39조제3항제2호에 따른 임시 관리단집회의 소집 청구
8. 제39조제5항에 따른 임시 관리단집회의 목적사항 검토 및 결과 보고
9. 제41조제5항에 따른 관리단집회의 결의에 갈음한 결의
10. 제54조에 따른 관리단집회의 결의에 갈음한 관리인의 직무대행자 선임
11. 그밖에 영업시간 관리 방법 및 관리단집회에서 위임한 사항

제65조(관리위원회의 소집)
① 관리위원회 의장은 필요하다고 인정할 때에는 관리위원회를 소집할 수 있다.
② 다음 각 호의 경우 관리위원회 의장은 관리위원회를 소집하여야 한다.
   1. 관리위원회 위원의 1/5 이상이 청구하는 경우
   2. 관리인이 청구하는 경우
   3. 구분소유자 1/10 이상이 회의의 목적사항을 밝혀 청구하는 경우
   4. 감사가 제61조제1항의 감사결과보고서 제출, 제61조제3항의 법령 또는 규약 위반사실 보고를 위해 청구하는 경우
③ 제2항의 청구가 있은 후 관리위원회 의장이 청구일로부터 2주일 이내의 날을 회의일로 하는 소집통지절차를 1주일 이내에 밟지 않은 때에는 소집을 청구한 사람이 관리위원회를 소집할 수 있다.
④ 관리위원회를 소집하려면 회의일 1주일 전에 회의의 일시, 장소 및 목적 사항을 구체적으로 밝혀 각 관리위원회 위원에게 우편, 문자 등으로 통지하여야 한다.
⑤ 관리위원회는 관리위원회 위원 전원이 동의하면 소집절차를 거치지 않고 소집할 수 있다.

제66조(관리위원회의 의결방법)
① 관리위원회의 의사는 관리위원회 위원 과반수의 동의로 의결한다.
② 관리위원회 위원은 부득이한 사유가 있는 경우 서면이나 대리인을 통하여 의결권을 행사할 수 있다.
③ 관리위원회는 제65조제4항에 따라 통지한 사항에 관하여만 결의할 수 있다. 다만, 제65조제5항에 따른 관리위원회에서는 그러하지 아니하다.

제67조(관리위원회의 운영)
① 다음 각 호의 순서에 따라 관리위원회 회의를 주재한다.
   1. 관리위원회 의장
   2. 관리위원회 의장이 지정한 관리위원회 위원
   3. 관리위원회 위원 중 연장자
② 관리위원회 회의를 주재한 자는 관리위원회의 의사에 관하여 의사록을 작성·보관하여야 한다.
③ 이해관계인은 제2항에 따라 관리위원회 의사록을 보관하는 자에게 관리위원회 의사록의 열람을 청구하거나 자기 비용으로 등본의 발급을 청구할 수 있다.

제68조(관리위원회 회의규칙)
관리위원회는 효율적인 회의 진행을 위하여 의사진행, 방청, 의견진술 등에 관한 회의규칙을 정할 수 있다.

제8장 선거관리위원회

제69조(선거관리위원회 구성)
① 선거관리위원회는 구분소유자 중에서 선출된 3인이상 5인 이내로 구성한다.
② 선거관리위원회의 위원은 다음 각 호의 자 중 관리단집회의 의결(관리위원회가 설치된 경우에는 관리위원회의 의결)로 선출한다. 단, 최초선거관리위원회 구성은 관리단구성을 위한 발의모임에서 선거관리위원을 추천에 의해 구성할 수 있다.
  1. 관리인이 추천한 자
  2. 관리위원회 위원 1/3 이상이 추천한 자
  3. 구분소유자의 1/20 이상(최소 5인 이상)이 추천한 자
③ 제2항 각 호에 따른 추천권자가 관리인으로부터 선거관리위원 추천 통보를 받은 날로부터 7일 이내에 추천을 하지 않거나 추천한 사람이 선거관리위원 정원의 2배를 초과하지 않은 때에는 관리인은 구분소유자 등 중에서 희망하는 자를 공개모집하여 추천할 수 있다.
④ 제2항에도 불구하고 선거관리위원회가 구성되지 않은 경우에는 시장·군수 또는 구청장은 구분소유자 중에서 학식과 사회경험이 풍부한 자를 위원으로 위촉할 수 있다.
⑤ 위원장은 선거관리위원회 위원 중에서 위원들의 투표로 선출한다.

제70조(임기 및 자격상실 등)
① 위원의 임기는 선출 또는 위촉받은 날로부터 2년으로 하되 연임할 수 있으며, 위원장의 임기는 그 위원의 임기가 만료되는 날까지로 한다.
② 선거관리위원은 구분소유자 지위를 상실한 때 그 자격을 상실한다.
③ 다음 각 호의 어느 하나에 해당하는 사람은 선거관리위원회 위원이 될 수 없다.
  1. 제53조 각 호에 해당하는 사람
  2. 관리인, 관리단 임원, 관리위원회 위원 및 감사 후보자의 배우자나 직계존비속인 사람
④ 선거관리위원회 위원은 관리인, 관리단 임원 및 감사, 관리위원회 위원를 겸직할 수 없다.

제71조(업무)
선거관리위원회는 다음 각 호의 업무를 수행한다.
  1. 선거관리규정의 제정·개정 [단, 관리단집회(관리위원회가 설치된 경우 관리위원회)의 승인 필요]
  2. 관리인, 관리단 임원 및 감사, 관리위원회 의장, 관리위원회 위원의 선출 및 해임에 관한 선거관리
  3. 관리인, 관리단 임원 및 감사, 관리위원회 의장, 관리위원회 위원 등의 법 또는 규약에서 정한 결격사유 유무 확인
  4. 관리단집회의 결의를 투표의 방식으로 하는 경우 그 투·개표업무
  5. 관리인, 관리단 임원 및 감사, 관리위원회 의장, 관리위원회 위원 등에 대한 당선확인 및 당선증 교부
  6. 관리인, 관리단 임원 및 감사, 관리위원회 의장, 관리위원회 위원 등의 사퇴 접수·처리
  7. 그밖에 선거관리에 관한 업무

제72조(운영 등)
① 위원장은 선거관리위원회를 대표하고, 그 업무를 총괄한다.
② 위원장이 부득이한 사유로 직무를 수행할 수 없는 경우에는 위원 중 과반수 결의로 그 직무를 대행할 자를 선출한다.
③ 위원이 궐위된 경우에는 60일 이내에 다시 선출 또는 위촉한다. 보궐위원의 임기는 전임자의 잔여임기로 한다.

④ 위원장은 선거관리위원회의 회의에 관하여 회의록을 작성하고, 위원장 및 위원 2명 이상이 서명날인 한 후 관리인이 보관하도록 하여야 한다.
⑤ 이해관계인은 관리인에게 선거관리위원회 의사록의 열람을 청구하거나 자기 비용으로 등본의 발급을 청구할 수 있다.

제73조(선거관리위원의 해임 등)
① 선거관리위원이 직무를 유기하거나 법령 및 규약을 위반한 경우, 구분소유자 1/10 이상이 발의하고 관리단집회의 결의로(관리위원회가 설치된 경우 관리위원회 의결)로 해임할 수 있다.
② 위원장은 정당한 사유 없이 3회 연속하여 회의에 출석하지 아니한 자를 해임할 수 있다.

제9장 회 계

제74조(관리단의 수입)
① 관리단의 수입은 다음 각 호와 같다.
    1. 관리비
    2. 수선적립금
    3. 사용료
    4. 잡수입
② 관리비와 수선적립금은 구분하여 회계처리 하여야 한다.

제75조(관리비)
① 관리비는 다음 각 호의 경비를 말한다.
    1. 일반관리비
    2. 청소비
    3. 경비비
    4. 소독비
    5. 승강기유지비
    6. 지능형 홈네트워크 설비 유지비
    7. 난방비
    8. 급탕비
    9. 수선유지비
    10. 위탁관리수수료
② 구분소유자는 관리단에 상가 집합건물의 유지·관리에 필요한 관리비를 납부하여야 한다.
③ 점유자는 전유부분의 점유기간 동안 발생한 관리비에 대하여 구분소유자와 연대하여 책임을 진다.
④ 구분소유자가 관리비, 수선적립금 및 사용료(이하 "관리비 등"이라 함)를 체납한 경우 구분소유자의 지위를 승계한 자가 이를 부담하여야 한다. 단, 공용부분 관리비 등에 한한다.

제76조(수선적립금)
① 구분소유자는 관리단에 관리대상물의 주요시설 교체 및 보수에 필요한 수선적립금을 적립하여야 한다.
② 수선적립금은 대지, 공용부분 등에 대한 구분소유자의 공유지분 비율에 따라 산출한다.
③ 수선적립금은 대지, 공용부분 등과 관련하여 관리단집회의 결의를 거쳐 다음 각 호의 용도로 사용할

수 있다
1. 관리단이 스스로 수립한 수선계획에 따른 조사 및 수선공사(보수, 교체 및 개량공사)
2. 자연재해 등 예상하지 못했던 사유로 인한 인하여 필요하게 된 수선공사
3. 제1호, 제2호의 용도로 사용하기 위하여 빌린 돈의 변제

제77조(사용료)
관리단은 구분소유자 등의 편의를 위하여 징수권자를 대행하여 다음 각 호의 사용료를 관리비와 함께 징수하여 징수권자에게 납부할 수 있다.
1. 전기료(공동으로 사용하는 시설의 전기료를 포함함)
2. 수도료(공동으로 사용하는 수도료를 포함함)
3. 가스사용료

② 점유자는 전유부분의 점유기간 동안 발생한 사용료에 대하여 구분소유자와 연대하여 책임을 진다.

제78조(잡수입)
① 전용사용부분 사용료(제14조), 주차장 사용료(제15조), 대지와 공용부분 등 임대료(제16조) 그밖에 상가 집합건물의 관리 등으로 인하여 발생한 수입은 잡수입으로 한다.
② 제1항의 잡수입은 관리비 예산 총액의 ○%까지 관리비로 충당하고, 나머지는 수선적립금으로 적립한다.

제79조(관리비 등의 징수)
① 관리단은 관리비 등을 징수하기 위하여 납기일 10일 전까지 구분소유자 등에게 다음 각 호의 사항을 명시한 고지서를 교부하여야 한다.
1. 전유부분의 표시
2. 관리비 등의 산정기간, 비목별·세부내역별 금액 및 산정방법
3. 납부기한 및 연체료
4. 납부방법(납부할 예금계좌번호 등)

② 관리비, 수선적립금의 산정기간은 매월 1일부터 말일까지로 한다. 다만, 사용료의 산정기간은 사용료 징수권자와 체결한 계약을 따른다.
③ 관리비 등의 납부기한은 다음 달 말일까지로 한다. 다만, 납기일이 공휴일인 경우 그 다음날까지로 한다.
④ 구분소유자 등이 납부기한까지 관리비 등을 납부하지 아니한 경우, 관리단은 구분소유자 등에게 제1항에 따라 고지한 연체료 및 연체로 인한 손해배상금(소송비용, 추심비용 등 포함)을 청구할 수 있다.
⑤ 제4항 및 연체로 인한 손해배상금은 관리비 예산 총액의 ○%까지 관리비로 충당하고, 나머지는 수선적립금으로 적립한다.

제80조(회계연도)
관리단의 회계연도는 매년 1월 1일부터 12월 31일까지로 한다.

제81조(예산 및 결산)
① 관리인은 당해 회계연도의 예산안을 작성하여 정기 관리단집회에 보고하여야 한다.
② 관리인은 직전 회계연도의 결산결과보고서를 작성하여 감사의 회계감사를 거쳐 정기 관리단집회에 보고하여야 한다.

제82조(회계장부 등)
① 관리인은 회계장부를 작성하여 보관하여야 한다
② 관리인은 회계업무의 수행을 위하여 관리단 명의의 예금계좌를 개설하여야 한다.
③ 이해관계인은 서면으로 회계장부와 관리단 명의의 예금계좌의 열람을 청구하거나 자기 비용으로 등본의 발급을 청구할 수 있다.

제83조(회계세칙)
관리단은 필요한 경우 관리단 회계를 위한 회계세칙을 정할 수 있다.

제10장 의무위반자에 대한 조치

제84조(의무위반자에 대한 조치)
구분소유자 등이 법 제5조제1항, 제2항의 행위를 한 경우 또는 그 행위를 할 우려가 있는 경우, 관리인 또는 관리단집회의 결의로 지정된 구분 소유자는 법 제43조 내지 제46조에 따라 필요한 조치를 할 수 있다.

제11장 관 할

제85조(관할)
법 제43조 내지 제46조에 따른 소송, 그밖에 관리단과 구분소유자 사이의 소송은 상가 집합건물 소재지의 관할법원에 제기하여야 한다.

부 칙

제1조(규약의 효력)
이 규약은 관리단집회에서 결의한 날부터 즉시 시행한다

재개발·재건축·가로주택·소규모 재건축사업, 도시개발사업의 파트너

법무사법인 기린 麒麟
Est. 1999

정비업계 최고의 Manpower를 소개합니다.

법무사법인 기린은
재건축, 재개발, 도시재생 전문가이면서
각 분야의 권위자들로 구성되어 있습니다.
가로주택과 소규모 재건축사업은
신지식과 정보의 사업입니다.
우리에겐 새로운 특례법에 의한
가로주택, 소규모 재건축사업의 조합정관과
바뀐 관리처분기준을 가지고 여러분들의
사업을 성공으로 이끌겠습니다.

대표 법무사(검찰80) **전연규**
- 서울시 토목직, 20년 경력의 검찰 특수부 출신 검찰수사관
- 사단법인 한국도시개발연구포럼 이사장
- 도시정비법 조문 해설 등 10여권 저술 및 인터넷 무료강의
- 서울대, 건국대, 대한버무사협회에서 재건축·재개발 실무 강의
- 도시개발신문 도시재생전문가과정 대표강사
- 국회입법지원위원 등 사회활동 10여 건
- 제1회 도시정비사법인 대상 수상

소속 법무사 김찬준
- 성균관대학교 법학과
- 제4회 법원행정고시
- 서울북부, 서울동부 사무국장, 서울행정법원 사무국장
- 법무법인(유) 세종 송무국장, 사무국장
- 법무사법인 기린

소속 법무사 김영미
- 시흥동 구현대아파트 정비사업위원회 위원
- 법무사시험 합격
- 법무사법인 기린 입사

소속 법무사 정미나
- 한국외국어대학교 법학과 졸업
- 법무사시험 합격
- 법무사법인 기린 입사

구성원 법무사 안신정
- 제5회 법무사시험 합격
- 법무사법인 기린 업무개시

서울특별시 강남구 테헤란로 322, 동관 901호(역삼동, 한신인터밸리24)
대표전화 : 02-2183-2860   팩스 : 02-2183-2865

NOTE

NOTE